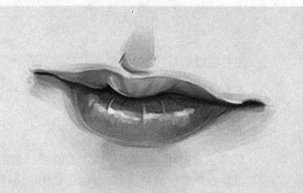

女人的暧昧也精彩

NV REN DE AI MEI YE JING CAI

陈非子◎著

中国华侨出版社

图书在版编目(CIP)数据

女人的暧昧也精彩/陈非子著. —北京:中国华侨
出版社,2012.6
ISBN 978-7-5113-2015-5

Ⅰ.①女… Ⅱ.①陈… Ⅲ.①婚姻-通俗读物
②恋爱心理学-通俗读物 Ⅳ.①C913.13-49

中国版本图书馆 CIP 数据核字(2012)第 105892 号

● 女人的暧昧也精彩

著　　者 / 陈非子
策　　划 / 周耿茜
责任编辑 / 棠　静
责任校对 / 吕　红
装帧设计 / 乔氏·书皮
经　　销 / 全国新华书店
开　　本 / 710×1000　1/16　印张 17　字数 230 千字
印　　刷 / 北京中印联印务有限公司
版　　次 / 2012 年 10 月第 1 版　2012 年 10 月第 1 次印刷
书　　号 / ISBN 978-7-5113-2015-5
定　　价 / 29.80 元

中国华侨出版社　北京市朝阳区静安里 26 号通成达大厦 3 层　邮编:100028
法律顾问:陈鹰律师事务所
编辑部:(010)64443056　64443979
发行部:(010)64443051　传真:(010)64439708
网　　址:www.oveaschin.com
E-mail:oveaschin@sina.com

自　序

不管在哪种关系中，人都需要距离，恋人和夫妻也是如此。有这样一个比喻，夫妻应该是庙堂里的两根柱子，相互"厮守"，又彼此保持着距离，才能支撑起庙堂的壮丽。

颇有点像老子的无用之用：相对于亲密，距离似乎是没用的事；但如果没有了距离，原有的亲密就不容易保持，因为亲密的基础就是吸引，吸引就得有距离。也因此，当公共距离在婚姻以外的两性关系中成为常态时，若即若离的暧昧终于成为好感男女心照不宣的吸引。

好感是喜欢的前奏，喜欢很容易暧昧。除非两人都没感觉，也许能让那种蜻蜓点水的好感保持纯粹；但在生活中，只要两人有感觉又有条件，哪怕是一方有条件，似乎保持客观的暧昧也不容易。

然而，如果你在有感觉也有条件但在理智上又清楚你不能发展感情的情况下保持了暧昧，你就等于收获了一份财富，且在情路上为自己耕种了一份悠然的纯情和美丽。

纯情这个词，在当下的开放年月稍显幼稚。但我依旧喜欢纯情，因为纯情在修为层面并不是小儿女的无知。走过情焰的纯情，必定饱含了运筹在激情和选择之间的分寸：稳重不失激情，激情又不乏矜持；钟情不忙于收获，触电又没有急切。所有这一切，无非是为延长且丰富两性关系中那股暖暖的暗流。如过来人的体会，特别是女人，她最感兴奋的时刻似乎并不是实用的同床，而是，她与那人若即若离的吸引给了她想象的甜蜜和充实的快慰。

这让我想起我的西班牙之旅，我永远也忘不了那美丽的西班牙之旅。那是一个周末，我到一个酒吧去参加一个聚会。那个酒吧很大，除吧台外有很多圆桌，圆桌周围有长椅。我和我的西班牙朋友，认识的和不认识的，大家不分性别地围坐在一起，彼此很亲密，一起唱歌，一起说笑，场面非常热烈。

我当时很感动，有种被天籁俘获的感动，歌声响起的时候我哭了。因为我非常喜欢那种集体的、大同的感觉。

当时唱的是《鸽子》，那是一首古老的情歌，但在一种集体合唱中，你会觉得这首歌远远超过了一男一女的爱情。它包含了很多东西，人对人的爱，男人对女人的爱，女人对男人的爱，西方人对东方人的爱，东方人对西方人的爱，还有我们每个人对祖国的爱和对故乡的眷恋。

我静静地坐在人群中，我许久说不出一句话来。我感动地看着周围的朋友，其实大部分人我都不认识，可我觉得我和所有的人都认识，我们在很久以前就是朋友。

顿时，耳畔响起一句格言，那是西班牙思想家乌纳穆诺的心言：

"圣殿之所以神圣，就因为那是人们共同前往哭泣的地方。"

这个意义上，也许可以说，我们感动的不是神圣，是人性；我们去往的也不是圣殿，是心灵。信仰人性时，我们接受自己，也接受他人；去往心灵后，我们在哭泣中分享，也在欢笑中理解。

许多年过去，脑海里仍定格着那晚的画面，大家彼此哭着，拥着，爱着，没有了性别的界限。也许你会说，那样的爱和一男一女的爱完全不一样，但我要告诉你，如果没有那样的爱，没有那种可以称之为纯粹的爱，想象的爱，"无用"的爱，那么，所谓的男女之爱也就永远无法美好，甚或不存在了。

因为从绝对意义上讲，美好不在现实里，而在想象里，而想象的保持必然得有赖于距离；而在现实生活中，正是距离唤起的憧憬让我们坚守了彼此，也没有伤害彼此，成就了一段美好的情缘；或者更实际，也是距离让女人保持了她跟"那人"的暧昧，又彼此欢愉。

比如，你是一个离婚女人，你在实际生活中有一些困难，你需要某

女人的**暧昧**也精彩

个男人的帮助，但从感觉上来讲他并不是你心仪的人，或者他是一个有妇之夫，你也不想跟这样一个男人发展感情；你联系他，仅只是出于实际生活的需要。但很多时候，男人跟女人想的不一样，他之所以肯帮你，不仅因为他可以帮你，他也想从你这儿得到实质性的东西，他想要你这个人。

当然，按照常理，一个女人肯接受一个男人的帮助，首先得是她不讨厌这个人，或者她对他也有好感，并且她对他的人品也很放心，她才能把自己的事托付给这个人。但往往，只要关系往前走，女人总会遇到男人实质性的邀请：也许这个邀请在一开始只是一同出去吃个饭或者看个电影，但在男人的"攻略"里，几乎每个邀请都隐含着他对女人实质性的渴望和期待，哪怕这种努力换来的只是一个轻轻的拉手或小小的亲近。

今天，让很多女人困惑的并不是那种公然掠夺的第三者插足或是婚外情。让她们来回闹心的，反倒是这种说不清是怎么回事的暧昧，用某些女人的话说就是，算不上是情人也算不上友谊的那种关系。

在这种关系中，正是距离，给女人提供了相当的便利和自主性。只要你清楚自己的选择，或者说你知道自己要什么，你总能在掌控的距离内，给出你认为适度的亲密，让帮你的男人有一定的满足感。

这么做的好处，你没有伤害过他，又用适度的亲密安抚了他的心；另一方面，只要你有足够的真诚，你也看对了人，你守候的距离总会在那人一次又一次的暧昧里发生质的突变，直到他放弃男人的欲望，从爱你到敬你，心甘情愿地跟你保持你想要的纯粹的友谊。

这就是距离的好处，也是暧昧的魅力。实际上，婚恋关系以外，正是更多的弥漫在男女之间的暧昧，形成了一股无声的暖流，成为两性关系能够超越和朝向美好的支撑点。

人害怕孤独，人也需要孤独；人需要了解，人也需要不被了解。正是这种全然的需要点燃了两性的激情，也缔造了两性的精彩。一天 24 小时全是爱，那样的爱一定就不爱了；一天到晚地沟通企图了解到骨髓，那样的了解怕也会走到郁闷的顶点。正因为人性的丰富有赖于人性的全然，人性的活力也离不开人性的"矫情"，也因此，当似是而非的暧昧在当下两性关系中频频出彩时，了解暧昧，修为暧昧，就成为女人迫在眉睫的功课。

然而，婚恋没有秘诀，暧昧也没有秘诀。不管是婚恋书籍还是婚姻忠告，所谓的秘诀，不过都是别人的经验，对你受不受用，还要看你自己的因缘；一如婚恋是个案，暧昧也是个案，你如何看待暧昧、修为暧昧，也在于你自己的想法和态度。

不管多伟大的真理，统统都是别人的经验。你要想得到那个真理，你只有回归你自己，感觉你自己，体验你自己。直到有一天，你从自己的心里发出了与真理相同的感悟，你对自己说，天哪，原来它就在这里，一直就在我心里，而不在别的地方，而且它从来也没有去过别的地方，是我以为它在别的地方，在别人的书里，在别人的忠告里，在别人的讲座里，现在我才知道，它就在这里，在我的心里。

如果你也有那一天，即使你没有看非子的书，我也认为你熟读了它。不然，你把这本书背得滚瓜烂熟，但你没有找到自己，没有回归自己，你体会的不是你自己的经验。果真那样，不光我，在这本书看来，你也不是它的朋友，你跟它是陌生人。

这就是读书，书是要这样读的，你越是走进你自己，你离那本书越近；你越是想依赖那本书，你没有走进你自己，你离那本书越远。

这其实也是一种暧昧，每个人都需要这样的暧昧，生活本身就是暧昧的。除你自己以外，你不可能要求别人完全地理解你；你理解你自己，已经是事业了。

那也不过是暧昧的事业。

就是暧昧的魅力。

陈非子

2012 年 3 月 28 日

女人的**暧昧**也精彩

目　录

第一章　好"猎物"吸引好"猎人"/ 001

原来这种男人，内外矛盾是他的冲突，好坏兼容是他的特点。他不能没有单个女人，也不能没有整体女人；他不能没有某个女人的关怀，也不能没有整体女人的赞美；他希望他爱的女人做到最好，又怕她的好妨碍了他的自由；他渴望自己有个家，又怕在那个家里他成了女人的依赖。

第二章　有需要，就有甜蜜 / 035

这也是男人让女人"气死没商量"的弱点，这么一想，似乎每个男人都是自恋狂，一如每个男人都有花心的企图和症结。其实他未见得真花心，但无论如何，他得有花心的自由；他吃完碗里的也未见得对锅里的还有胃口，但不管怎么说，眼前有口锅，那就是他男人的证明和感觉。

第三章 影视的榜样和招数 / 064

有些女人需要驯服，有些则不要；男人想和不易驯服的女人恋爱，又想和不驯就服的女人结婚。这就是男人，可玩味的他不要，想要的他不想玩味；对男人，玩味女人和要女人从来就不是一回事。因为，男人永久的爱人不是女人，是自由。每个男人都想在没有束缚的自由中保持自我，这是男人的霸道，也是男人的魅力。

女人的**暧昧**也精彩

第四章　暧昧也智慧 / 100

也许暧昧缺少清晰，糊涂的温度正是人性的路数；也许暧昧太不过瘾，渐入佳境的平淡给人顺其自然的感觉；加上追求"主题"的男人在和女人的交手中难免不"窥测方向，以求一逞"，这种时候，女人要做到有意暧昧，不但能避免伤害，没准还能变被动为主动，把寂寞的等待变成精彩的吸引也说不定。

第五章　爱情的秘密规则 / 156

你有你的爱法，我有我的规则；你有你的游戏，我有我的度数；你设置欲望圈套，我给你爱的底线；你"单刀直入"，我给你处变不惊的坚守。

第六章 女人的恋爱痛 / 231

在和男人的关系中，每个女人都有痛。尽管由于性格和因缘，每人的痛楚不一样，但正是这些痛楚造就了女人，成就了我们和男人的故事。把女人的痛楚总结出来，不是为让女人难堪；相反，认识自己的痛，接受自己的痛，一如认识自己的真诚，接受自己的真诚，作为女人，有这等坦率，我们不跌份。

女人的暖昧也精彩

第一章 好 "猎物" 吸引好 "猎人"

原来这种男人，内外矛盾是他的冲突，好坏兼容是他的特点。他不能没有单个女人，也不能没有整体女人；他不能没有某个女人的关怀，也不能没有整体女人的赞美；他希望他爱的女人做到最好，又怕她的好妨碍了他的自由；他渴望自己有个家，又怕在那个家里他成了女人的依赖。

一、让爱人在你的夸奖里眩晕

夸你爱的人，无异于对你自己的夸奖。处处说他好，他就会在人往高处走的进步里给你添彩。

不知你发现没有，很多时候，女人鞠躬尽瘁的奉献并没有换来好结果，反倒是嘴上的甜蜜能拴住男人，成为女人 "保家卫己" 的举措。

听过这么一个小故事：

两个女人先后嫁给了同一个男人，甲女是前妻，乙女是现妻；甲女有相貌又有学问，乙女不过是长相平平的小护士；然而，在两个女人的魅力角逐中，甲女却因为她的 "刀子嘴" 败给了乙女，未能守住妻子的位置。分手时，甲女问前夫："她有什么地方比我强？" 前夫说："她确实在很多地方不如你，但有一点，她说出的话让男人爱听。" 甲女清楚自己对前夫的辱骂，只好认输了。

也许很多女人听了这个故事仍是对乙女不服气，但同样的问题问男人，男人会给你心里的认定。

"她一面说爱我，一面把我骂得一无是处，这样的爱我受不了。"

"男人累了一天，回家只想休息。可她一回家就跟你吵，好像只有在跟男人的吵架里才能显示她做女人的本事。"

"我老婆习惯了出口伤人，我说她，她就说她是刀子嘴豆腐心。可你也不想想，我的心都被你的刀子嘴撕碎了，怎么还能觉出你的豆腐心?"

其实男人和女人一样，对心理受伤也很敏感。可就因为是男人，他只能忍受受伤的苦味，特别是在他的女人横加谩骂时，他对伤害的感受越发敏感。一来男人的自尊让他无法容忍这样的肆意，二来声带语言容易引发想象，所以事后的感觉让人越发不是滋味。这就是为什么很多女人使尽了奉献却仍不得男人的待见：那不是男人的挑剔，是男人的自尊；不是男人的薄情，是男人的脆弱。

一本诠释男女有别的书说男人来自火星，女人来自金星，在两个性别的差异里，对语言的运用也许是男女最不在意的差别，也导致了他们最多的伤害：家庭生活练就了女人的口才，也养成了女人的唠叨；社会生存练就了男人的思考，也养成了男人的少语。结果，女人的口才是亲和的通路，也成了她伤人的出口；男人的沉默是思考的温床，也成了女人的痛心。于是女人越发数落男人的"闷葫芦"，男人越发害怕女人的"刀子嘴"，直到男人生活里出现了一个说话中听的女人，他常会义无反顾地移情别恋。

女人出口伤人的习惯多半来自于女人的自卑：也许她有过被男人抛弃的伤情史，或者她从小就妒嫉男人的能干，也有可能她对那个男人的爱多于那个男人给予她的，还有可能她婚后才发现自己做了别人的替代品。不管出于哪种原因，只要她心里不平衡，她的言语里总会露出委屈的声色；只要她心里不服气，即使是旁敲侧击，那也是她对男人的声讨和怪罪。这种时候，不管她作过多大的贡献也没用了：那是因为，她骂男人时，也伤害了男人的自尊；她侮辱爱人时，也否定了爱人的重要性。

这就是为什么，说话中听的女人会得到男人青睐了。其实将心比心地想一想，在和男人的关系中，女人不是也喜欢嘴甜吗？问题在于，你的嘴甜若只是技术没有真诚，它迟早会穿帮；如果你不但说得好还做得好，不光爱人愿意和你在一起，你自己也会感受到做女人的快乐。

最受用的甜话莫过于说在你的男人落难时，正好应了那句话，患难见真情。也许他在竞争的角逐中意外落选，或者他在商场上遭小人暗算，要么他的失败来自于自己的疏忽，还有可能他在你的婚床上突然"一蹶不振"，不管他落难的原因是什么，只要你对他说一句："不管到什么时候发生了什么事，你都是最棒的。"一句简单的肯定就能让爱人"起死回生"，一句简单的认同更能让男人感受被爱。

如果他的条件不如你，你更不要吝啬对他的赞美：也许他的个子没你高，或者他的学问没你深，要么他挣的没你多，或者他的家境比你难。不管他在别人眼里多么不如你，只要他是你自愿的选择，你就要给他抬气，不光为爱人的面子，你自己也有光彩。

还有，如果你在他发生了"背叛行径"后仍能坚持对他的肯定，不用你审问和跟踪，他自会在你的认同中反省自我，感受你的感受，自律他的随便。

如果他在作贼心虚中试探你的态度，你就这么说："我知道我在老公心里的位置，像你这么好的男人一定不会辜负爱妻的厚爱。"

如果他在事情败露后表示忏悔，你就告诉他："对发生的事你不必自责，我知道你对'她'没有动真格，因为你的女人才是你的最爱。"

即使他对另一个女人不作表态，你也别逼他，给他信任，就是你的自信。那种时候你不妨这么说："我知道'那个女人'也爱上了我的夫君，这说明她和我一样有品位，因为我相信，我爱的男人值得被爱。"这时，你处变不惊的态度能让自己往好里想，你对另一个女人的宽容也容易引发他的愧疚，赢得他的信赖。

最后，如果别有用心的人对你的爱人进行贬低，你更要给他信心，给他赞美。比如，他的对手在提及他时特意用一个成功男人做参照，或者，他的忌妒者故意在众人面前让他下不来台，这时你的挺身而出将让他感受你的肯定，你及时的辩护词更能让他为你的捍卫感动。

总之，要想激发男人对你的爱，投身"说爱"的艺术吧：与其你总用刀子嘴挑剔他，不如让爱人在你的夸奖里眩晕。这里有一个不言自明的道理，夸你爱的人，无异于对你自己的夸奖；处处说他好，他就会在人往高处走的进步里给你添彩。

二、中性才性感

每个性别都有自己的阴柔，一如男女都有自己的阳刚。阳刚的男人是有魅力，多一份柔情女人也喜爱；阴柔的女人是性感，多一点阳刚你更骄傲。

不知你发现了没有，曾几何时，单一的女性特质已不再让男人满意，反倒是双性特质成了男人的需要：有软弱又有坚强，有温柔又有霸道；有犹豫又有果决，有矜持也有骄傲。原本坚强和霸道是男人的特性，回归人性后，男人也接受了女人的坚强；原本果敢和骄傲是男人的素质，女人解放后，男人也欣赏女人的骄傲。让女人刚柔相济有什么不好呢？对此有人说得更坦率：该是男人的时候是男人，该是女人的时候是女人。如此才能激发男人的尊崇，更有了男人的空间和自由。

事实也是如此，多少年来，男人就没有真的爱过女人；说爱，那也不过是一时的迷情或嘴上的蜜枣儿。仔细想想也是这个理：有谁会对不如自己的人动真心呢？况且，长久以来，女人在男人眼里不过是性感动物，一旦欲望满足，女人的价值顿时消失，一如她从来就没有过自己和自我。无怪女人在男人眼里是如此藐小了，一如某伟人的定论：女人，

女人的**暧昧**也精彩

要么被尊崇，要么被抛弃，她不可能有第三条出路。

回头看，传统爱情没准是文化的"惯纵"也说不定，谁让男人是文化的宠儿呢。文化让男人当女人的法，男人不能不坚强；文化让男人做女人的天，男人难免不霸道。如此一来，男人眼里的"小女人"就可以为所欲为了，被男人藐视固然痛心，承认低能就不痛心了，还能掠夺男人的果实；被男人支配固然跌份，接受软弱就不跌份了，还能享受男人的保护。

直到女人全面解放，男人吝啬起自己的付出，也生出对女人的害怕和计较。这也是男人的"矫情"之所在：以前的女人依附男人，男人甘愿做女人的重心；今天的女人追求独立，男人也放弃了自觉的领导。于是男人收起对女人的责任，索性开放了自己的自由。

有人说，女人的力量是男人给的。这话听起来是让人来气，但仔细想想，改革开放这些年，女人不能忽视自己的进步，更不能不庆幸自己地位的提高：要不是把你当成同类，男人哪能对你"平等"呢？要不是看重你的独立，男人也不可能对你"放手"。

这么一来女人就只有依靠自己了：没男人保护的日子固然凄凉，没准绝望正是女人的新生；没男人宠爱的日子固然寂寞，也许孤独正是女人的起跑线。其实男人不也是这么过来的吗？从小到大，哭是女人的专利，却是男人的软弱；娇气是女人的特权，却是男人的耻辱。

由此结论，每个性别都有自己的阴柔，一如男女都有自己的阳刚。阳刚的男人是有魅力，多一份柔情女人也喜爱；阴柔的女人是性感，多一点阳刚你更骄傲。也许这就是"中性才性感"的来由吧，好好想想你就会发现，让你性感的不是你没有性别的怪诞，是你人性的统一；让你动人的也不是你没有性别的时尚，是你人性的丰富。

也许应该这么说，即使不为满足男人，女人也应该挖掘出自己的双性特质，如此才有女人的完整，也是女人的快乐。

三、女人找谁去倾诉

不管你和谁倾诉，心底的知己也好，内在的小孩也好，意念的偶像也好，那个最让你受用的人是谁呢？那就是你自己。

不知从何日起，丰裕的物质占据了我们的空间，我们越发感到自己的藐小。电视、电脑、电话、电子信箱、电子邮件，电子世界带来了前所未有的便捷，也留给我们前所未有的孤独。

听过一则小笑话：一日，火星人从一架心理望远镜里看地球，发现地球人普遍得了一种病，每人面前都有一个小白房子，所有的人都坐在自己的小白房子前瑟缩发抖。神奇的心理望远镜看到了地球人的心，才知，那是孤独引发的寒冷和寂寞。

如果能追溯童年，你一定记得自己在狭小房间里有过的梦想。也许梦想的实现并不重要，但梦想的生成却让我们乐在其中：想象自己有白雪公主的美丽，想象未来的"他"有白马王子的英勇，想象自己也能穿上辛德瑞拉的水晶鞋，把灰姑娘的童话一直跳到地老天荒，没有止境……

这就是倾诉的神奇，也是倾诉的诱惑。如果你还记得对母亲有过纠缠，更能明白为什么几乎所有的小孩子都喜欢听大人讲故事。原来，苦苦哀求母亲讲故事没准是小孩子的"伎俩"呢，他们真正需要的不过是一个可以信赖的偶像，把心底的梦想通过故事加以倾诉，尽管结局全是睡去的梦，仍有一份满足的喜悦留在梦中。

所以，倾诉远不止倒出苦水，而是唤醒心底的梦想。也许这正是我们强于动物的高级本能吧，一如心理学家的透析：人绝不只是面包意义上的动物，除了面包我们还需要更多更美好的事物，而倾诉在心理层面正好为我们提供了编织梦想的舞台，不管是欢乐还是悲伤，不管说好还是说不好，只要说到动情处，我们都会在倾诉中有所释放和感怀；而梦的美丽也往往在倾诉的认同中油然确认，给我们安慰，让我们渴望。

然而，长大后的我们忽然发现，倾诉的对象越来越少了。

对早已成年的我们，不能再给父母添乱了；想要去找最好的女友，也不是每个关键时刻都能找到；其实最想找的还是男友，又怕女人式的倾诉点燃不该有的情焰。直到无处倾诉时，常一个人对着夜窗发傻发呆，曾几何时，生活的车轮如此快捷，昨天还在肥皂泡里吹着长大的期盼，今天已在走过的年轮里感叹伤情。

这就是女人的敏感，也是女人的脆弱。但从积极角度讲，此种敏感和脆弱也饱含着人之所以称为人的力量和潜能。也许敏感本身就是一种力量，让你感受别人感受不到的美好，让你看到别人看不到的希望。于是渴望的倾诉接踵而至，而倾诉的对象再不是别人，而只是——你自己。

当34岁的苏云找到倾诉的知己后，她不再害怕寂寞了。

说来话长，广告人苏云有过一段不亚于故事的感情经历。大学毕业后的苏云正准备和男友一起奔赴天涯海角，不想好了五年的男友突然情变，移情的对象刚好是苏云最好的女友。突然的打击让苏云几近崩溃，困难的日子，幸好有前男友向暗恋情人鼎力相助，苏云很快振作起来，在广告业找到了自己的追求。

接下来的两年，步入30岁的苏云决定和前男友牵手了。可谁想到，这时又传来前男友在出差途中遭遇车祸的噩耗。那天晚上，绝望的苏云几乎想到了死。可当她听到自己的声音后，她感到一种从未有过的力量：不！不能！那个心底的声音对苏云说。正是这个声音把苏云带出了她一生中最沉的绝望，让她在一片黑暗中找到了光明的出口。

回忆当初的失落，苏云对年轻的伤情历历在目。这里，她愿以自己的亲身经验告诉读者："奇怪得很，过去很长一段时间我都在依赖别人，小时候依赖父母，长大后依赖女友和男友。直到他们一个个离开我以后，我才发现，其实生活中真正靠得住的不是别人是自己，那个最疼自己、最懂自己的人也是你自己。过去我一有不痛快就想找别人倾诉，殊不知，你心里的自己才是你最可倾诉的知己和朋友。"

是的，就像苏云说的，世界上再没有比跟自己说话更妥帖、更轻松的倾诉了。不管你对自己说的是什么，也不管你当时是什么样的心情、怎么说，那个乖乖的自己绝对是一个最好的倾听者。非但不会对别人出卖你的隐私，更不会嘲笑你的软弱和无助。如果你当时正好是对着镜子说，倾诉完毕时，你还能从另一个自己的脸上看到如释重负的快乐。这时你会想，原来生活没有那么累，苦恼也没有那么多。那是因为，当你把心里的重负说出来以后，倾诉本身已经成了快乐的结果。

还有，如果你读过约翰·布雷萧的《回归内在》，你还能在自己和朋友以外找到另一个倾听者。

布雷萧告诉我们，每个人的心里都有一个内在小孩，这个小孩受过伤，受伤的内在小孩想和我们倾诉。这时或许我们自己也需要倾诉，但不是对着自己和友人倾诉了，我们要面向那个受伤的小孩，我们在倾诉前先要找到自己的力量，因为那个内在的小孩太需要我们的帮助。

张国荣在他主演的电影《流星雨》里就借阿荣的口说过这样的话：在你失落的时候，如果有一个比你弱小的生命需要你，这种需要会让你坚强起来，因为你知道，他比你更需要保护。

当29岁的音乐人郁萍把自己从一个失落的弱者变成自己内在小孩的保护人时，她说，这种转换角色的倾诉还真受用，一旦知道自己做了自己内在小孩的保护人，就是有天大的困难你也非得坚强起来不可。

其实郁萍并没有经历过苏云那样的坎坷，但刚刚脱下婚纱的她总觉得自己在眼下的婚姻里没有找到爱情，加上老公是一个搞科研的"专业"闷葫芦，于是每每展望未来，心里还是难免失落。

为帮助受伤的内在小孩，郁萍给自己的内在小孩起了个名字叫小郁萍。而每回若是发现小郁萍不高兴，郁萍就想办法让她开心快乐。就这样，郁萍的倾诉从一开始的发牢骚到循循善诱，从没头没脑的抱怨到安

女人的**暖昧**也精彩

慰和说笑。直到有一天，当郁萍看见自己的内在小孩小郁萍绽开笑容时，她发现自己也从失落的阴霾中走出来，感受到屋外的美好。

说到倾诉，郁萍不怕坦言自己过去的软弱："一直以来我的生活都比较顺利，从小到大都是别人照顾我，直到我学会了照顾自己的内在小孩，我才懂得，其实我们每个人都有很多内在的力量。倾诉并不意味着全是抱怨，它也可以成为一种给予。特别当你知道你的倾诉对象比你更需要保护时，那种渴望保护别人的需要自然会唤醒你给予的本能。我们每个人都有一份给予的本能，它最终来自于你对别人的关注。而帮助了你的内在小孩，就是帮助了你自己。"

另外还有一个人，如果你把他当做倾诉的对象，你也一定很受用。关于这点很多人都有体会，不管父母、老师还是恋人，一旦那人成为你心中的偶像，崇拜的力量顿时化作信仰，任凭风吹浪打也不可阻挡。

对容易被感染的女孩和女人来说，设法在情感王国找一个倾诉的偶像绝不是坏事。生活中，真格的偶像难保不让你失落或失望，如果能找一个意念中的偶像只为倾诉，那就等于在偶像问题上来了个扬长避短的改造，既避免了偶像的变化，又利用了偶像的力量。

西方人向上帝倾诉的习惯其实就是来自于对偶像的信仰。虽然我们没有上帝的信仰，自己在心里创造一个上帝也无妨，当然最好是能给自己心里的上帝起个名字。但要注意，因为你经常要跟自己的偶像倾诉，为防止偶像的"变化"带来的打击，这个偶像最好不用真人，以文艺作品的主角为好。

自打看了村上春树《挪威的森林》，林美娜就决心把书里的男主人渡边当做自己的倾诉偶像。一来渡边这个人很懂女人；二来更重要的是，渡边对爱情的忠诚，不但是日本女人，而且也成为林美娜今生难得的感动和诱惑。

加上林美娜的伤痛正好来自于老公的婚外情，所以每回跟渡边说完自己的伤心事，美娜心里总有种说不出的痛快和轻松。瞧，世上还是有好男人的哟！这种对一个陌生男人的信仰虽说多少有点可笑，不过我们可别小看这种信仰，按照当下的吸引力法则，很多时候让你幸福的并不是哪件事，而是你相信幸福的信仰和力量。

关于这点，直到林美娜找到了心仪的爱人，她简直不敢相信偶像的力量："生活的美好总在你不经意的时候到来，这首先得感谢我的倾诉偶像渡边君的帮忙。"半年来因为离婚，林美娜被搞得一派悲催，要不是及时倒出委屈和苦水，就不要说今天的幸福了，恐怕每个认真生活的女人面对情感背叛都难免会病入膏肓。

为此，林美娜愿意把自己与意念偶像倾诉的积极经验跟读者分享。她说："比起自己，意念偶像是最完美也是最给力的人。跟他倾诉你不但能得到他的理解，而且，如果你始终和一个'男人'保持了良好的接触，有一天待你梦想成真时，所有的恐惧都不再了。因为你相信，你和他早就成了默契的知己和朋友。"

这就是倾诉的故事，也是倾诉的美妙。不知你发现没有，不管你和谁倾诉，心底的知己也好，内在的小孩也好，意念的偶像也好，那个最让你受用的人是谁呢？

那就是你自己。

四、女人的幸福秘诀——双面人

不给他婚姻承诺，给他婚姻感觉，让他觉得你好，又看不透你，就断了他对外人的念想，让他一辈子惦记你。

不知你发现没有，对男人，睡觉和做爱是两回事。对此，米兰·昆德拉早有见地。作为一位十分了得的作家，他让笔下的主人公托马斯把男人对女人的双重需要表达到极致，以至于，每回读他的《生命中可承受之轻》，下面的结论总能给我"轻"的回味。

女人的**暧昧**也精彩

昆德拉也就是托马斯认为，在男人和女人的关系中，做爱和睡觉是两件不同的事：爱情不会使男人产生对多个女人的欲望，但只要他爱她，他就想和她同床；性爱会导致男人对多个女人的欲望，但因为他不爱她，他就不想和她共枕。

让女人接受昆德拉的"轻"不是一件容易的事，除非她有狮身人面的特异：脑袋是女人，身体是男人，这点正常女人都做不到。女人就是女人，身体使大脑变成女人，大脑又制约了女人的身体。结果，面对男人的双重需要，女人的悲剧接踵而至。

时尚达人安晴以为，实际生活中，有相当一部分女人呈分裂特质：具体到跟男人的关系，要么在睡觉中忠诚，要么在做爱中游戏；睡觉和做爱总是难以协调，一如忠诚和游戏也很难相提并论。这也是为什么妻子和情妇似乎永远也无法替代对方：妻子想冲出"围城"，享受情妇的激情；情妇想冲进围城，占领妻子的阵地。

前不久读了新书《孙悟空职场打拼记》，安晴认为，要把孙悟空的本领用于情场，没准能治疗女人的"分裂症"也说不定。为此安晴研究了《西游记》，发现孙悟空有两大特点：一是他有变化精神，二是他没有清规戒律。前者让他随遇而安，又不丢自我；后者让他能上能下，又游刃有余。

作为活学活用的典范，安晴通过亲身经历总结出"时尚婚姻关系三要素"，奉献如下，以求共勉。

要素1：不给他婚姻承诺，给他婚姻感觉

安晴和现老公认识时已三十有余。因为和前老公婚前过于甜蜜，婚后终于发现了感情的变质。安晴认为，就她的"案例"而言，不是她自己不努力，而是婚姻形式有问题。莫非婚姻真如过来人所说，是陷阱加坟墓不成？

梅开二度时，安晴对婚姻不抱幻想了。心想，不如先不要婚姻形式，

把婚姻内容过出来更实际；加上不管从书上还是网上，安晴也吃透了男人的"花心病"，于是就决定，对眼下这个男人，不给他婚姻承诺，给他婚姻感觉，让他觉得你好，又看不透你，就断了他对外人的念想，让他一辈子惦记你。

　　要说这招儿还真灵，那会儿两人已同居两年，不久安晴就发现了婚姻要素的成效，不禁窃喜。想当初和前夫两年时，两人早已开战，现如今不但没有战争阴云，家里家外是一派晴空，连冬天也能感受到爱的温暖。准老公照例在相识的日子送上月度礼品，还告诉安晴，她是他这辈子唯一的女人。偶尔问到结婚的事，安晴总是发嗲地说："老公，你不觉得咱俩已是老夫老妻了吗?"接下来一口一个"My dear，My darling"的，着实疼煞了准老公的心。

要素 2：时而做妻子，时而做情人

　　对女人，兼顾妻子和情妇不容易！可要拴住男人的心，你还非得学会这招儿不行。其实你要是真爱那个人，就没有你做不成的事。不就是来点理性加克制吗？就因为看清了幸福目标，安晴对自己的双重角色越发游刃有余。

　　对一个正常女人，结婚就是妻子的证明，妻子就意味着照顾丈夫，安分守己。对此安晴认为，婚后做妻子没有不对，可如果你除了妻子以外一无所是，那你就有了出局的危险。于是安晴时而做妻子，善解人意又贤淑有加；时而做情妇，来去无踪又激情四溢。

　　准丈夫偶尔也会来一句抱怨："亲爱的，你是我见到的最不可捉摸的女人。"每到这时安晴都明白，这是男人给她的最高赞美。要是男人对你说："你真的无可挑剔，只是我跟你在一起很累。"那你就玩完了。那是因为，你只满足了男人的一种需要，却让他的另一种需要饥渴在即。

　　所以，为了自己的婚姻幸福，努力做一个双面人，就成了女人必要的修为。

女人的**暧昧**也精彩

要素3：别让他觉得他是你唯一的男人

美国电影《红颜祸水》里，政妓妈咪教给女儿最酷的招数就是，晾着他，别让他觉得他是你唯一的男人！

对自己喜欢的女人，男人都有这种矛盾，他想做你的唯一，又怕做你的唯一。那是因为，他想赢得尊严，又怕失去自由；他想赢得女人，又怕失去自己。于是，你要在操作中认同他，又不给他"唯一"的感觉，你就保持了女人的魅力。

这方面，凭自己的悟性，安晴把她女悟空的智慧发挥到极致：平常她从不吝惜对准老公的赞美；碰上有男性朋友打来电话，她也会适当地赴约，来点暧昧。偶尔准老公发点醋意说："别玩得忘了自己的身份哟！"安晴回一句："相信没哪个男人能比得上我准老公的魅力！"就这么一唱一和的，时尚婚姻要素终于成了两人顺其自然的黏合剂。

其实按照女人的本性，没哪个女人不想和爱人厮守的，可要是明了情到浓处必转淡的道理，就不如化解浓情，让爱在可承受之轻的自由里长如流水。

怎么样？听了安晴的故事你有启发吗？不过，别光感动别人的故事，试着去做，相信吧，你的幸福也在你手里。

五、为什么你总是爱上坏男人

心理学上有句话叫，好人吸引好人，坏人吸引坏人。按照这个逻辑好好想，恐怕你也有自己的问题和"软肋"。

爱上坏男人不难，和坏男人相处不容易。怎么办？对这个问题你去请教心理医生，一般人会对你说，离开那个坏男人，再去找个好男人。但这个"药方"似乎对爱上坏男人的女人不管用。因为爱不是买东西，可以随便替换，或者退而求其次，特别对初始的爱，它似乎跟理智没一点儿关系。

有人说，爱——其实是在对方身上找到了压抑的自己。把这句话用于爱上坏男人的女人，倒是多少有道理。这么一来，爱上坏男人的女人就不好办了。如果你爱的不是男人的多样性，而只是一种男人，那么，即使你离开了这个坏男人，你还会爱上另一个坏男人。长此以往，就不能说你是坏男人的受害者了；你跟坏男人的关系就成了典型的"愿打愿挨"：你爱坏男人的坏，坏男人爱你对他的迷恋和崇拜。

世界上有各种各样的人，也有各种各样的坏男人。虽说坏男人跟坏男人有差别，但在本质上，坏男人也有着惊人的一致性：首先坏男人都是自恋狂，他对自己的爱无以复加；其次坏男人在公共关系中大都能得心应手，并用自己的"无私"获得了赞美。

这也是唐晓薇一直以来的迷惑之所在：为什么人人都说他好，我却觉着他寒气逼人？为什么他对别人尚存爱心，对我却是时好时坏？

唐晓薇和男友同居了两年，当初的钟情起始于性的吸引。想起当初的迷情，唐晓薇现在还能听见自己的心跳。性的吸引是那样地强烈，他站在你面前，你无法抗拒他的魅力；他搂住你时你觉得，他就是你要找的人！

直到两人走进男女关系，唐晓薇感觉越来越不对劲。男友想"要"她，她激动得像特赦；她想要男友，男友给她若即若离的冷淡。男友想见她，电话里的声音无限柔情；她想见男友，男友就说忙，没时间见面。男友想带她出去，她满心欢喜一路奉陪；她想跟男友出去，就被男友指责为纠缠！更有甚者，晚上男友想回来就回来，夜里 3 点，你也得给他开门；你希望他回来，他就说，婚姻法也没有规定，夫妻必须得天天见！

总而言之，凡事高不高兴，都是男友一人的感觉；凡事做不做，也是男友一人说了算。唐晓薇开始还以为是自己哪儿做得不够好，于是来回做检讨。后来才明白，你就是做得再好，也满足不了这个男人的野心和侵略。结果两年下来，唐晓薇累极了这种没有真诚的争斗和纠结。

后来经过学习，唐晓薇终于明白了问题之所在。

原来这种男人，内外矛盾是他的冲突，好坏兼容是他的特点。他不能没有单个女人，也不能没有整体女人；他不能没有某个女人的关怀，也不能没有整体女人的赞美；他希望他爱的女人做到最好，又怕她的好妨碍；他渴望自己有个家，又怕在那个家里他成了女人的依赖。结果他跟女人的关系就成了货真价实的游戏和争斗：他需要你，却不会在意你的需要；他给予你，却不允许你的要求和期待；他对你好，无非是想哄骗你对他的顺从；他给你一点关爱，也是想证明他自己的可爱。

总之一句话，他就是一个自恋狂，一心想在女人身上实现他的爱情梦；他就是那种吃着碗里还望着锅里的野心家，而且眼望的还不止一口锅，恨不得全天下的女人都是他的猎物和崇拜。而他呢，他将一生一世地坐在"好男人"的宝座上，对于离开他的女人，他认为那是她有问题；对于他抛弃的女人，他认定那是她没能耐。

而你，为什么总是爱上这种人呢？

心理学上有句话叫：好人吸引好人，坏人吸引坏人。按照这个逻辑好好想，恐怕你也有自己的问题和"软肋"。一来你总是爱上这种人，没准你也有相当的自恋倾向；二来你与虚情男人几度牵手，恐怕你的爱也有不真的成分。这么一来，说你和坏男人是"愿打愿埃"，就不是讽刺了；那是你的咎由自取，也有你自己的轻浮和虚伪。

怎么办呢？

这也是仁者见仁，智者见智：

你一如既往，坏男人将继续享受你。

你不再迁就他，他倒有可能浪子回头，洗心革面。

六、擒拿自由狂男人

表面看起来你软弱，其实是你有智慧；表面看是你放纵了男人，其实你开启了他的内心戒尺，让他有了自律的觉悟。

常有女人发牢骚说，自己的老公不是安分守己的丈夫，是个眼观八方的自由狂。虽说男人的"花心病"你没发现，可神龙不见首尾的神秘到底成了你的沉重。

在对我倾诉的读者中，甜妞就是其中的一位。

新婚蜜月刚过，甜妞就发现了老公的秘密。那也是她偶然听来的，碰巧卧室的门开着，八成老公和哥们儿正在说着结婚的感想呢，什么紧张啦窒息啦，听得甜妞目瞪口呆，好端端的周末阴了天不说，上了彩的媚眼也成了开闸的水管，顿时委屈得下起雨来。

"什么意思嘛，你！"甜妞二话不说就对老公喊，"结婚也是你的自愿，没人逼你，谁让你紧张啦窒息啦，今天咱俩就说个明白！"

老公没想到和哥们儿的胡说八道被老婆听见，虽说他知道自己的毛病无非是男人的通病——找自由，可眼下他刚完婚，加上身为业务经理的他也是个有头有脸的人，绝不能在这个根节上落下欺负老婆的罪名，于是他赶紧扔下电话跑过来抱住娇妻，一口一个宝贝儿地叫了起来，直到看老婆消了气，这才把心放进了肚里，决心不再犯口无遮拦的错误。

同样的错误老公的确没再犯，可行动上的自由却成了老婆的心病。老公很少按时回家不说，有时说好的集体行动也因老公的自由晚点或错过。这样的事接连三回后，甜妞再次和老公理论日子的长久。可每回说到散伙，老公总是一千个爱字不离口，说得甜妞没了主意，不知是老公的做法不规矩，还是自己太娇情。

是男人就喜欢自由，不但未婚男人，已婚男人更是自由的迷恋者。不是有那么一句话吗？女人在婚姻里得到了自由，男人在婚姻里失去了自由。虽说失去自由也是他的自愿，但人就是得寸进尺，当初不要自由是为结婚，如今要自由是因为已婚。虽说在对自由的向往上男女都一样，但要说到婚姻，女人因着守护的秉性，到底比男人多了些安定因素。

女人的**暧昧**也精彩

那么，面对你的自由狂老公，你该怎么办呢？

如果你婚后发现他是个自由狂，那个自由的男人多半是他真实的自我。也许婚前你对他的了解还不够，或者他当初的乖巧让你一时迷惑。不管怎么说，自由不能算是他的缺点，关键在于你俩的契合。

你要相信你俩有缘分，最好能接受他的自由，这样做不是要你放纵他，而是说，接受他的自由就是接受他的缘分，只有在缘分的基础上，你对他的变化才能有一个积极的态度。这是你俩恋爱的前提，也是你对他的塑造和掌握。

其次，两人发生矛盾时，往好里想不但能让你自己快乐，你还能让坏事变好事，让两人的感情在努力中磨合。所以，凡事往好里想，在婚姻磨难中就成了一个神奇的魔术。

往好里想首先会让你感到轻松，轻松的心境会让你走出事态严重的困境，一旦你不觉得事情严重，你就容易发现他的优点了。一旦你看到老公的优点，你俩的紧张自然会缓和，你也容易在平静的心态下想想问题的原委，给眼下的困境找一个出口。

还有可能，他如果是那样地渴望自由，也许他有苦衷也说不定：要么你对他的限制太严厉，或者你对他的纠缠太严重。这里先从自身找问题，你要是对他太过纠缠，他当然总想往外跑，你如果能放开他，家对他就不会成为羁绊和牢笼。

而放开男人的好处也在这里，表面看来是你软弱，其实是你有智慧；表面看是你放纵了男人，其实你开启了他内心的戒尺，让他有了自律的觉悟。这是因为，爱就是自由，人也是天生地抗拒压力，如果你懂得了这个道理，给他自由就不是委曲了，那是你的自信和心里有数。

渴望自由的已婚男人中，不少人有过这样的经历：他们受过老婆的审问，也挨过跟踪的折磨。这里你的老公是否有出轨另当别论，但即使他有问题，审问和跟踪也不是解决的办法，更不是缓和关系的举措。

实际上，在老婆对老公的埋怨中，多数都离不开对自由的争议，争议的焦点也离不开对外遇的猜测。而女人之所以对男人的自由耿耿于怀，表面看是她讨厌男人的散漫，实际上是她对男人有疑惑。

这种时候，你若是能信任老公，也许他更愿意和你在一起；你若是不再猜疑他，也许他更愿意放弃自由。人就是这样一种需要信任的动物，特别是在婚姻关系中，作为妻子，你对老公的信任不仅是信任，还有你给他的认同和尊重。

更重要的，作为妻子，你要真想吸引老公，在他面前最好不要表现出对其他女人的嫉妒。虽说爱不能没有嫉妒，那也是在一定范围内，过分的嫉妒不但容易引起男人的反感，还会影响他对你的感情。

一来他已经娶了你，对你没有了先前的紧张；二来男人确实有"博爱"，不管你的嫉妒有多爱，只要他听出你对"那个"女人的贬损，他也会反感你的狭隘，讨厌你的嘀咕，正因为这样，你对其他女人的议论才要慎重。

这是因为，一来嫉妒让你自己不快乐，二来嫉妒别人也容易给男人压力，引起他往外跑的冲动，这也是已婚男人渴望自由的原因。往往，老婆的小心眼儿不但没能留住老公，还引起了他的反感。相反，只有你充实并快乐着，他才会惦记你；只有他轻松并快乐着，你才能真的快乐。

何乐而不为呢？

七、男性中心，最性感的挑逗

一个正常女人，怕是没人能拒绝男性中心的诱惑。这虽不乏大男人的神秘和傲慢，仍充满大男人最性感的挑逗。

我问舒蕾，你相信男女平等吗？

舒蕾说，不信，也不希望。要是有一天女人和男人都平等了，那做女人还有什么意思？要女人还干什么？

舒蕾是我的闺蜜，正经的"挑逗一族"，这是说，在舒蕾的情路上，舒蕾似乎总是跟好男人无缘，跟坏男人对路。你说她是受虐狂吧，她就搬出她的"地球人痛苦论"跟我叫板，用舒蕾的话说：要是有一天女人都变成了男人，或者男人变女人，那绝不是人类的节日，那才是地球人的痛苦。

有人把这称作"一个女人的男性中心论"。舒蕾不否认，非但不否认，还乐得让女人都知道，作为一个女人，要是没有了你的男性中心，该如何让你心里的男人诞生呢？除非你是中性人，非要在"平等"的恩爱里互相欺骗；或者你是施虐狂，非要在对男人的压迫里实现自我；一个正常女人，怕是没人能拒绝男性中心的诱惑：单刀直入的表白，沉默寡言的莫测，我行我素的霸道，一意孤行的自我。虽不乏大男人的神秘和傲慢，仍充满着男人最性感的挑逗。如此中心的男人不仅能让你进步，还给了你了不得的快乐；且不管结局如何，他都将成为你的启蒙者、领路人、导师和舵手。

其实不光舒蕾，据笔者调查，女人里，男性中心的默许者绝不在少数，且在实践上和舒蕾有着"臭味相投"的一致性，这些人八成也是不喜安定的挑逗一族，且她们之所以爱男人的霸道，是因为她们想要未知，更想要探索。

"可要找到心仪的领路人不容易哟！"舒蕾对我说。

没错儿，两年前的舒蕾完全不是今天的"乖乖女"，那时的她还是个地道的单身贵族：一向独来独往，凡事我行我素。身边虽不乏追求者，可她对谁都没感觉，陷入了中性人的麻木。问舒蕾何以这么"酷"，舒蕾说，宁缺勿滥呗！爱情又不是买东西，可以退而求其次，这辈子要是委屈了自己，下辈子也不好过。明白了舒蕾的"爱情理想"，追求者知难而退了。

唯有一人知难不退，就是舒蕾眼下的"舵手"。舒蕾喜欢用领袖称呼形容爱人，认为，要是没能力给女人当舵手，他就没资格做男人。当然，这也是舒蕾一家的爱情观，但就在这"愿打愿挨"的"偏执"里，舒蕾尝到了不曾尝的痛苦，也感受到从未有过的快乐。

虽说舒蕾已是女人里少有的"女豪杰"，可真的爱上了男性中心的"大男人"才知，恋爱的"功课"还真不好做。

严峻的考验当属斩断厮守，那是舒蕾以前没有的体会，原以为厮守是女人的无理取闹，真的爱上一个大男人才明白，其实厮守里不仅有女人的爱，更有女人害怕的失落。面对小女人的撒娇，一般男人总会怜香惜玉的，特别在追求的日子，没哪个男人想得罪自己喜欢的"猎物"。可某个晚上，当舒蕾使尽小女人的任性表达难受时，男友一句"自己解决去！"当即给舒蕾一个下马威，让舒蕾亲眼见识了一个大男人的冷酷和霸道。

"当时我真想杀了他！"舒蕾告诉我，后来才明白，那绝不是男友故意的冷落，让自己爱的女人做一个"正常人"，那才是一个真男人对一个真女人的认同和打造。

"听着，"男友过了很久才对那天的事做出解释，"我当时正和客户吃饭，你想让我在那种时候陪你，我做不到。我是一个男人，不可能24小时地陪女人。你是个成年人对吗？我喜欢一个成熟女人，我不想用一般男人对女人的办法哄骗你，我想让你知道一个男人的真实想法，然后理解我，接受我，跟我走。"

看舒蕾乖乖地没反抗，大男人接着说："还有，我知道你很爱我，但我不需要特别的爱，五六十度足够了。我希望我爱的女人是一个正常人，除了爱男人，她还有别的事可做。"

听着"大男人"的训导，舒蕾深深地低下了头。从小到大，她听过太多男人的赞美，可以说习惯了吹捧中的任性和撒娇，不料今天，自己的生命里竟出现了这么一个男人，他的真实让舒蕾震惊，他的老实让舒蕾愧疚——女人总是喜欢听好话嘛，这点连"大"女人舒蕾也不能免俗。

从此舒蕾确认了自己的选择：我要找的就是这种人：他的霸道固然

可恨，他的理性十分明了，又在清晰的理性上表达了与众不同的感情，此种感情无须谎言的矫饰，它的仁慈虽不甜蜜，却让你觉得十分地可靠。

五年的光阴一晃而过，恋爱五周年纪念日，当舒蕾和男友在情人节的烛光里决定牵手时，舒蕾举杯，送上心里的祝贺："尼采说过，'太甜的果子，战士是不需要的，所以他需要女人，因为，连最甜的女人也是最苦的'。感谢你的打造，你让我明白了，最'苦'的男人，也让我尝到了最甜的味道。"

你猜舒蕾的男友怎么反应，这个"无耻之徒"说："舒蕾，知道我爱你什么吗？——品位，你是我这辈子见过的最有品位的女人。"

算是大男人给舒蕾的最高奖赏。

回忆这段恋情，舒蕾认定，自己成为一个真女人的蜕变，正是得益于男友的训导。"我是很有悟性的哟，"舒蕾说，"只有在一个男人不想哄骗你时，那才是他真的仁慈和厚道。那说明，他把你当成了人，而不仅是女人，跟随这样的男人是我的过瘾，也是我的骄傲。"

以上就是舒蕾的男性中心论，也是舒蕾以男友为中心的爱情故事。我把这叫做"愿打愿挨"，舒蕾叫它"臭味相投"；但不管你怎么界定这种关系，我们都很清楚，找一个让你追随的男人实属不易，它取决于你的素质，而不是技术。

八、糊涂的爱，自信的爱

多一点儿时间，自己能打开紧张的心结，对方也能在自律中检讨自己的行为；少一点儿谈爱，自己能在思考中学会冷静，对方也能在反复中回归既定路线。

女人喜欢"谈"爱。男人如是说。

不能一味地说"谈"爱不对，但至少，从动机和效果的统一论看，如果你谈出来的爱没能让爱进展，或者不但没进展还让你失去了爱情和爱人，这样的"谈"爱就值得反省。

特别对你爱他多于他爱你的女人，或者对那些不够自信的自卑者，往往，两人热恋时尚且安生，一旦出现了一个第三者，哪怕这人只是假想情敌，她也要来一番"谈"爱的举措，以便让她爱的人明确表态。特别是一些女生，又在她自认为有品位的情况下，表面上看来她的谈爱是表白，其实是试探；表面上看来她对情敌的不在意是为显示自己的教养，其实她心里的屈辱越发酸楚。

前不久给秦晓旭做心理治疗，笔者发现，这位小资女就是一个太喜欢"谈"爱的女人。

秦晓旭学的是国际贸易，对心理学也很感兴趣，先在国内大学读本科，后到国外拿了双学士。她在出国前和男友罗云好得如胶似漆，出国后成婚，是个地道的婚姻族白领。

按理说秦晓旭各方面条件都不错，她的年轻靓丽和"洋"学历都足以成为她骄傲的资本，她和男友罗云的婚姻也应该说是对路的缘分，可就因为发现老公对前女友静梅伸出了援助之手，秦晓旭的自我感觉越发醋酸，她的平衡器也越发紊乱，直到无意中看见老公拉着静梅的手，秦晓旭决定离开罗云。

接下来，自认为对心理学在行的秦晓旭开始了她"谈爱"的事业。那是在静梅困难的日子。

秦晓旭：罗云，看在咱俩是夫妻的分儿上，我想让你跟我说句心里话。

罗云：什么心里话呀？你说吧。

秦晓旭：你是只爱我一个人吗？

罗云：为什么这么问？

秦晓旭：我觉得，不管我怎么努力，都不可能占有你的心。

罗云：你什么意思呀晓旭，你要是对我和静梅的接触有看法你就

女人的**暧昧**也精彩

直说。

秦晓旭：没看法，你应该帮助静梅；只是，我需要一个全心全意爱我的人；在这个男人的心里，除了我以外没有别的女人。如果你不是这样的人，咱俩的婚姻就没有了意义，那咱俩就不如离婚。

类似的谈话秦晓旭不止谈过一次，正是这种没完没了的"谈爱"，让原本默契的夫妻越来越陌生，最终发生了不该有的分裂。

上面的对话女孩子看了都不陌生，虽然那只是秦晓旭对心理医生的个人倾诉，它反映了很多女人的内心纠结和她们对情敌的怨恨。尽管因为有品位、有教养，她们对怨恨的表达总是笼罩着自尊的光环，但这种此地无银三百两的做法不但没能让女人快乐，反倒加深了她们的分裂。就像秦晓旭对心理医生坦白的："不管对老公还是对女友，我每回谈起爱来都显得特高尚，但就在转身的那一刻，我知道自己的失落和无奈。"

其实生活和这些女人想得不一样，情感的归属也不像女人想得那么分明和绝对。人之所以称为人，就在于人的心理充满了动物所没有的犹疑；人性之所以会痛苦，也在于人性的变化远远大于人性的完美。把这个理念用于生活，女人的谈爱未见得是聪明的举动；相反，如果你把同样的想法留在心中，或者你在无言中给对方一点宽容，给自己一份自信，随着时光的推移，时间会给你妥善的回答，你也能在时间的过滤中调整自己，学会超越。

而人的超越说到底就是等待的硕果，多一点儿时间，自己能打开紧张的心结，对方也能在自律中检讨自己的行为；少一点儿谈爱，自己能在思考中冷静，对方也能在反复中回归既定路线。这是因为，语言的伤害不在当时的冲动，在事后的咀嚼；非语言的沟通也不在当时的忍耐，在事后的理解。

而女人想要的"全心全意的爱"，归根结底也不可能是事先的要求，它只能是相处中的和谐：你以纯正的心地去爱老公，又有你自己的魅力和事业，老公就是想移情，也没有理由；你一天到晚总是盯着老公身边的女人，动不动就跟他"谈爱"，那样的话，原本全心全意的爱，也会因为你的嘀咕而发生分裂。

渡边淳一讲过一个真实的故事：一对日本夫妇原先感情很好，就因为妻子身体不适在家养病，夫君陪同，妻子有更多的时间与丈夫谈爱，结果，终因找不到爱的意义和爱人分手了。想想这位女人的悲剧，和上面的秦晓旭何其相似！

《糊涂的爱》里有一句歌词唱得好："这就是爱，能保持着糊涂的温度。"那不是真糊涂，是大手笔的宽容；更不是息事宁人，是心里的自信。

九、叫他喜新不厌旧

不管是爱情还是婚姻，都能成为你的天堂，也能成为你的坟墓。何去何从，完全在你自己的经营和操作。

爱会变质！婚姻专家如是说。

也是我们回归人性后的新发现：人性的魅力不在美丽在丰富，两性的吸引不在安定在变化。因为，丰富里有人性的多彩，也有生命的音符；变化里有人性的冲突，也有生命的律动。如此人性化的人就无所谓对错了，连同变了质的爱也不再让我们惊慌失措。一如今人对婚爱的抱怨：婚姻是三年热，五年凉，六年七年朝外望；爱情是爱到结婚是坟墓，情到浓处必分手。

爱何以会变质？首先来自于人的习惯。就像人的体会：习惯给人安逸，也让人乏味；习惯给人归宿，也难免单调。而我们对习惯的矛盾与其说是矫情，也许正是人性之丰富让我们感受到的内心冲突也说不定。由此习惯成了我们的安全，也成了围困；家是我们的栖息，也成了羁绊。

其次，也像大家体会的，实际生活中，人本身的多恋性也在爱情变

女人的**暧昧**也精彩

质的过程中犯下了不可饶恕的"罪过"。此罪过一直以来被指责为男人的花心，但是女人也有朝三暮四的想法，女人的感情里也有喜新厌旧的因素。如此一来，多恋就不光是男人的过失了；应该说，不管是男人还是女人，我们都有归属的渴望，也有"奢侈"的欲求。

于是，让爱情保鲜就太难了！但从另一角度说，人性的回归也让我们尝到挑战的过瘾，感受到潜能的美好。

实际上，相爱的双方揭开性爱的面纱后，未来的吸引必得更上一层楼：因为是生物的人，开始的吸引难免没有动物的成分；因为是人性的人，最终的吸引一定要归属于人性的轨道。正是在人性的层面，我们才需要了解人性的特点，而后对症下药，让我们在人性的矛盾中"渔翁得利"，让人性的冲突变成人之惰性的监督和指导。

怎么做呢？

接受变化，也许是保鲜爱情的首要法宝。因为人性变化莫测，加上人性充满矛盾，若能走在变化的前面，人就有了对变化的抗受力，也能在自觉的变化中让自己的爱情保鲜和进步。

这像极了那个有关奶酪的小故事：两只小老鼠和两个小矮人一起到迷宫去找奶酪，老鼠出于生存本能，即使在饱尝奶酪时也不忘把跑鞋挂在身上，准备随时出发；矮人远离了生存本能，终因沉湎于奶酪的香甜，陷入了饥饿的困扰。待再度穿上跑鞋时才发现，原来居安思危不光是受用的想法，让自己永远地处在变化中，才有可靠的安全和保障。

而女友小艾也正是在读了奶酪的故事后，才学会在变化中保鲜爱情的；而且小艾还发现，想要保鲜爱情，保鲜自己最重要。

小艾结婚多年，感觉还和恋爱时一样，婚后不但没有懈怠打扮，还参加了健美班和英语班，在身心两方面都得到了补充和保养。

无怪周围人都羡慕小艾："别人越活越萎缩，你是越活越精神！诀窍何在呀？"

小艾说："每段生活都像跨栏赛，像刘翔那样，别注意别人，只注意你自己。与其花精力管老公，不如修为自己更重要。那才是你对自己的保鲜，也是你对老公的诱惑。"

提到如何保鲜爱情，小艾也有自己的高招，那是小艾从婚恋指南上学来的："实现爱人的重要性。这是说，只要你时时抬高爱人，赞美爱人，就是为爱情做了一块永久的保鲜膜。因为，女人在意男人的爱，男人在意女人的认同。只要他在你心里永远是第一，就算他再想喜新，也舍不得对你厌旧。还有，也许自觉的夫妻日，更能让你俩的爱情在婚后得到滋补。正好应了婚恋专家的建议，时时更新爱情，改变了单调的习惯，也丰富了自己的生活。"

这方面小艾也是模范。

32岁的小艾已有六年婚龄，从结婚的那天起，就和老公选定了自己的节日：每两个月过一次节，把每俩月的第一个周日作为夫妻日，只要没有工作拖累，两人一定要在一起过节。要么领略自然风光，要么重温恋爱路线，也会安排一个烛光晚餐，除日常交流外，还有自我批评和未来的设想，以便互相帮助，共同提高。

职场上有一个受用的法宝叫"大目标，小诱惑"。这是说，一方面你对自己的发展有一个宏观设想，另一方面你还要有一个具体实施的小计划。把职场的这一法宝用到情场上就不言自明了：爱情不是一块永远吃不完的奶酪，婚姻更不是梦想成真的圣诞树。不管是爱情还是婚姻，都能成为你的天堂，也能变成你的坟墓。何去何从，完全在你自己的经营和操作。

于是，就像儿歌里唱的，幸福生活靠创造，去一步一个脚印地努力吧。保鲜你俩的每一天，就是你的爱情梦。

十、好"猎物"吸引好"猎人"

如此运筹的猎物就不仅是猎物了：感觉上是猎物，操作上是猎人；感觉上似乎被动，其实她是以大手笔的自信超越了自我。

女人的**暧昧**也精彩

常有女人说，若是有来世，我绝不再做女人。因为，在和男人的关系中，身为"猎物"的女人太被动。

此种牢骚可以理解，但不知你想过没有，改变一下态度，也许你能从被动中开发出主动因素也说不定。

这也是"时尚猎物"的魅力之所在：表面看来是猎物，实际上她做了猎人；表面看来是被动，其实她是以主动的心态诠释了她被动的角色。如此运筹的猎物就不仅是猎物了：感觉上是猎物，操作上她是猎人；感觉上似乎被动，其实她是以大手笔的自信超越了自我。

晓尤就是其中的一位。

认识晓尤是在一个女子俱乐部。当时的晓尤已有 6 年婚龄，还是一个 4 岁宝宝的母亲。然而三十出头的晓尤不但依旧时尚，说起话来也是一副率真的样子，一点没有已婚者的落寞。

问晓尤何以保持青春秘诀，晓尤的回答让我吃惊："勇当猎物呗！"接下来，这位成功广告人谈起了自己的猎物体会。

晓尤认为，做猎物的第一个条件，就是实现爱人的重要性。因为女人在意男人的爱，男人在意女人的认同；对女人，说爱也许足够了；对男人，你不用说爱，反倒行动上的认同让他更受用。

比如，你在场面上维护他的面子；你凡事尊重他，在大事上跟随他的带领；特别在他落难之际，或者在他的"小老弟"暂且不振的时刻，这时，来自于女性亲爱者的每句鼓励都能让他"起死回生"，感受到自己在女人心里的重要性。

而对以"为女人服务"为宗旨的男人来说，还有什么比妻子的认同更让他过瘾的呢。此种过瘾，待爱人回报你的那一天，说一句："老婆，就别说这辈子了，下辈子结婚，我还得娶你！"你是啥感觉呢？

你指定也得乐晕乎！

"这样的猎物，"晓尤得意地说，"有什么不好呢！"

低调做女人，也叫超越女人，是晓尤教你的第二个法宝。因为人容易得寸进尺，女人更有"要男人"的毛病，要能在婚后改掉这个毛病，女人就能一如既往地做女人，在男人面前保持她猎物的本色。

这是因为，人本能地同情弱者，男人对女人更有怜香惜玉之情，你突然变成了"大"女人，他男人的强者感觉容易消失；你再长了猎人的本事，身为猎人的他更无地自容。所以，为维护男人的自尊，学做低调女人吧：多想给予，少想索取；多讲义务，少讲职责。欲望膨胀时，来点居安思危；太想厮守时，找点兴趣和寄托。

总之，学点"苦肉计"，加上无限忠心的赞美，那绝不是什么苦行僧，这不但保持了"猎物"的本分，还瓦解了"猎人"的狩猎激情。即使他有心往外跑，也不敢对你太离谱。

还有更重要的，晓尤告诉你，那就是，学会以男人的方式爱男人。

这也是晓尤从资料片里得到的启示，片中诉说了男人对女人的集体怨恨，也歌颂了男人之间的友情。从中晓尤恍然大悟：原来男人不喜欢太热烈的爱，像男人那种有距离的友谊，反倒能给男人空间和自主性。

那是在俩人刚结婚的日子，晓尤无论如何也不明白，为什么自己使尽了奉献，也没能换来老公的快乐。原来问题就出在这里，男人需要的是有距离的爱，那距离里跳动着男人的脉搏，男人是根据自己的脉搏衡量着爱的尺度。

从此晓尤明白了，以男人的方式爱男人，那才是女人该有的幽默。为此晓尤给自己约法三章：

1. 老公有事时绝不起腻，给他空间，他会更爱你；

2. 老公有突然变化，绝不跟踪追击，让他自我约束，好过你的说教和管理；

3. 不管发生什么事，都不轻意下结论，让时间说话，是你修为的成熟，也是你对他的信任。

也许有的女人对上述说法不以为然，非要在猎人的感觉里和男人挑战，没关系，不久你就会知道利害。

这就是男人，一个真男人到什么时候也不可能丢弃猎人的本色，于是，勇当猎物吧，女人；要知道，一个好猎物，才能吸引一个好猎人。

十一、"夺爱"不横刀

在人性爱的壮举里，没有比人性更强大的理由；在人性爱的咏叹里，没有比人性更感人的律动。

一直以来，横刀夺爱被人所不齿。原因在于，夺爱者掠夺了别人的幸福，他是那样地自私，没有道德水准！

殊不知，若是被夺者在原有的婚姻里确实不幸福，他（她）又想解除这段婚姻关系，若是夺爱者与被夺爱者就是真心相爱，那种情况下，一味高喊道德就不是道德了，那才是真的自私和虚伪！

自私有两种：一种是心智的自私，一种是品质的自私。前者是一个完整人的前提，后者是一个完整人的破碎。然而，避免人格破碎只有一个办法，便是，先要有心智上的自私，才会有品质上的无私；先要有心智上的完整，才会有品质上的完美。

这是因为，人不能只为自己活着，人又要先为自己活着；活出自己的人，才能从个人体验里生出货真价实的将心比心；没有自己的人，他给予别人的动机里必然潜藏着破坏。

这也许就是诸多女人的婚姻悲剧了：因为没有自己，和男人在一起她总是有委屈；因为没有自己，即使男人把她搂在怀里她还是疑神疑鬼；因为没有自己，就算她待在蜜罐里她也不幸福；因为没有自己，她在耗尽一生的奉献里怎么也不痛快。

于是她开始挑剔男人，与其说她挑的是男人，不如说她挑的是自己；于是她开始管理男人，与其说她管的是男人，不如说她怕的是自己。

这个意义上，不管夺爱者还是被夺者，都为婚姻的再创造提供了一次客观机会。虽然从道德上讲，他们都难以逃脱舆论的谴责，但从人性的完整性出发，任谁也无法抗拒人性的抉择，任什么样的道德也无法阻止人性的呐喊。

据说在最早的《圣经》中，婚姻不过是防止偷盗的方式，为防止有人偷面包于是做了蛋糕，但实际上，性偷盗从婚姻产生的那天起就从来没有停止过。不同的是，以前的人拿婚姻当标准，用婚姻道德指责人；今天的人终于意识到，人才是婚姻的主人，人的幸福和快乐才是最高的道德标准。

从这个角度看，无爱婚姻外的夺爱者就不那么可恶了，连同夺爱的举动也不再被视为大逆不道的犯罪。那是因为，没有了爱的实质，再"好"的婚姻也是一纸空文；没有了彼此的快乐，再富的宅舍也无法掩盖心里的破碎。

迄今为止，世界上最精彩的夺爱者也许非劳伦斯莫属了：这位特立独行的英国作家不但写出了惊世骇俗的《查特莱夫人的情人》，他的夺爱之举也被后人传为佳话，被人性爱恋人所顶礼和膜拜。

那年的劳伦斯只有 27 岁。为寻求发展他拜访了他的导师，正是在那次访问中他认识了导师的妻子弗丽达，一个大他 6 岁且已有 3 个孩子的母亲。但劳伦斯并不在意这个"衬衣解开"的女人，相反，弗丽达洋溢的热情吸引了这位英国作家。

不久的一天，弗丽达的丈夫外出，弗丽达邀劳伦斯住下，劳伦斯的回答让她震撼："我不愿意在你丈夫不在的时候睡在他的床上，你应该对你丈夫讲明真相，然后跟我一起走。"

弗丽达被劳伦斯巨人般的自信征服了。虽然她当时还不能看到未来，但她受制于内心力量的牵引，这力量让她不再考虑孩子和责任，毅然跟这个当时只有 15 英镑的青年人离开了家，踏上了她的爱情之旅。

正像她在自转体散文《不是我，而是风》里写的："带着满心的希望和苦恼，乘船渡过了英吉利海峡。此时存在的只有灰蒙蒙的海水，颠簸

女人的**暧昧**也精彩

的渡轮，晦暗的天空，以及我们俩。"

从那时起到劳伦斯去世，弗丽达和爱人再没有分开过。

当然，和所有的夺爱者一样，劳伦斯的行为也激怒了导师，并遭到外人的诋毁。但别人的看法并没有改变劳伦斯的决定，劳伦斯当即给导师写了一封信，说出他夺爱的理由："只有我能使弗丽达成为她自己。"

劳伦斯把能使对方成为自己看做他夺爱的理由，他认为这理由比爱本身更真实，也更有力。事实也是如此，跟劳伦斯出走后的弗丽达一再问劳伦斯："我大你6岁，究竟有什么可爱?"劳伦斯否认了她的年龄说："你不知道，你很年轻，非常地年轻。"这时的弗丽达才明白，这就是她要找的人，劳伦斯，这个世界上，只有劳伦斯能看到她"像龙胆草一样永远青翠的本质"。

世界上有两种爱：一种是占有的爱，一种是独立的爱；一种是囚禁的爱，一种是自由的爱。对前者，爱的占有者没有获得心智上的"自私"，他也无法达到品质上的无私，一如他没有修为过心智上的完整，也无法达到品质上的完美；后者相反，他获得了心智上的自私，才能达到品质上的无私；他修为了心智上的完整，终于达到了品质上的完美。

正是在这种完美爱的基础上，劳伦斯的夺爱之举表现出前所未有的真诚，他对被夺者也表现出真诚的坦率，而"只有我能使弗丽达成为她自己"，更向我们显示出独立爱的力量，那就是，只有根植于自己，才会有两个人的联合；只有爱对方的本质，才会有爱的自由和纯粹。

如此的夺爱者就不必横刀了。那是因为，在人性爱的壮举里，没有比人性更强大的理由；在人性爱的咏叹里，没有比人性更感人的律动。

十二、邂逅也温暖

对人这种有想象力的动物，也许天边的知己比身边的爱人更亲近，心里的家比现实的家更温暖。

情感王国里，男女邂逅是生活的自然。有时一个未婚女人邂逅一个已婚男子，有时一个未婚男子邂逅一个已婚女人，也有两个已婚男女突然邂逅的巧遇。不管邂逅的结果是悲喜还是聚散，邂逅的过程总会带给彼此意外的新鲜。加上邂逅男女往往都有过恋爱体验，也许他或她正经历着不同的伤情；也许他和她一样都有一个爱自己却不被自己爱的婚姻伙伴；又或者，这两个男女都有一个幸福的家，可意外的邂逅也会让他们在短暂的激情里流连忘返。

比如柳玫。

现在想来，柳玫也不明白自己的感情为什么会出轨：按理说柳玫的老公待柳玫不错，而柳玫也不是那种见钱眼开的物质女孩，可事情偏巧就发生在这么一个男人身上，和杜拉斯《情人》里的中国情人颇为相近的阔少，也是那么一身白西装，也是那么一支雪茄烟，在那个特别的午后吸引了柳眉的视线。

"怎么，遇到麻烦了吗?"邂逅男人单刀直入。

"噢，不，只是有点不开心。"邂逅女人给了他机会。

其实不过是一次普通的争吵，争吵的原因也无非是生活小事，可柳玫就是这么脆弱，一句话不得体就伤心欲绝，一个语气不对劲就浮想联翩。于是她越想越委屈，接下来的日子她索性待在公司不回家，直到某天中午到公司对面的麦当劳去吃饭，午餐后正要冒雨回公司，一把雨伞忽然从不知觉的半空落到柳玫的头顶上。

和很多女孩一样，柳玫也是个细节女孩，甘愿为那些不起眼的细节所感动。结果就是这么一把伞，在那个阴雨的午后阴郁的心境下在柳玫心里激起了无限的遐想和浪漫。

"婚姻真是太沉重了，也许我从来就没有了解过老公，也许我们压根儿就不适合做婚伴，要是我早点认识你该多好，要是我再晚一点儿结婚该多好，要是我现在还是个自由人该多好，要是……"

女人的**暧昧**也精彩

那天下午，柳玫在哭泣的小雨里默默地走着，虽然所有的倾诉都是未吐的心言，邂逅男人对女人的脆弱了如指掌，在这种有品位的女人面前，他懂得该说什么，不该说什么，更懂得当一个已婚女人对你倾诉她的恋情时，你最好沉默，且在后重的沉默里献上你恰到好处的肢体温暖。

而最能打动女人的就是这种无声的细节：一丝爱恋的眼神，一抹性感的微笑，一下轻轻的抚摸，一个有力的试探；特别在告别缠绵的时刻，欲擒先纵的矜持，加上充满自信的傲慢，淡淡地说一句："你好好的，我会来看你的，我知道你今天晚上会想着我……"而后迅速转身不再回头，接下来，从想象中喷涌出的诱惑足以把一个受伤女人的欲望打到最高点。

这天夜里柳玫失眠了，她无法入睡，想着雨中的邂逅，想着邂逅情人的性感，想着邂逅的轻松和释放，想着婚姻里的种种疼痛和无奈，柳玫突然不认识自己了，就像刚才，明知连续呼叫的是老公，柳玫却硬是不接，好像故意放纵由邂逅引起的狂喜和伤感。

致命的邂逅，柳玫反复念着这几个字。我到底该怎么办？中止还是前行？苦海无边或回头是岸？

像所有的恋情一样，对一个已婚女人，邂逅的"致命"也是感觉，但实际上，"致命"的感觉，不过是你受伤后的脆弱和你原始激情相互作用的"触电"：一方面，无意中的邂逅点燃了你的原始激情；另一方面，你受伤后的脆弱又对原始激情编织了一份想象的浪漫，于是"致命"的感觉接踵而至。

不管男人女人，每一份原始激情对人性的脆弱都有特别的吸引力，而人的原始激情又时刻期待着"出人意料"：往往在邂逅前，你已经有了某种伤痕；或者很久以来，你厌倦了婚姻日子的单调和乏味；邂逅的发生看似偶然，没有内心的虚空，你不会渴望非分的激情；没有心里的缝隙，你不会感动外人的吸引。所以多数情况下，邂逅的"致命"无非是一种受伤的激情，也许它可以给你暂时的诱惑，却不足以成为认真的情感。

对于邂逅的迷情，传统观念主张斩断意念，开放思维主张接受体验。这里所说接受体验并不是要你去发展恋情，但在想象中体验一下原始激情，也许有助于你找到真实的感觉。

世上有各种各样的爱，也有各种各样的邂逅，低层次的只在意邂逅的"主题"，而后各奔东西；高层次的即使家有所属，仍希望能延长浪漫，在心里留下一份默契的情感。

对已婚男女，最好的邂逅莫过于心的记忆了。人是这样地脆弱，人生又这样短暂，即使能在婚姻里安放归宿，很多时候一份归宿也不能满足所有的心愿，加上婚姻的琐碎又难免不磨损情感，这时要有一个知己，人就不至于旅途孤独；再要有一份感动，你反倒能在命定的归属里和上帝给你的人携手相伴。

与此同时，把邂逅的知己留在心底，无论何时何地，不管遇到了怎样的艰难，即使未能得着长久的厮守，只要顶着同一个太阳同一个月亮，浴着同一丝风同一滴雨，就知世界是美好的；而对人这种有想象力的动物，也许天边的知己比身边的爱人更亲近，心里的家比现实的家更温暖。

第二章　有需要，就有甜蜜

这也是男人让女人"气死没商量"的弱点，这么一想，似乎每个男人都是自恋狂，一如每个男人都有花心的企图和症结。其实他未见得真花心，但无论如何，他得有花心的自由；他吃完碗里的也未见得对锅里的还有胃口，但不管怎么说，眼前有口锅，那就是他男人的证明和感觉。

一、放下他，他才跟你走

如果男人就是这般任性，你何必非要"爱"他呢？学会放下男人，倒不失为一种幽默和技巧。

女人，我不需要你爱我！

男人如是说。

也许你的老公或男友并没有对你如此直言，但从他的态度里，你仍能读出他的喜好：你突然闯进他的办公室，他指责你爱的纠缠；你反复寻问他结交的女友，他讨厌你爱的嫉妒；你当众为他斟酒加菜，他鄙视你爱的浓烈；你等他等到彻夜不眠，他害怕你爱的沉重。

其实，上述表达在女人看来都无可非议；但在男人的眼里，任何威胁到他自由的言行都有可能偏离爱的"正轨"，成为他心里的魔鬼和毒药。这是因为，女人爱男人，男人爱自由；女人的爱是交付，男人的爱是享受；女人对男人是过程和装饰，男人对女人是结局和本质；男人对女人是生命的依托，女人对男人是消遣的作料。

这就是为什么，恋爱中，只要女人一陷入，她就会受伤了。其实伤害他的不是男人，是她自己爱的断裂；让她失望的也不是男人，是她破灭的爱情理想。每个女人都有自己的爱情理想，它深深地根植在女人的肉体梦幻中：情窦初开日，也是爱情理想萌发时；一旦女人按照自己的理想去寻找爱人，爱人的目的令她愕然，爱人的实用让她失望；而后你发现，你所有爱的表达都会遭到他的歪曲和嘲笑；接下来，"我不需要你爱我！"的表白接踵而至，开始的伤害尚且疼痛，久而久之，它麻木了你心里的爱，让你变成一无所恋一无所爱的怨妇。

电视剧《好想好想谈恋爱》讲的就是四个怨妇声讨男人的故事。其中高原误解黎明朗一场戏，把男人"我不需要你爱我"的表白揭密到极致。

黎明朗跑步路经剧场，她连想也没想就拐了进去，想看看男友高原在干什么。这在黎明朗看来纯属她下意识对男友的爱；但高原看见女友，却表现出异常的愤怒。黎明朗一再对高原解释说，我不过是顺路经过没别的意思；高原却把女友的爱上纲到监视的"高度"。

看男友对自己的爱如此抵制，黎明朗索性告诉高原："我在这儿等你，是因为我在乎你！"高原却回女友一句："你用不着对我这么好，你对我一点点好就行了。你对我这么好会把我压死你，懂吗？"黎明朗当即反驳："我懂。如果没有爱过头，就说明爱得还不够！"可黎明朗的回答却让男友越发厌恶："我谢谢你啦！我不需要你爱我！我已经觉得自己像一个逃犯在被你盯梢！"这下黎明朗也被激怒了说："你总是这么排斥我，说明我妨碍你什么了，你心里有鬼！"高原顺势倒出了男人对女人的"集体怨恨"说："我心里的鬼就是你！"结果，好端端的爱，被误解炸得粉身碎骨。

也许，此种敏感对男人来说是合理的反应；又或者，此等反抗对男人来说是自然的愤怒；但不知你想过没有，如果男人就是这般任性，你

女人的**暧昧**也精彩

何必非要"爱"他呢？学会放下男人，倒不失为一种幽默和技巧。两性关系拼的本来就是耐力，对男人这种深爱自由的动物，往往你放下他，他才会跟你走。

也许这就是劳伦斯一再呼吁的女人的力量了，但这里所说的力量并不是黎明朗那种个性强硬、言语刻薄、一个有力量的女人，她理应有心里的自信和宽厚。于是，即使男人说，我不需要你爱我，你也用不着在意他的无理和霸道。还他一个以柔克刚、处变不惊地待他的恋人非你莫属时，那才是你身为女人的骄傲。

不信你就试一试。

二、分手也朋友

从此你就进入自由王国了，不仅在情场，在职场和商场也一样，有分手这碗酒垫底，什么样的酒你都能对付。

恋爱中，不管你和那个男人是什么关系，分手都是让人伤心的事，除非你不爱他。但有的时候，即使你没搞清自己还爱不爱，你也不想分手。一来不管你爱不爱，只要两人相处过一段，都会生出一种习惯，习惯的打破会带来内在节拍律的改变，这对有"安定基因"的女人尤为不适；二来如果你还爱他，事情就更糟糕，这种情况下的分手称得上是撕心裂肺，心如刀绞。

然而通常来讲，恋爱只有两个结果，一是结婚，二是分手。和结婚的必然性一样，分手对某些人也是必然的路数。

有人把离婚比作死亡，当然是对爱的浓情者；依此类推，分手也有了死亡的阴影。但从另一角度讲，就像没有死亡，人不可能热爱生命一样；没有分手，人也不可能体会相守的温暖和情缘的厚重。

从这种积极性出发，把分手做成红皮书就不那么不可能了。倒不是非要在分手时刻显示你的高尚，而是，只有抱着达观的态度，你才能享受分手，一如你当初享受了恋爱一样。

有女孩问我，恋爱能不能不分手？我说，不大可能。除非这世界上只有你们俩，或者像从前的人，从一开始就被父母之命、媒妁之言定为夫妻，从此不分手。只可惜，那种天上掉陷饼的日子一去不复返了；又一琢磨，完全被别人塞给的陷饼也未见得好吃；这么一想，为了货真价实的人生幸福，一咬牙，一跺脚，从昏睡的床上爬起来面对分手就不那么难受了。

心理学上有句特英勇的话叫"伤痕，是走向成年的庆典"。说这话对失落千丈的被分手者未免残酷；但仔细想，你要是从来没有经历过分手，你要在恋爱中一路被捧为掌上明珠，受宠的自尊固然骄傲，保不齐婚后不遭受变心的打击和离婚分手，与其生米煮成熟饭后如此跌份，不如登堂前先经历恋爱分手，一来你练就了面对突然事变的抗受力；二来也可以总结经验，为下次恋爱修为必要的功课。

美国电影《心火》里有这样一场戏，牧场生意人戴维对家庭女教师罗燕情有独钟，向罗燕表达了爱慕之情，罗燕因情有所属拒绝了戴维的求婚，接下来戴维说："当然，短短的几天，我不可能因为你的拒绝而失落，但鉴于我将来还要找对象，你能否告诉我，我在哪些地方需要改正和进步？"

是的，人需要进步，在感情上也一样。一次恋爱未见得成功，从中认识对方、认识自己，分手就是值得的付出。通常，恋爱分手有两种：一是各持己见，二是性格不和。后者分手尚且在理，前者就有过不慎和苛刻。经过分手的沉淀，感知人生的不易和人情的贵重，修为反省的习惯和宽容的美德，不管你将来再找谁，二人世界都需要平和的心态和包容的态度。

也有可能你觉得自己为爱献出了一切，突然的分手让你感到人情的淡泊和生活的残酷，纵观世界伟人和大小成功者，哪一个不是经历了比

女人的**暧昧**也精彩

常人更艰苦的跋涉才到达顶峰的呢？所以不妨这么想，我负别人那是我该着的报应，别人负我那是上天对我的恩宠：让我在前往西天的朝圣里取得真经，让我在多于别人的苦难里修为人格。从此你就进入自由王国了，不仅在情场，在职场和商场也一样，有分手这碗酒垫底，什么样的酒你都能对付。

如果你有幸碰上一个有品位的男人，如果你和他的分手是因为不得已的理由，你也未必非要和他一刀两断，不如以徐志摩为榜样，也可以在超越的友谊里和你爱过的人成为一生的朋友。

20世纪30年代新月派诗人徐志摩和名家才女林徽因的爱情故事无人不晓。徐志摩为林徽因离婚，成了中国历史上少有的离婚男人。当时的舆论可想而知，但他的执著并没有换来理想的回报。面对世俗婚姻，林徽因到底选择了门当户对的梁思成。按理，偌大的牺牲完全有理由导致一个痴情恋人对一位分手者的情仇；但事实是，徐、林二人没有因为恋爱分手而彼此仇恨；相反，他俩在未来的人生中相互扶持，成了一生的知己和朋友。

如此的分手就不是结束了，那是开始，重新书写你对生活的感激和你对爱的理解与宽厚。

如此的分手也不再跌份了，那是因为，曾经青春的伤痕，才有你美丽的成熟。

三、让他在你的骄傲里浪子回头

不要轻易说分手，这就是分手要素，特别对你爱他多于他爱你的"坏男人"。对这帮可恨的"坏蛋"，拿出你处变不惊的温柔才是你受用的宝刀。

恋爱有要素，分手也有要素：恋爱要素不是指得到与否，而是指恋爱的态度；分手要素不是指分手的方式，而是指分手的理由。

提起分手，女人对分手的方式津津乐道：比如销毁证据，扔掉所有带有你俩亲密关系的"赃物"；比如说谎，假装没所谓地跟女友说我和他那一页早就翻篇了；甚至对他本人也假装胜利地说，为不失礼貌我不得不通知你，我马上就要进入下一季恋爱了；比如疯狂购物，没头脑地逛街或是上超市，买一大堆连自己都不知道要干什么的东西，而后气喘吁吁地回到家倒在床上狠呆呆地对自己说："没错儿，这就是我的新生活，我的新生活就要开始了！"但实际上，不管你分手分得多礼貌、多潇洒，它在很多时候并不能说明你心里的取舍；反倒自尊带来的假高傲，印证了你内心的失落和凄楚。

生活中，以假高傲离开男人的女人比比皆是。别笑，没准你我也是"飞人族"的代表。无怪《好想好想谈恋爱》里的谭艾琳一出现，不少女人就拍手叫好了，觉得对伍岳峰这类花心族就该以眼还眼，以牙还牙，甚至认为谭艾琳还不够；要是换了《空镜子》里的孙丽，非得把这个男人当众废了，再踏上一只脚。

然而爱就是爱，爱就是那么想不开，爱就是那么一根筋，爱就是那么爱他没商量地执著。哪怕分手的狠词儿说破了冰川，哪怕你已跟别人起腻拥抱，当他真的要你时，你还是没法把他推开，你还会对着冰冷冷的车窗默默地泪流，你还会问自己为什么，为什么一向"飞人"的我，对那个坏男人就是死活也飞不成？为什么内心脆弱的我，对眼下这个好男人就是无法接受？

按理说，分手的要素应该以不爱为前提，不爱的理性才应该是女人分手的理由。但事实是，爱与不爱在有条件的爱里本来就是鱼目混珠，分手与不分手也多成了女人发狠的招数，少是她放弃的暗号。

这么一来，女人就把自己逼进了死胡同：如果那个男人尚存爱心，你分手的招数尚可显灵；如果他原本就始乱终弃，你分手的坚决就成了他求之不得的跑道。结果是，女人原想以分手吓唬男人，到头来反倒自

女人的**暧昧**也精彩

己落单；女人原想以分手显示尊严，到头来失尊的跌份让她越发懊恼。

其实只要找到真的尊严，就能分清爱的真假；只要你接受不爱的现实，再苦的分手也能画上句号。坏就坏在，女人在有条件的爱里总是那么言不由衷；难就难在，女人在爱自己多于爱对方的自恋里总是以自己的尊严为主导。结果，爱人时，她总也找不到信任的开关；分手后，她硬撑着也得强颜欢笑。如此的不真终于让男人有了蔑视之心，她自己的魅力也在如此的劳累中大打折扣。

所以，不要轻易说分手，就是分手要素，特别对你爱他多于他爱你的"坏男人"。对这帮可恨的"坏蛋"，拿出你处变不惊的温柔才是你受用的宝刀。这是因为，爱——本来就该是没有条件的付出，只要你心里有爱，表面的委屈并不能动摇你心里的骄傲。

长此以往，他爱的女人非你莫属；久而久之，你的包容成了他无法放弃的依靠，待他回家的那天你才知，当初没有说分手，不但是你爱的证明，更是你英明的举措。

四、谁让女人不幸福

享受幸福，女人要的不是男人的同情和恩惠。它只要两样东西，感激让你幸福你的存在，知足让你幸福你的分秒。

如果问女人，是谁让你不幸福？多数女人会回答：是男人！然而，往往说这种话的女人，即使离开了男人，她们也不快乐，还把自己不快乐的原因归咎于命运的不公和男人的"堕落"：是男人打碎了我的爱情梦，是命运夺走了我的幸福，连同我仅有一次的青春和美貌！如此的怨言此起彼伏，在这社会开放的大好年月，仿佛女人就是不幸的代名词，女人的幸福也成了男人的恩赐和命运的玩笑。

据说百分之九十以上的女人都有爱情梦：花前月下的浪漫，梦里梦外的心跳，小鸟依人的甜美，捧在手心的骄傲；那不仅是婚前的梦幻，还得是婚后的习俗；那不仅是恋爱中的美景，还得是日子里的依靠。更有甚者，经历了改革的洗礼，女人又在特有的浪漫外多了一份实际需要：甜言蜜语固然好，最好莫过于汽车加洋房；锦衣玉食固然炫，最炫莫过于存款的攀升和永久。不管女人爱不爱听，实际上，这就是女人的爱情梦：对自己过分的爱恋，加上金钱和物质的润滑；坐享其成的习惯，加上对男人的管制和占有。

　　不能说女人的爱情梦全不对——要没有女人的浪漫情怀，太过理性的男人该何等乏味；要没有女人的"物质沉沦"，以奋斗为己任的男人该如何体现自己的荣耀？然而，所有的好事好就好在它有分寸，一旦过了分寸，再好的品性也会让人窒息；再浓烈的爱也让人无福消受。这就是两性冲突的根源，也是女人的不幸和她委屈的来由。

　　正好印证了受伤女人的悲剧，她的软弱成了男人的盘中餐，她的伤感成了男人消遣的绿地和不攻自破的缺口。生活中，受伤女人多是"完美"一族的代表，因着她的细腻，她对男人既是吸引也是烦心；因着她的忧郁，她对男人既是怜惜也是懊恼。结果她只有在被需要和被厌弃的恶性循环里自哀自怜，一面陶醉自己的完美，一面痛骂男人的"无聊"。

　　表面看来她找到了平衡，其实她遭受着内心失衡的困扰：因为太爱自己，她的目光无法远及；因为太期待男人，她成了自己的牢笼和镣铐。她就这样在"高标准、严要求"的"完美"里苛求着男人；殊不知，对他人的苛求，终于导致了她对自己的紧张和劳累，心理上的抑郁接踵而至，夺走了她对生活的热爱，阻止了她对幸福的追求。

　　也许，不再让女人打闹和纠缠是对女人的不公；又或者，让女人学会男人的理性是对女人的苛求。但至少，从自我快乐的角度看，你要总是活着并不快乐着，你的聪明何在呢？你要总把自己的不幸归于别人，也枉费了你做人的使命和称号。

　　仔细想想也是这么个理，你总把不幸归于男人，就是把自己交给了

女人的**暧昧**也精彩

男人；你总把不幸归于命运，就是把自己交给了命运。不如倒过来，把自己的不幸归于自己，你就等于把自己交给了自己，你从此握住了自己的命运，也捍卫了你做人的尊严。

由此结论，谁让女人不幸福？是你自己；谁让女人活着并快乐着？也是你自己。

于是，把自己交给自己吧！女人，一旦你做了自己的主人，你就会懂，幸福不是遥不可及的梦幻，那是你此时此刻的感怀；幸福也不是别人眼里的奢华，那是你发自内心的享受。

享受幸福，女人要的不是男人的同情和恩惠，它只要两样东西，感激让你幸福你的存在，知足让你幸福你的分秒。

五、男人也需要"残酷"

这就叫残酷即仁慈：让一份完整的爱造就一个完整的人，让两个完整的人共同联合，而不再相互掠夺，才是你幸福的正轨。

把"残酷"当做仁慈未免霸道，但很多时候，正是没有商量的"残酷"饱含了人性中最深厚的仁慈。在两性关系中也是如此。

和善良一样，不同的人对仁慈也有不同的解释：有人认为心慈面软就是仁慈，由此向不如自己的"卑微者"好善乐施。但从人性更深刻的意义看，这样的行善只能算做仁慈的潜层表现，要没有仁慈本身的力量，仁慈也会像善良一样，成为某些人随意践踏的绿地。

晓倩对这个道理的领悟真可以说是无师自通。在她19岁的少年时，被一位十分体面的男士K爱得死去活来，至今晓倩都不明白，自己有什么地方让K如此着迷，难道就因为她说了句"我就是想恋爱不想结婚"吗？于是，每日站在楼上目睹晓倩的风姿，就成了K最感动的情史。

而在晓倩那样的妙龄，是不大懂得恋爱的苦味的，只是以为，恋爱对她就像做游戏，要是没有异性相吸，两人就没必要在一起。所以对太过痴情的男人，晓倩是不大领情的；非但不领情，还坚持认为，像K那样的男人，太过老实又过分软弱，也不配和她在一起。

而晓倩内心的残酷，也恰好萌生在和这种男人交手的一两刻。其实她和K认识的时间并不长，也就一个月吧，因为K每回给她打电话她都拒绝，K终于忍不住跑到晓倩家，说要和晓倩谈谈他心里的感觉。

"我从来没有这样爱过一个女人，每天站在窗口，眼看着你从楼下走过去，竟然连一眼都不肯看我！"K说着，哽咽得要哭了。

"我不认为站在窗口看女人是爱，我理解的爱不是那个样子。我觉得，那是在看西洋景。"晓倩对K直言，没有半点犹豫。

"不骗你，我真的很痛苦，我每天都想死！"K说着，把旧式女人的痴迷表现得像演戏。

"要想死你就麻溜地去死，找个体面点的方式。"晓倩平静地说，把心里的残酷发挥到极致。

"我从来没见过你这么残酷的女子！"K大喊，喊得惊天动地。就在他喊到饱和的那一刻，晓倩险些动了恻隐之心。

K是学中文的，一向不喜欢非正轨口语，对书面语言爱不释手。开始和K认识时晓倩就交代过自己的"狠"。K当即纠正她说："那不是狠，那叫残酷。"

从此残酷对他俩有了特别的含义。现在K把"残酷"当成定论用在晓倩身上，晓倩自有回击，当即说道："我还活着呢你就想死，咱俩到底谁残酷！你口口声声说你爱我，你的爱从何谈起！"

"我……"这回是K语塞了。

晓倩本来就鄙视懦弱男人，加上她一向珍惜时间，看男友一蹶不振的样子，转身扬长而去。

本以为这场被爱就此结束了，不想三年后，晓倩和K再度相遇。K看上去没有了先前的懦弱，成了一名相当成功的编剧。

"晓倩，你真了不起！"是 K 给晓倩的见面礼，夸赞里带着豪迈，一改先前的斯文。

"了不起的是你！"晓倩给男友同样的回报，加重了语气。

接下来因为忙，两人没说太多的话，但分手以拥抱做别，从真挚的相拥里晓倩知道，虽说她当年是有点残酷，但那有力的残酷已化作深厚的仁慈，在一个懦弱男人身上结果了。

男女关系有两种，一种现代，一种传统；一种开放，一种封闭。后者靠的是人伦法规，前者靠的是人性感觉；后者靠的是传统习惯，前者靠的是自身努力。

于是有了如下的规律：就传统夫妻而言，要么男人生活在女人的软弱里，或者女人生活在男人的仁慈里。幸福婚姻不能说没有，那完全要看各人的运气：好男人有幸碰上好女人，他自然得到好丈夫的美名；好女人有幸碰上好男人，她也能赢得好妻子的赞誉；但要是俩人都没运气：男人碰上的女人太泼赖，女人碰上的男人太花心，男人就有可能遭到女人的"强暴"，女人更可能陷入失败的哭泣。

正是在如此的被动下，"残酷"让现代夫妻接受了爱的挑战，也领略了力量的神奇：男人的阳刚不是来自于女人的软弱，而是根植于男人的准则；女人的幸福也不用乞怜男人的宽厚，而是归于自己的努力。男人不幸碰上坏女人，他无法逃脱游戏的罪责；女人不幸碰上坏男人，她也会奋起反抗，让坏男人在女人的美德里束手就擒。

更可喜的是，男人的坚强让懦弱的女人生出自强的力量，女人的独立也让懦弱男人生出新生的勇气。而两性关系的发展正是有赖于这样一个良性的途程，由此不但女人从男人那里获得了力量，男人也从女人那里取得了动力。

就像《求爱上上签》里的刘嘉玲和梁家辉：

刘嘉玲是心理医生，梁家辉是黑社会老大。在向刘嘉玲求救的心理治疗中，这位大哥大暴露了自己鲜为人知的软弱，让心理医生大为不解。

刘嘉玲原以为梁家辉是上天送来的礼物，不想这位江湖老大的懦弱让她生出了鄙视之心。

以后的日子，梁家辉不断请求刘嘉玲的理解，刘嘉玲却以残酷的拒绝把梁置于门外，厉声说道："我最讨厌死缠烂打的男人！如果有一天你找到了勇气，那时我们再做朋友。"

影片结尾处，让心理医生大开眼界的奇迹发生了，刘嘉玲被黑社会头目绑架到聚集地，面对乌云压顶的黑暗，梁家辉成功地策反了黑道弟兄，并以前所未有的坦率喊出了自己的勇气："今天，我赢了我自己！是我的女人改变了我！"

这就叫残酷即仁慈：让一份完整的爱造就一个完整的人，让两个完整的人共同联合，而不再相互掠夺，才是你幸福的正轨。

那是因为，男人也软弱，他也需要女人的力量；男人也依赖，他更需要女人的"残酷"。

六、给自己秀一个爱情喜剧

反复地写伤痛，可以化解伤痛；一如给自己秀一个爱情喜剧，你也可以把秀出的戏剧变成生活。

有媒体问我："网络最大的好处是什么？"

我说："网络最大的好处不是方便和快捷，那只是网络的技术好处；要说网络的精神好处，应该说，网络为九成以上的情感梦幻者提供了实现梦想的通道。"

也许你觉得这个说法有点夸张，但只要你想想小说家的事业，那种通过爬格子的方式实现梦想的行当，你会对网络的好处恍然大悟。天哪！网络竟然是如此神奇，它不但为小说家开辟了天地，也为每一个想成为小说家的人提供了实现梦想的通道。

女人的**暧昧**也精彩

事实是，即使没人承认你是小说家，你也可以写小说。写下自己感怀的故事，而后与人分享，与人交流。即使那人只是一个人——他或她——在私小说层面，你仍然做了自我梦想的缔造者。特别当"他"或"她"对你回应有加时，你那时的感觉如沐浴春风，豁然开朗！

这就是网络的神奇，也是网络的美妙，一如所有的美妙无不来自于想象和创造！而网络给人的，就是这样一种想象的神奇；且网络胜过信件的快捷与虚无，又为想象的实现增加了"信誉"保障。

试想，芸芸众生中，义思敏捷者虽不乏其人，为什么小说家只是少数呢？一来，小说家的使命怕是多数人不想问津的高难；二来，小说家的寂寞也是多数人不想遭受的悲苦；第三，传统小说家，都是以写别人为"操守"的，私小说不要说没地位，恐怕连想也没人想。

直到改革开放，私小说终于重见天日，连同人的个性也从过往的指责中解放出来，升值为人的特色和骄傲。这首先因为，人想讲真话了；其次更重要，人不再想读别人了，人突然想读自己，就像流行歌曲之所以流行，是因为多数人都想唱自己一样。

对此爱默生早有见地。爱默生说：小说终将被日记或传记所取代。那些才是扣人心弦的书，人能从中提取真实的经验，并从真实的记录里找到自己的感悟。

像极了流传的地球人的故事：外星人拿着高倍望远镜看地球，发现地球人得了一种不动症，每个人都坐在一所"小白房子"前凝神关注，而正是从这数以百万的小房子里，开出了人类有史以来最绚丽的花朵。

用这个故事比喻网络的神奇虽有反讽，但从事实看，仍不为过。信件太真实了，它限制了人的想象空间；信件又太慢了，它对梦想的实现也造成了阻隔。唯有网络，它快于信件，让天性懒惰的人乐意沟通；它又虚于信件，让喜爱谎言的人坠入诱惑。于是，对着一个个知名又不知名的倾听者，人情不自禁地陷入自己的故事，并从自我故事中体验到真实的快感和孤独的快乐。

是的，孤独只有在绝对的个人层面才能变成快乐。当你对别人倾诉自己时，孤独被认同取代了；当你对别人杜撰自己时，孤独通过"作品"变成了升华的快乐。

这个意义上，每个网络写作人都是小说家；在写作的心理层面，每个讲故事的人都是自己的心理医生。特别对女人，又在她失恋时，她急需在她的爱情梦里起死回生，更需要在她想象的幸福里重整旗鼓。

这种时候，不如你索性给自己秀一个爱情喜剧，放开手脚大胆地写，让你在自己的爱情梦里大摇大摆，我行我素：他对你的迷恋，他对真爱的渴求，他对岁月的珍惜，他对忠诚的守候；如果你愿意，还可以写下你最为感动的细节，让他的忠诚为你护航，让他的坚挺成为你的骄傲。

有人问玛格丽特·杜拉斯："为什么你总也写不够童年经历？"杜拉斯回答："我就是要不断地写，反复地写，才能用写作抚平创伤。"

可见写作有疗伤的作用：反复地写伤痛，可以化解伤痛；一如给自己秀一个爱情喜剧，你也可以把秀出的喜剧变成生活。

人就是这样地神奇，他能毁灭自己，也能创造自己；

生活也很神奇，它是人的主宰，也能成为人的玩物。

七、好夫妻是"坏人"

人与人之间的过节，正是起始于这种小的裂痕，因着人际关系的互动，往往，你收割的苦乐，是你自己的播撒；你品尝的苦酒，是你种下的因缘。

人际关系，特别在两性关系中，人与人向来是相互塑造的，你塑造别人的同时，别人也塑造了你。一个旅游者的小故事讲述了人际塑造的美丽。

某旅游者来到一个加油站，问加油站老板："你们这个小镇上的人怎么样啊？"加油站老板反问："你们那儿的人呢？"旅游者说："我们那儿的人都很坏。"于是老板提醒他："你可要当心哟，我们这个小镇上也没有好人。"

另有一个旅游者也来到这个加油站，问了老板同一个问题，老板也做了同样的反问。旅游者答道："我们那个小镇上的人可好啦！"老板也高兴地告诉他："在我们这个小镇上，你也能遇见同样的好人。"

故事的内容不复杂，它阐述的道理却不简单：你想遇见好人，你自己得先好；你想让别人善良，你自己得先善。你上来就心存歹意，对方可能比你还要恶；你开始就不安好心，你也很难遇见善良的好人。

然而，这样的塑造在普通人之间也许不难，两人要是朝夕相处的亲爱者，反倒不容易实现如此的超越。特别是女人，又在她被迎娶后，很多时候，她心里的"应该症"达到理所当然的"水准"：因为我是你的人，你理应对我负责；因为我把一生都给了你，你理应为我回报一切；因为我对你从一而终，你不能对我心猿意马；因为我为你做了太多的牺牲，你对我再好也是我的亏损。

综观我们的恋爱史不难发现，其实能做情侣的人多半都有缘分，能牵手的男女更是亲又亲、缘又缘。但为什么，开始的缘分总不能到头？开始的幸福总是半路搁浅？为什么，关系越密切，越没有当初的快乐？日子越久远，越没有以往的甘甜？

说零距离破坏了彼此的感觉也许有道理，扪心自问，其实是过高的欲望阻挡了我们快乐的双眼；说激情退去后暴露了各自的缺点是事实，仔细想，两人若都有接受的态度，就愿意为对方修为美善；说因为他先出轨我才出墙也许是理由，好好反省，用别人的错误惩罚自己，正好说明了你的不足；说得他先向我认错我才能放马也许是原则，静心思过，你要承认自己不完美，何必用"完美"的态度去苛求爱人？

有这样一个小故事，也许能给你更好的提点。

两个家庭妇女一起聊天，一个对另一个说：我看你们夫妻总是那么和睦，从来不吵架，真让人羡慕。能告诉我秘诀吗？

另一个说：没有秘诀。我俩不吵架因为我俩是坏人，你俩老吵架因为你俩是好人。

这一个听了对方的回答以为对方在开玩笑讽刺自己，于是反问：怎么能这么说，怎么能说你俩是坏人我俩是好人呢？

另一个认真地说：我没有讽刺你的意思，我说的是实话。比如我家摔了一件值钱的东西，我和老公谁也不埋怨谁，都说是自己不好，自己不小心。所以你看，像我们这样的"坏人"怎么会吵架呢？反过来，如果大家都说自己好，指责对方不好，当然要争吵不休了。

然而，自我批评的道理并不难，难就难在是否存有一颗包容的心；承认自己的失误也没错，错就错在，即使你认了错，也还是放不下对他人的忌恨。

而人与人之间的过节，正是起始于这种小的裂痕，因着人际关系的互动，往往，你收获的苦乐，是你自己的播撒；你品尝的苦酒，是你种下的因缘。所谓"种瓜得瓜，种豆得豆"也是这么个理，你不尊重别人，你也得不到别人的尊重；你怠慢了别人，别人会给你同样的傲慢；你不把别人放在眼里，别人会加倍轻薄你；你惩罚了别人，你自己的良心更加不安。更有甚者，普通人还能相互谅解呢，反倒越是亲近的人，彼此的伤害越惨烈，仇恨也越深远。

怎么办呢？

一本婚恋指南书告诉我们，上帝造女人就是为了让女人拯救男人。果真那样，每个女人都秉有使命，在拯救男人的途程中理应挖掘潜能，施展美善。弗洛伊德不是说过吗，在人类所有的行为动机中，除性冲动以外，"渴望伟大"是我们最受用的动机，也是每个人最想要的渴念。具体到我们和男人的关系，你不妨这么想，我凭什么嫁给他呀，还不是因为我想让他给我当领导吗？如今领导出了点小差错我就较真，那不成了我给自己挖墙脚了吗？这么一想，你对他的信任就没商量了，且根据吸

女人的**暧昧**也精彩

引力法则，你越信任他，他越不会辜负你；你越是把他当根葱，他越不会把你贬成蒜。

明白了这个道理，你就会懂得，为什么抢先付出的一方，没有跌份了：那不是你自我标榜的品质，是你提升良知的路径；那也不是你施与别人的美善，是你寻找快乐的出口；尊重别人，表面看来你实现了别人的重要性，其实你完善了自己的人格；抢先付出，看起来你很愚蠢，其实你修为了吃亏是福的大业。

如此的执著就不是痴迷了，那是你的美丽，因着你的超越。

而这样的超越也许比性冲动更胜一筹，特别在婚姻关系中。俞静子在老公出轨后，面对干了"坏事"却欲言又止的老公，她硬是抢先一步，用美丽的超越把老公引向好男人的行列。

"我……我想……"老公支吾着，满脸冒汗。

"我知道你想说什么！"静子笑着，显出得意的自信。

"你……知道啦？"老公低语，张口结舌。

"那当然！你想说的是，不管外面的世界多精彩，你老婆在你心里永远是最好的女人。"

说完，静子抬头，看见的是老公含泪的眼，突然地，这个男人张开双臂，把久违了的爱妻紧紧地抱在怀里。

"静子！"

就这么一声呼唤，改变了静子的人生，挽回了老公的爱恋。

这就是两性塑造的美丽，它来自于宽厚的情怀，归属于超越的品质。

八、有需要，就有甜蜜

婚姻就是这么一种简单又简单的合作，你要求它，它就是牢笼；你不要求它，它就是绿地。

我十分推崇玛格丽特·杜拉斯的《情人》，认为它与其说是一部爱情小说，不如说是一部情爱小说更准确。因为在整个故事里，让你感动的并不是他们的爱，而是他们的情，且在情爱背后，涌动着男女之间原始的、本能的性吸引。

于是就想，当初那个法国女孩要是嫁给了那个中国阔少，或者说他娶了她，他们的婚姻会怎样呢？果真如此，"她"和"他"没准就失落了这个爱情故事，更有可能他们也成了那种同床异梦、貌合神离的"假面夫妻"也说不定。

爱情——被称之为感人的爱情——多半是失落爱情的人们在忆起往事时想象的故事。我们是那样地需要故事，一来我们知道，现实不是故事；二来我们还知道，那样的爱情于人只有一次，不管它多悲凉，多绚丽，它已经过去；可我们还活着，活着的人需要在回忆里感知自己，于是我们成了故事的膜拜者，也成了故事的素材和主人。

这就是为什么故事对人有着天然的吸引力了，每每吃罢饭，打开电视机，最过瘾，莫过于看上一段似曾相识的爱情故事。特别是对女人，又是在她的夫君"出轨"后，她需要在故事里确认她的美梦，更需要通过故事来坚定信心。

因为她不想离婚，也不想对她的老公再刨根问底，她发现他待她并不坏，尽管他对她撒过谎，但在外场上，他还是维护着她的面子；他是她的夫，她是他的妻，这个事实并未因他的节外生枝有所改变，这使她在绝望之际又多了一份绝处逢生的庆幸；加上，见多了"围城"外的寂寞游子：感情破裂的离婚族，不登大雅的第三者，和她们比，她第二者的位置给了她勇气。

事实也是，人世间所有的事物都是相对的，且所有相对的事物在具体情境中又有它最初的起点，而那原本不被人看重的起点，在历经感情波折后，终于成了多数女人对幸福的认定。对一个还在梦里的女孩，她的幸福也许是一个腰缠万贯又帅到影星般的白马王子；但对一个有过磨

女人的**暧昧**也精彩

难的女人，仅只夫妻名分和家庭稳定就成了她幸福的底线。

就像我们从《绝望主妇》里看到的，那些主妇们尽管绝望，却依然主妇着；她们一面对男人怨声载道，又一面继续打情骂俏，和她们的男人同床共枕；且随着时光的推移，关于"生活意义"与"何为幸福"的议论远去了：对她们来说，那些曾经的深刻终于成了可笑的幼稚和没用的话题。

如此一来，"假面夫妻"似乎成了某些夫妻的代名词：俩人谁也不想离，但在一起是各有各的想法，各有各的心思；俩人为了孩子和舆论也不想公然决裂，但心底里仍是各有一番孤独和无奈。

是啊，"假面"没有浪漫可言，貌合神离更是令人痛心；但日子还是日子，它在平淡是真的琐碎里坚守着规则，又在"不打不成交"的幽默里张扬着乐趣。"假面"固然偏离理想，它给了你真实的生活；貌合神离是不尽人意，它让你学会了无私的给予。

进而，随着时光的推移，生活的重复让你俩的依靠越发习惯；生活的连带又让你俩的感情从陌生趋向了理解。

直到有一天，你俩熬过了七年之痒，每日睁开眼，你习惯摸的还是那一双手；每晚躺在床上，你习惯听的还是他的呼吸。这么一想，也许在夫妻的假面里也有智慧呢。那是因为，人是个体动物，他需要孤独；人又是群体动物，他需要伴侣。为个体的自由，两人难免有磕碰；为群体的生存，两人也会各自调整，彼此靠近。

婚姻就是这么一种简单又简单的合作，你要求它，它就是牢笼；你不要求它，它就是绿地。而假面随着岁月的流逝也就不假面了，也许年轻的面子还故作矜持，年复一年，习惯的需要终于成了意外的甜蜜。

直到这时，你才意识到自己的正确：当初你不提离婚，那是你有包容；当初你没跟他分裂，那是你懂理解。

由此，谁敢说"假面夫妻"不幸福呢，"假面"不过是你的假象，需要才是你的人生。

九、男人女人，半斤八两

包容他的错误，一如完善你的生存；包容他的"花心"，一如原谅你的"奢侈"。

恩格斯有句名言：人与人之间的差别，比人与类人猿还要久远。把这句话用在爱情的类别上，你就不会因没有她那样的爱情而痛苦了；而女人常用的"激励语"，在这一结论下也就失去了意义。比如，对着哭天摸泪的女友，你发狠地对她说："我要是你，我绝对不可能爱上他那种人！"或者："要是换了我，我绝对不可能要那样的爱情！"

然而，说这种话的女人自己也明白，这些话，对一个陷入迷情的女人其实不管用；非但不管用，你这样去"激励"她，她还会越发逆反，越陷越深。

就像电视剧《接触》里的那个"小姑娘"。珍妮被情人抛弃后不依不饶，跑到情人妹妹那里去伸冤，而当其妹劝她另找别人时，她却愤怒地大喊："我不需要！我不需要别的男人！我需要的就是'他'！我要的就是他的爱！"

碰上这种非要在一棵树上吊死的女友，你只有沉默了；或者你不如学学那位西方牧师，索性劝她去死，她倒有可能冷静下来，在前所未有的清醒里想想自己的何去何从也说不定。

故事是这样的，某教徒因为某个问题想不开，决定去死。死前他跟牧师说了他的想法，想争求牧师的意见。哪知，牧师用祈祷一样的平静对他说："去死吧，孩子，主会保佑你。"教徒听了牧师的话，反而打消了死的念头，决定好好活下去。试想，如果牧师好言相劝这位教徒不要去死，他恐怕是非死不可的。

瞧见了吧，这种事往好里说就是，人性服从理智，抗拒压力；往坏里说就是，人就是天生有劣根性。

精彩的是，往往一棵树上吊死的爱情狂，她其实和男人一样，也有一颗多恋的心，由此做下"愿打愿挨"的事就不是她的悲剧了；那是她的命运。正好应了那句话，天上地上，幸福平分；男人女人，半斤八两。

不信再看谭艾琳。《好想好想谈恋爱》里的谭艾琳是个美女作家，堪称时尚白领。要看谭艾琳对 IT 精英伍岳峰的爱，九成女人会落泪。那等执著，那等热烈，试想，要不是爱一个人爱到了骨髓，一个那么文雅的女人，怎能在失恋的悲痛中如此疯狂，不顾体面？

戏里，谭艾琳自打完成身体交付后就认定，自己就是伍岳峰的人。由此 IT 精英做出的一切"不仁"之举，都成了美女作家的痛恨。她先因伍没有把她介绍给他的朋友而计较，又因她住院伍没有陪同而痛心，还因伍没把她介绍给他的父母而感伤，再因她打电话伍居然关机而醋酸。

接下来，伍的母亲要出国伍要陪同，更是触动了谭的愤怒神经；直到谭得知伍要拟娶另女，她的愤怒达到了分崩离析的境地！更有甚者，对一般女人，说出"滚蛋"之类的话，不算不正常；对一个美女作家，如此的粗野就太过跌份。但这有什么办法呢？

爱情面前人人平等，愤怒面前也人人平等。在爱的王国，温柔和野蛮本来就是半斤八两，一如文人和粗人也没有贵贱之分。

然而，就是这位一根筋的美女作家，当她在失恋的绝望后被另一个男人爱到骨髓时，她却感觉不到爱的幸福，反倒因为爱的容易开始怀疑爱的可贵！就像她对女友的倾诉：

"我俩太和谐了！简直就像在世外桃源一样，没有任何风吹草动，太平得让我心虚，我觉着不安。可能我生在福中不知福吧，我以前受苦受惯了，如果没有挫折打击，我反倒不知所措了！"

"你们明白吗？我做好了迎接痛苦的准备，结果没有痛苦，我迷惑了！"

"可能我不适合他那种太过平实的性格吧，他太容易控制了，不像伍岳峰。我觉得他没有挑战性，不刺激。"

听听，这话要让一般男人听见，他肯定得说，这种女人就是找啐！即使碰着善良的"同行"，她也得说，你这就是自作自受，活该倒霉！

所以，一个聪明女人，绝不会对这类女友做规劝的傻事。顶多说一句，同情自己是最卑劣的勾当！而后走人，她倒有可能在你的"冷酷"下改邪归正，来一回"浪子回头金不换"。

有人说，女人是男人的驿站，男人走过女人，一如他走过人生；反过来看，男人也是女人的驿站，女人走过男人，也走向成熟和完善。无怪，连美国风头最健的作家艾瑞卡·琼，也是"走过男人"的引领了，且在"一次又一次疯狂的热恋后"她明白了，"自己必须从中滋养并且发展心灵"。

还是那句话说得好："凡存在的都是合理的"；时间为一切而存在，一如岁月给每个人出路和位置。由此，包容只能是你我锲而不舍的态度了。那就是：

包容他的错误，一如完善你的生存；

包容他的花心，一如原谅你的"奢侈"。

十、以真代假，以假乱真

人生就是一场自娱自乐的游戏，没人不渴望正点，也没有人能在正点永远地停留。

当代作家中，没有哪位像村上春树那样带给我心惊的震撼；也没有哪位像村上春树那样，让我爱到"忘了苏醒"。

那是熊天平和许茹云的歌，也是电视剧《新乱世佳人》的主题曲。歌中唱到："爱你，忘了苏醒，我情愿闭上眼睛。"

事实也是，头一回看村上春树的书，高兴得差点晕过去。那是他的青春小说《挪威的森林》，在一个不起眼的书店，当即买下五本，除两本留给自己外（好书好碟我都买双份），其余的三本全送人了。隔了这么久，送给谁也不记得了，只记得送书的赠言都一样："送给你，希望你认为这是我写的。"而后双手把书放在人家手里，而后对方接下书，这才算了了心事。

只可惜，并非所有人都像我，对村上春树爱不释手；更非所有人都像我，把村上春树当成了知己。事实是没过多久，就有一位女友打来电话说："你说的那个什么树，他的书我一个字也看不下去。"

我这才警醒。俗话说，林子大了什么鸟都有，这是绝对真理；其次世界之大，你也不可能要求别人都跟你一样，对一位不相干的作家有爱到不醒的水平。但无论如何，我对村上春树的爱并未因旁人的不解有丝毫改变；且以后的岁月，还不断拿王晓波的话来安慰自己说，村上春树那家伙，虽然我知道我在哪方面都不如他，但我还是认定，我跟他是一头的。

关于孤独，村上春树的看法很有戏剧性。原话不记得了，意思是说，在这个世界上，每个人都是孤独的，但深挖这份孤独会发现，其实人与人之间的孤独是一样的。正是这份相同的孤独使人产生了一种"连带性"，人坐落在自己的孤独上，而孤独的连带性，又使人找到了化解孤独的方式。

由此又想到，关于我与其他人的连带性，何在呢？换句话说，眼下，当我再次沉浸在对村上春树爱到不醒的快感时，我怎样才能在更宽泛的范围内体验这种爱，从而找到我与更多女性朋友的心心相印的孤独呢？

终于——面包有了！

那也是村上春树的贡献。在谈到他奇特的想象力来自何处时，他说："想象力谁都有，难的是接近那个场景。我碰巧做到了这点，就是说，我具备了让自己打开门身历其境，又安全返回的特别的技术。"

关于这个技术，我把它叫做"进得去，出得来"，觉得它跟女人的恋爱十分相似。其实恋爱也是一项事业，它跟写作一样，也需要以真代假，以假乱真。这里，真指真诚，假指技术。鉴于人性的复杂和多变，只有真诚没有技术，你恐怕进不到人性的核心；只有技术没有真诚，你也找不到真的人性。所以对恋爱而言，真真假假，假戏真做，就是人之常情了；一如进得去，出得来，才是货真价实的本领。

有的人对一份感情永远也进不去，以为守住了自尊就是守住了阵地。殊不知，对这份感情你连进都没进去，你所谓的阵地，就成了你自欺欺人的虚荣。

对每一位恋人，你的阵地都是对方的心，对那颗心只有你先进去，才有获取的可能性。然而，要想进到别人的心，没有技术似乎又是不可能的。一来人心的隔膜由来已久；二来因为背景的不同，人心的沟通也容易被误解所阻隔。

怎么办呢？

只有两个办法，让真诚先进去，以你的真诚打动他的真诚；让技术再进去，以你的理智探测他与你的不同。恋人间的矛盾，多半都是差异的冲突，若能探明差异、接受差异，两人才能真的拥抱，彼此的隔膜也容易消除。

于是出现了两种分寸，一是真诚，二是技术。真诚固然重要，但过分的真诚会让人劳累，让自己委屈；技术也很重要，但过分的技术也容易让自己迷失，让对方放手。

这句话说白了就是，感情上没有人不想要真东西；理智上，也没有人想失去自我。虽说女人常以失去自己的疯狂爱男人，一旦她醒过来，她会以加倍的理智惩罚男人，挽回自我。

所以，不管恋爱还是结婚，"进得去，出得来"实在是一门必修课：只能进去不能出来，两人的关系恐怕会紧张；整天在外面晃悠着不进去，两人也谈不上真的牵手。进得去，才有贴心的感觉；出得来，才有更大的诱惑。由此出出进进就是恋人的常态了，一如进进出出也是婚伴的

女人的**暧昧**也精彩

需求。

分寸感实在是一件好玩的事，就像那个老式座钟，正点的时刻转瞬即逝，它永远在左右之间摇摆不定。

人生就是一场自娱自乐的游戏，没人不渴望正点，也没有人能在正点永远地停留。

由此进去和出来就是必要的分寸了：进去是为体验，出来是为生活。

十一、爱他没商量

这时你才明白，恋爱不是一次输赢，是回合的较量；幸福也不是日日满月，而是阴晴圆缺。

迄今为止，我对婚恋问题的研究已有十余年。突然发现，对多数人，问题不在没有爱，而是彼此的爱不在同一时间。要么他爱你多于你爱他，或者你爱他多于他爱你；待少爱的一方苏醒时，多爱的一方不是正准备分手，就是早已没了爱的感觉。

可见，爱说到底不是感情问题，是时差问题；而时差的错位又与人的自尊密切相连，结果自尊又成了爱的支撑和负载。爱一个人爱到失去自尊，那样的爱就不是爱了，至少那个爱已遍体鳞伤；再用破碎的心去爱对方，那样的爱就更不是爱了。在女人，那多是爱的纠缠和占有；在男人，那多是爱的掠夺和侵略。但无论占有者或侵略者都无法感觉爱的幸福，一如被掠夺者和被侵略者也在蒙受爱的虐待。正好应了那位古典大师的话："被伤害了的自尊心再去伤害别人，是世界上最惨的事。"

然而，在爱的天平上，自尊其实也有分寸，一如爱到满圆，那也是爱的危险和破碎。一个人自尊到不能说也不能碰，那就不是自尊了，那是自卑；一个人"失尊"到维护对方的感受和尊严，那也不是失尊，那才是真的自信和尊严。这是因为，两性关系中，自尊从来不是一人的表现，那是两人的协商；自尊更不是一人的炫耀，那是两人的共同骄傲与和谐。

以这种自尊为边界，你若还是苦苦地爱着对方而对方对你却不冷不热，你怎么办呢？特别对那些自以为是又有过婚姻经验的大男人，这时似乎只有两个办法，要么你离开他，以分手的冷静保护自己，警醒对方；或者你索性跟他死磕到底，以你的自信争取他的妥协。

这也是很多女人的痛苦之所在，你从一开始就爱上了他，你在跟他的关系中周旋了许多年；可他始终对你若即若离，又在结婚问题上一拖再拖，让你失望，给你伤害。你不是不想离开他，无奈他每回都对你苦苦挽留；你不是不想要自尊，可他每回都跟你说，今生今世，只有你是他的最疼和最爱。然而，一旦关系稳定下来，以往的游戏又周而复始；一看你不再提结婚的事，他的我行我素也愈演愈烈。

其实他并非不爱你，只不过，他害怕触动以往的伤痕；他不是不想跟你结婚，只是比起婚姻责任，他更喜欢没有责任的“派对”。加上如今的开放又助长了男人的“侵略本性”，所以他就想，与其说爱，不如不说爱，他还有走的自由；与其结婚，不如不结婚，他还有选择的机会。

这也是男人让女人“气死没商量”的弱点，这么一想，似乎每个男人都是自恋狂，一如每个男人都有“花心”的企图和症结。其实他未见得真花心，但无论如何，他得有花心的自由；他吃完碗里的也未见得对锅里的还有胃口，但不管怎么说，眼前有口锅，那就是他男人的证明和感觉。这种时候，你跟他争宠，无异于火上浇油；你非要让他娶你，那就等于你自我跌价，对他说，上赶的买卖，都不是好买卖。

这种根节上，古人那句话是再好不过的稀释了：退一步，海阔天空。待真的退回来你才知道，那岂止是海阔天空呀，那简直就是鸟语花香，青春无悔！

这时你才明白，恋爱不是一次输赢，是回合的较量；幸福也不是日日满月，而是阴晴圆缺。分手并不可怕，只要你俩缘分尚存。

关键在于，你就是爱他的人，连同他的弱点和缺点；你就是赶也赶不走，就算分手也构不成对你的伤害；你终于有了自己的寄托，他再怎么折腾你也是处变不惊；你相信他就是非你莫属，他迟早会成为你的夫君，全面实现你的梦想和期待。

这么看来，恋爱就不是短跑冲刺了，恋爱是长征组歌；幸福也不是朝朝暮暮，而是你一生的过程，长如流水。为此不如告诫自己，小不忍，则乱大谋；鼠目寸光，将鸡飞蛋打，功亏一篑。所以不如这么想，珍惜每分每秒，就是夫妻幸福；过好每一天，就是婚姻快乐。

十二、神秘才诱惑

于是对彼此相爱的人来说，适当地保持点神秘感，就不能算是不真了；那才是恋爱的情调，外加幽默和品位。

不管男人还是女人，两人好上了，彼此的话总也说不完。一女友声称，她与前男友恋爱时，一天要打 10 小时的电话；另有女友宣称，她与前夫热恋时，连续说了两天两夜，48 小时没合眼。只可惜，不管是 10 小时的通话者，还是 48 小时的热恋人，他们的恋情都未能持久，随着时间的推移和激情的褪色，他们全走到了激情的反面，要么分手，要么没话。即使后来想，女友对当初的话匣子仍迷惑不解。只能说恋人都是疯子，她说。否则，没人能理解那样的疯癫。

物理学上有个原理叫能量守恒，放在感情上也适用。话是有定量的，一下子把话说完了，以后就没话了；感情也有定量，开始把感情用得过浓，剩下的，就只有淡而无味了。

有人对这种说法不以为然，还搬来大师的理论说，爱是生产力呀，爱应该越用越多，怎么会越用越少呢？

有两种爱，一种是先天的爱，一种是后天的爱；一种是本能的爱，一种是经营的爱。先天的爱是自发的爱，以索取为主，带有很强的动物性，如情绪和感觉。后天的爱是经营的爱，它经过选择和努力，从一开始就以给予为前提，所以后天的爱才能叫人性的爱，也有了生产力的属性。如大家都有的常识：两人相互给予，爱自然越给越多；两人要相互掠夺，爱就越抢越少了。

和男友恋爱时，晓卉也做过话匣子。晓卉是我的女友，我俩私密时，她亲口对我讲了她的热恋："那天晚上，我倚在他身边，恨不得把心里的话一股脑地讲给他听。我对音乐的钟情，我对声音的敏感，我对黑暗的恐惧，我对自然的迷恋，连同我对绘画的走火入魔我也跟他唠叨上了；他却有一搭无一搭地听着，随便说一句，慢点说，别着急，把最好的留到最后，才有意思。"

要不是真爱，怕是没哪个女人能容忍那样的漫不经心；可因为晓卉爱男友，男友的淡然就成了晓卉的吸引。加上，把最好的留到最后，这话在晓卉看来又是那样地有悟性：要是没自信，任哪个热恋者也不可能在触电后还这般潇洒，在无言的幽默里享受过程，在有意的控制里刺激欲望，延长喜悦。

晓卉的顿悟给我知音！把最好的留到最后，这认同的幽默也让我俩的友谊升华到默契的水准。直到我听了那首英文歌，曲名也叫"把最好的留到最后（Save the best for the last）"，我加倍爱慕这大手笔的智慧。

而爱情智慧，不就是一种控制自如的游戏吗？让你享受激情，又不随意燃烧；让你享受感觉，又不陷入迷恋；让你一触即发，又见好就收；让你至情至性，又适可而止。

如此的过程就不是简单的过程了，那是挑逗的乐趣加未竟的激情；如此留到最后的才是做好的，那是未知的诱惑和不断的惊喜。

莎士比亚说，眼前的危险，远不如未来的想象。是说，想象中的危险，其实比现实中的危险更危险。把想象力用在乐观的地方，也可以说，想象中的吸引，比现实中的诱惑更可贵。

女人的**暧昧**也精彩

　　事实也是，比如女人痛恨的"坏男人"。往往，他吸引你的不是他的已知，是他的未知；他诱惑你的也不是他的外表，是他的神秘。所以对彼此相爱的人，适当地保持点神秘感，就不能算是不真了；那才是恋爱的情调，外加幽默和品位。

　　晓卉告诉我，世界上，没有比不断地发现爱人的优点更让人快乐的事了。对女人也一样，待你学会把最好的留到最后时你会发现，他的宝贝非你莫属了。那是因为，你给了他新鲜的感觉，也给了他未知的诱惑。

第三章　影视的榜样和招数

> 有些女人需要驯服，有些则不要；男人想和不易驯服的女人恋爱，又想和不驯就服的女人结婚。这就是男人，可玩味的他不要，想要的他不想玩味；对男人，玩味女人和要女人从来就不是一回事。因为，男人永久的爱人不是女人，是自由。每个男人都想在没有束缚的自由中保持自我，这是男人的霸道，也是男人的魅力。

一、分分秒秒都故事

走出黑糊糊的电影厅后，在平静的黑夜里大声对自己说，爱生活吧，珍惜每分每秒，这就是我的爱情故事。

电影是什么？我们为什么喜欢电影？

2001 年奥斯卡颁奖礼上，当世界各地的观众在大银幕上诉说自己对电影的喜爱时，电视机前的观众也会心地笑了。

我喜欢电影，电影实现了我的爱情梦。

电影像一个神奇的魔术，它改变了我的生活。

电影是一个美丽的骗局，我喜欢这个骗局。

电影是我的好朋友，它填补了我孤独的寂寞。

是的，这就是电影，也是电影的魅力。电影不但是一门综合艺术，它还丰富了我们的生活，特别是爱情电影，又对陷入情网的女孩和女人，女人因电影而美丽，电影因女人而感动。

　　有人说，没有女人，就不会有电影。女人是电影的主角，也是电影的素材，同时她们也是电影本身：当女人对着电影哭泣时，她表面哭的是电影，其实哭的是自己；当女人在电影里看到自己时，与其说电影实现了她的爱情梦，不如说她用自己的故事编导了一部爱情电影。于是电影和女人成了一对相濡以沫的恋人，每每电影成了女人的抚慰，女人成了电影的要素。

　　我的一个朋友叫梁晓倩，看完韩国电影《我的野蛮女友》后流着眼泪对我说："我在电影里看到了自己。"

　　晓倩和野蛮女友的经历很相似，她和男友也是邂逅情人，两人也有过一段刻骨铭心的恋情，她的男友和野蛮女友的前男友也一样消失在一个突然的日子。只是晓倩不如野蛮女友幸运，至今未遇到一个像犬友那样的好男孩，可以让她在另一个男人身上重温逝去的爱，在另一个故事里开始自己的爱情梦。

　　但无论如何，电影给了晓倩活下去的勇气，也抚慰了她的伤痛。为此她买回光盘在家反复看，连野蛮女友给犬友的信也记下来了，说是要以自己的诚心感动上帝，让上帝也给她一个好归宿。最后，她还把野蛮女友的感怀背下来，念给我听："命运——就是在你和你爱的人之间架起一座桥，我遇到了一个来自未来的男人。"

　　其实不光梁晓倩，生活中有很多女人都在电影里看到过自己，在电影里重温过自己的爱情梦。这样的温习让人伤感，也会给人动力和激情，随着时光的推移和年龄的增长，当你在别人的故事里审视自己时，你平和了，也宽容了：平和让你放下自己，宽容让你原谅对方；待下次恋爱时，你终于学会了接受，放弃了原来的挑剔和矫情。

　　然而，电影里的爱情梦果真那么灵验吗？

　　南非作家戈迪默说，每个小说家都是通过小说向人们诉说自己看待世界的方式；电影也一样，电影导演也是通过电影来表现自己的初衷。

　　美国恐怖电影大师希区柯克在谈到自己为什么爱上了恐怖电影时讲

了自己的童年经历，有一回希区柯克犯了错误，父亲为惩罚他把他带到警察局，交给警察局长一个纸条。随后希区柯克被关在了一间小黑屋里，那一刻他的恐惧到达了顶点，他不知道父亲在纸条上写了些什么。那次经历留给希区柯克的印象影响了他的一生，多年后，当他把一部部酷似真实的恐怖电影献给观众时，观众体验到的是紧张的愉悦，这位恐怖大师，却是在潜意识里逃避自己的恐惧梦。

对童年就迷上外星人的大导演斯蒂文·斯皮尔伯格来说，他的电影无疑是他的童年梦。据说斯皮尔伯格出生的日子是美国人发现外星人的日子。所以，在他的《大白鲨》和《E·T外星人》公映时，人们情愿相信，这就是那位天外奇才带给他们的童话故事。

这印证了一位导演的感言："生活不是那个样子，我要它成为那个样子。"

现在你明白了，这就是电影，这就是电影的"真实"，电影是导演的真实，当导演把生活变成他想要的样子时，如果你不但喜欢看电影，还总把电影里的故事当成你自己的爱情梦，你就落入了导演的"圈套"。

当然，一部好电影的魅力就在于，你明知那是导演的"圈套"，还心甘情愿地享受"圈套"，因为很多时候，故事比现实更美好。但有一点，即使你愿意"上当受骗"，享受电影"骗局"的分寸感也是十分必要的：它让你感受故事的美好，又不把美好当成现实；它让你感动"他俩"的幸福，又明白你俩的幸福要靠你俩的创造。

所以，即使你是一个百分百纯情女孩，即使你特别爱电影，也不要拿你的爱情当电影，且要明白电影导演的"骗术"：就算他再神通广大，他摄影机里的美好也是短暂的，你也只有在短暂的美好里感受爱的永恒。

明白了导演的骗术，如果你还是走不出你的电影梦，怎么办呢？只有一件事可做，那就是，走出黑糊糊的电影厅后，在平静的黑夜里大声对自己说，爱生活吧，珍惜每分每秒，这就是我的爱情故事。

女人的**暧昧**也精彩

二、曲终人散也铭心

无法忘记那个男人，不是因为他好，是因为他让你哭；不是因为他富足，是因为他让你落泪。

女友打来电话，哭诉道："我陷入了一夜情，对他献出了妻子般的温柔，不想早上醒来，他却无影无踪了！"

"感觉好吗？"我问。

"那真是妙不可言！"女友回答，还沉浸在昨晚的欢娱里，而后显出一丝伤感，"也因此，对他的离去格外地痛。"

"两个陌生人，一段露水情，曲终人散，留下别样的记忆，就是一种美丽了。"那是一位作家对一夜情有过的描述，我记下来了，念给她听。

话虽这么说，说得如此冷静，我明白，对太多的我的同类，面对同样的情景，只要她闻到了性的气息，只要她没头没脑地爱上了那个男人，她也会像我的女友那样，早上醒来，对着蠕动过的那一半床，留下无尽的幽思，还有涌出的泪，而后走到窗前，朝着他去的方向，饭不思，茶不进；又定定地坐在那里，怔怔地望着那根长长的电话线。

这就是女人。

男人活在当下，女人活在昨天；或者说，男人活在明天，女人活在梦里。而一夜情对女人也许是最美又最危险的梦，又在两人邂逅时，偶然的时间，偶然的地点，偶然的季节发生的偶然的故事，带着神秘的诱惑，加上一份不想陷入又无法抗拒的吸引。

让我想起辛波茜卡的诗：

他们彼此深信，

是瞬间迸发的激情让他们相遇。

这样的确定是美丽的，

但变幻无常更为美丽。

几米画了一个成人绘本《向左走，向右走》，告诉我们，男人和女人的想法永远不一样，因此两个性别总也走不到同样的平行线。我倒以为，正因为男人向左走，女人向右走，我们才能看到不同的星、不同的月，也因此男人拥有女人，女人拥有男人，演绎出色彩斑斓的故事。

女友告诉我，她不刻意追求一夜情，但也不拒绝，在她的青春岁月。她喜欢弥漫在酒香和夜露里的未知，钟情那个男人没有社会形迹的酣声和体味，更醉那冲出夜窗满载蛋白质气味的呐喊，喊出了心里的缺失，一如她总是弃着一日三餐循规蹈矩的日子，哪怕早上醒来望见的是空床，哪怕在不知其然也不知所以然的简单里快乐到死，

拥有过那样的一夜情，一如享受了今生一次的少年时。

她不后悔。

让我想起了村上春树，那个惊世骇俗的日本男人。带着孩子气的天真，加上一个酷男人特有的沉默和柔情，是否和她一样，也是一夜情的钟爱者呢？

而他在《挪威的森林》里讲的，也许正是一个由一夜情引发的故事。尽管男孩和女孩不是邂逅男女，两人在事发前也没有明确关系，但一夜情的发生还是给两人打上了抹不去的印记，心里种下了爱的种子。直到女孩走后，男孩仍是无法忘记那凄美的一夜，便在十年后以《挪威的森林》为名，写下了这首难忘的青春恋曲。

渡边和直子原本是木月的朋友，直子和木月又是青梅竹马的恋人，木月因不明的原因于 17 岁自杀，从此渡边成了直子唯一可以说话的人。

接下来的日子，不知是出于对木月的尊重，还是碍于这个突然事变，尽管直子和渡边多次约会，两人也只是一起吃饭，一起散步。其间直子总是走在渡边的侧身，渡边倾目时，总是看见她的侧影，她头上的发卡，她微微的启齿，她清澈的眸子，像一泓泉水里稍纵即逝的小鱼。

事情就发生在直子生日的那天：直子的 20 岁是一个雨天，渡边下课

后给直子买了一个生日蛋糕，因电车拥挤，赶到直子房间时，蛋糕已破碎。但为了庆祝，渡边还是点燃了蜡烛，关上灯，合上窗帘，让孤独的小屋有了暖的气氛。

接下来两人随便说话，先讲生日感受，又讲学校趣闻。直到渡边放上了"甲壳虫"音乐，直子还在不停的絮叨里讲着自己的事，绕过每个细节，就那么一直不停地讲，突然在一个地方戛然而止，而后直子哭了起来。女孩倒在男孩的怀里，男孩随女孩一起躺下，男孩进到女孩的深处，而后男孩在不敢蠕动又无法不蠕动的交合里给了女孩独特的、来自一个男人的慰藉。

直到女孩突然消失，直到她死在那个寒冷的冬季。

也许这就是女孩命中注定的归宿，早在"一口井的故事"里就预言了自己的结局。

"那口井，很容易出危险的吧?"女孩问。

"不止一次呢，每隔三年两载就发生一次，人突然失踪，八成掉进那口井里了。"男孩说。

说的是荒郊野外的一口井，还在她和男孩散步的日子，人们都在传说那口井，却没人知道它确切的位置。她说着情不自禁地靠近了男孩，好像生怕一不小心掉到井里。

而她却是真的"掉进去了"。

那夜之后，

再没有回来。

我就想，什么是美丽呢?

对我，美丽不是完美是缺失;记忆不是欢乐是破碎。秋天之所以诱人，因为落叶里有一份苍劲的成熟;生活之所以感动，因为淡泊里有一份真实的甘美。

或许，那也是直子和许多一夜情女孩的感悟吧。无法忘记那个男人，不是因为他好，是因为他让你哭;不是因为他富足，是因为他让你落泪;

不是因为你了解他，是不解的未知给了你永久的牵挂；不是因为他在你面前显示了男人的坚强，是因为他在你怀里袒露了人的脆弱。

从此你无法忘记那一夜情，

从此那美丽永驻你心。

三、游戏也凄美

只有曾经游戏的甜蜜，才有一个女人对爱的理解；只有曾经游戏的潇洒，才有一个女人彻骨的成熟。

大诗人席勒说："人——只有在他是真正意义上的人的时候才游戏，而只有当他游戏时，他才是一个完全的人。"

我喜欢这句话，不是因为游戏的任性，而是因为游戏的潇洒；不是为了游戏的技术，而是为了游戏的快乐。游戏是那样地快乐，只要看看动物的旁若无人，就知道身为人的我们失去了怎样的快乐。

而这里所说的游戏，并不是要你游戏人生，只想告诉你，对不同于女人的男人，如果你能潇洒一点，幽默一点，不但你自己不紧张，男人和你相处时也能放下负重。毕竟人是会选择的动物，而没有委屈的选择，就在心的自由中。

为此应该懂得，爱情在一开始无非是一场游戏，它的规则就是男人和女人的相互需要：男人需要女人，女人需要男人。几乎没有一个男人在一开始不是在性上需要女人的，虽然他总是把爱当成性的说辞，这多半因为，女人拒绝接受男人的欲望，也不习惯接受自己的欲望。如果有一天，女人都能接受男人并接受自己，男人可以坦率地面对女人，女人也可以在没有亏损的心态下和男人共享欲望的美妙。

真正的爱起始于单纯的欲望，它同样悸动在每个女人的肉体欲望中，虽然它在一开始不为女人知晓。没有欲望，不会有爱情；脱离欲望的爱情必然导致一方的失落或两败俱伤，那是无爱和非爱的空想。人首先是肉体，其次是精神；再好的精神，附着于生物基础才会有希望，且在没有爱情梦的凡俗里生成一份感动的爱情。

法国作家玛格丽特·杜拉斯为我们讲述的，就是一个不乏真情又充满游戏的故事：

15岁的白人女孩在湄公河渡轮上邂逅了一个35岁的中国阔少，他笔挺的身材、考究的服饰和吸烟的派头迷倒了她，与此同时他也为她超乎年龄的性感和不以为然的谈吐所吸引。

接下来的试探"你愿意让我送你回寄宿学校吗？"打破了诱惑的沉默，当白人女孩在黑色轿车里默许了中国男人的温情时，她知道了自己的秘密：这个有点放荡又深情款款的中国男人将成为她的情人。

但她不想和他谈情说爱，她知道像她那样的白人女孩不应该爱上一个中国人，于是她随后的潇洒让她的情人体味到一种悠然的苦味："你不用和我谈情说爱，把和别的女人做过的事和我做一遍就行了。"

中国情人没有为白人女孩的冷静所震慑，也许就因为这个潜在的障碍，他们的肌肤情才有了胜于语言的温暖。她长久地依偎在他的怀抱里，他觉得她就是他的爱人，而她却是那样地漫不经心，毫无顾及地和他谈着她弟弟的柔弱、她哥哥的放荡和家境的艰难。

于是他开始了对她的救助，他没有吝啬地疼爱她，帮她母亲还债，照顾她的家人，带他们见世面。直到有一天他问她："你到底爱我什么，爱我的人，还是我的钱？"她的回答再次让他心如刀绞又无法放弃对她的爱恋："我和你好的时候你就是有钱人，现在我也不知道要是你没钱我会怎么办。"

她再次给了他凛栗的真实，她把自己袒露在没有美丽的真实里，这样的真实让她获得了游戏的潇洒也乐得没有责任的坦率。她在没有虚饰的游戏里做着她想做的一切，和他尽情地欢娱，享受着他的关爱；偶尔他也会因为嫉妒而勃然大怒，每到这时她都会乖乖地奉献温存，让情人的恼怒为她洗刷暧昧的耻辱和内心的悲切。

离别将近，她感到些许伤感，"漫长的黄昏，相对无言。在送她回寄宿学校的黑色汽车里，她把头靠在他的肩上。他紧紧抱着她。他对她说，法国来的船快要到了，即将把她带走，把他们分开。她睡着了，精疲力尽，紧紧地依偎在他身上。他吻着她，他的吻唤醒了她"。

最后，在返回法国的途中，"她哭了，因为她想到了堤岸的男人，因为她一时间无法断定她是不是曾经爱过他，是不是用她未曾见过的爱情去爱他……"

后来，许多年过去了，战争、饥饿、结婚、离婚、写书，忽然有一天，昔日的白人小姑娘在电话里听到了中国情人的声音。再后来，"他听见她在电话那头哭了……他也哭了，很大声，使劲地哭"。

当代爱情故事里，没有比杜拉斯的《情人》更为感动的情怀了。她的魅力不在认真的恋情，而在游戏的爱恋。虽说那游戏让人苦痛也让人无奈，一旦往事如烟变成回忆，回忆中的故事复活了原来的凄美，又从凄美的故事里走出了一个永远的爱人。

这就是游戏的好处，也是游戏的深邃：游戏看似无情，其实有情；看似淡然，其实热烈。和严肃爱情不同的是，游戏把彼此交给真实，也把彼此交给自然：它鄙视预期的结局，省了猜忌的谎言，没有责任的沉重，无须说爱的壮烈；游戏就是游戏，它静静地守着游戏规则，在欲望里自私，在需要中给予，在平淡里交付，在真实里体验，直到过往的爱情变成回忆，刻骨铭心的爱恋是你事后的感动，无法淡泊的激情是你一生的甘甜。

而游戏给女人的教诲更是每个游戏女人心存感激的力量，那就是，只有曾经游戏的苦涩，才有一个女人对爱的理解；只有曾经游戏的潇洒，才有一个女人彻骨的成熟。

四、活在秘密，活出真实

比起谎言和故事的劳累，不如达观一点，潇洒一点，给爱人一片天地，自己也得着一抹阳光。

一直以来，绝对婚姻观不但是女人的沉重，也成了男人的束缚。往往，恋爱时两人尚且安生；一旦结婚，女人就成了"婚姻警察"，男人也成了"婚外小偷"。其实很多时候男人并没有偷盗，只不过，男人的禀性给了女人不忠的印象，女人对男人的不信造成了两人的隔膜。

美国夫妇中流行着一种默契叫"Don't tell and don't ask"，中文意为："不说也不问。"仔细想，这种彼此尊重的默契没什么不好。其实要能明理谁都懂，两人要是没信任，就是逼供也没有用，强行就范下的真言百分之九十以上不是真言是故事，杜撰的故事原本是哄骗小孩子的把戏，成年人要靠编故事过活，不是太累就是穿帮。所以，比起谎言和故事的劳累，不如达观一点，潇洒一点，给爱人一片天地，自己也得着一抹阳光。

这也许就是一个"有高级需要的人"和"有低级需要的人"的不同吧：有高级需要的人有秘密，不但自己有秘密，他还允许对方有秘密。因为人的完整生活注定要由两部分组成：一是可说，二是不可说。生活在低级需要里的人没有太多的精神生活，也就谈不上什么不可说；只有随精神愉悦进入到高级需要后，由个人感带来的个人隐私才有了不可言说的需求。

澳大利亚影片《相约在今生》就是通过一个道德感的故事，向我们讲述了夫妻生活不可言说的幽默：

一幅名画《受难的威妮斯》展出后引来一阵轩然大波，画面上受难的威妮斯身背十字架，却全身赤裸一丝不挂，遭到了参观者的谴责。

年轻的教士安东尼受教会指派，偕同妻子来到画家的故乡，试图说服画家放弃画展，或者给画面上的威妮斯穿上衣服。然而，在画家家里，在与模特们的朝夕相处中，安东尼与一位女模特产生了暗恋，他的妻子也爱上了潇洒的男模特。告别画家的前夜，妻子百般不安，想把自己的变化告诉丈夫，丈夫却阻止了妻子的坦白，引来一段妙趣横生的对话：

妻子：我想，安东尼，我们得谈谈……

丈夫：谈什么？

妻子：自从来到这里以后……

丈夫：我想有些事最好别谈。

妻子：那样会表示我们彼此陌生吧？

丈夫：不见得，那只是我们很小的一部分。

妻子：不好的部分？

丈夫：不。不过我想……最好保留些秘密。

妻子：你有吗？

丈夫：（点点头）这样五十年以后才会有话题给对方。

妻子：（想了想）也许你说得对。

丈夫：我爱你……

妻子：我也爱你。

作为人，我们每个人都有自己的秘密：难以对他人诉说的秘密，甚至对自己的亲爱者也难以启齿的秘密。它或许不是我们灵魂中最美好的东西，但它是我们人性中最真实的东西，属于我们每一个人，与我们的其他部分构成了自己的整体。有人说：爱一个人，就是连同他的缺点一起爱，如果这句话多少在情理，那么，允许对方有秘密就是人之常情了。

自然界的可爱之处不在美丽在丰盈，人的可爱之处不在完美在丰富。有鉴于此，给对方一块余地，让对方保留一点秘密，让每个情人都坐落在自己的根基上，让每一棵情人之树都结出丰盈的果实，到那时，我们的婚姻之树怎能不美丽、不长久呢？

五、适度野蛮也可爱

两性关系中，你要总想赢，你一定得输；只有你真诚到底，你才能

赢个满贯。

如果问男人，你最想要什么样的女人？男人的回答多半是温柔。但实际上，你在生活里要是个百分百温柔女孩也未见得招男人喜欢，反倒你适度的野蛮更能吸引他的眼球也说不定。

韩国电影《我的野蛮女友》就从男人角度讲述了一个野蛮女友的可爱与可恨。她青春靓丽，有着男人梦寐以求的纯情；可有时候，你对这种女孩一点没感觉：她酗酒，无理，说话歹毒，肝火旺盛，极度的自我中心；但安静的时候，她也会显出一个女人的甜蜜与温情：她会在你面前泪如雨下，她会乖乖地躺在你怀里，百分之二百地小鸟依人；她会在大庭广众下突然拉起你的手，让你觉得你是全世界最幸福的男人；可转眼间你的头顶又阴云密布，沉醉的拥抱还没清醒，火辣辣的巴掌就成了你的烦心。

要在过去，如此歹毒的女人一定会遭至万人唾弃；但今天，当男人厌倦了女人的顺从时，似乎也不讨厌女人"野蛮"的觉醒。曾有男人坦言："自我的女孩太可爱了。"也有更多男人和好男孩犬友一样，对"野蛮"女孩情有独钟："和这种女孩在一起，你永远不知道下一分钟会发生什么，可就是这种未知的感觉让你感到刺激和过瘾！"

对此种新新女性新气象，要仅只归结为"一个愿打一个愿挨"，未免肤浅；要说女人的觉醒引发了两性关系的挑战，也许更准确；且在这充满戏剧的挑战中，就像男人会以表面的凶恶掩盖内心的脆弱一样，女人也会以表面的野蛮平衡失落的爱情。

下面看看，女人何时该野蛮。

为掩盖内心的痛苦假装野蛮，对女人也许是最"合理"的一种。就像韩国电影《我的野蛮女友》中的"野蛮女友"：

她和犬友在地铁站邂逅，当时一副失神的醉态不说，上车后居然把酒后赃物吐在一位乘客头上，一面醉态地指向犬友，一面咕噜着"亲爱的"称呼，让犬友在无奈中做了女孩的恋人，从此开始了"苦难"的恋情。

直到最后才明白，原来女孩的恋人真的不在了，她和犬友认识的当天正值前男友的忌辰，因发现犬友和前男友长得像，女孩故意制造了一桩恋情，为了从犬友身上找回前男友的影子，明知这样做不对，还是和他度过了一段开心的日子，真的爱上了这个男人。

在女人对付男人的雕虫小技里，以佯装野蛮考验男人是女人开心的游戏，也是男人受苦的磨难。所谓"爱他就得折磨他和越折磨越爱"，就是出于女人的这种游戏心态。

婚恋专家不是说了吗，你要爱一个男人，就得想办法实现他的重要性。其实女人也一样，在和男人的关系中，女人也想获得应有的重要性。只不过，女人一直以来被忽视，所以要想自己受重视，对习惯了忽视女人的男人来点野蛮，也就不算过分了。

况且很多时候问男人，最好的女人是什么样的？男人也会给你这样的回答：最好的女人就是得不到的那一个。于是恋爱中适当地"折磨"他让他觉得你不易到手，没准你就成了他梦寐以求的女人。

这里，《我的野蛮女友》中的野蛮女友十分通晓此道：她要么在男友面前假装醉态，把男友变成仆从；要么规定一旦走进冷饮店要了咖啡以外的饮料，男友就有被杀的危险；还霸道地强求，两人认识的一百天里，男友每天得送她一朵玫瑰花，还时不时地让男友穿上她的高跟鞋，以便他体验做女人的艰难。最后，即使你一切都做得很好，她还会有意想不到的坏点，直到有一天她证明了你的真心，才肯在你面前摘下野蛮的面具，献给你动人的温情。

当然，《我的野蛮女友》是电影，难免没有夸张的噱头，但因为今天的女人纷纷觉醒，艺术夸张也有真实的成分。这里，虽说野蛮女友是有点野蛮，但能如此地表达爱情，也是这种女孩的可爱。以前的女人只在乎男人的感觉，还把男人的感觉当成爱的标准，如此的顺从不但丢了自

女人的**暧昧**也精彩

己，也没能换来男人的待见。

今天的女人首先应该在意自己的感觉，在这种真实的感觉里，女人要勇于对男人说爱。如此的野蛮就不是可恨是可爱了，因为，在你的野蛮里不但有你的自信，还有你对男人的真爱。

重要的是，现实生活里，此种野蛮确实对男人有了"震慑"作用，说诱惑也好，说刺激也罢，很多时候，面对这样的野蛮女友或野蛮老婆，男人还真不敢轻易踢你出局，也不会因为你的乏味而忽略你的存在。

只是有一点，女人也得见好就收，野蛮大发了，你的真诚将大打折扣；你要总以"折磨"男人为自保的武器，到头来你成了自我表演的受害者和牺牲品也说不定。

正好应了那句话，两性关系中，你要总想赢，你一定得输；只有你真诚到底，你才能赢个满贯。

六、不装蒜，才够味

这才是真实的人生，不管男人还是女人，我们都需要在真实中放下负重；这就叫大脑的吸引，不管男人还是女人，我们都需要在坦率中表达爱情。

让男人注意你不难，但要吸引他，且在你没有施展你女性魅力的情况下，还是不容易。多数女人以为，天下男人九成以上是食色动物，而女人对男人的致命吸引也只有靠身体；殊不知，你的身体也只能吸引他的身体，身体欲望随欲望的解除很快冷淡；相反，你要用大脑吸引男人，才能打动他的心，而男人也只有在动心的情况下才有可能对你动感情。

传统吸引法则认为，女人对男人最"高级"的吸引应该是女性柔情：善解人意，夫唱妇随，只要男人感受到你的温柔，即使你没有风情万种，男人也愿意娶你，送你妻子的宝地。

但事实是，女人涉足两性关系后发现，即使你做了他的妻，你一味的顺从也没能拴住男人；反倒是女人和男人同样的活力，成了男人受用的吸引。

　　是的，回归人性后，活力成了男人的吸引。不光在外面，就是在家里，女人的活力也成为胜过温柔的撒手锏：以往，要说温柔是男人的心动，九成男人不反对；今天，身为女人的你要只有温柔，恐怕你很难吸引男人。

　　也许，开放的好处就像心理学家说的，让每个性别都开发了对方的特质，女人焕发了男性阳刚，男人也觉醒了女性柔情。如此一来，男女调情有了更高的水平，两性吸引也有了更酷的挑战。

　　好莱坞大嘴妹朱莉娅·罗伯茨在《永不妥协》里扮演的，就是一个身着性感的活力女人。

　　艾琳的故事起始于一连串的背字：她寻工的面试屡屡失败，她遭遇撞车后上诉又败了官司，她结过两次婚，有三个孩子，撞车后因为没有保险欠了17000美圆，败诉后的户头上只剩下74美圆。虽说她长着一张惹人动情的脸，可她在败诉后的努力中给律师打电话时，律师还是躲避了她的"纠缠"。面对哭闹的孩子和蟑螂的横行，艾琳的处境用绝望来形容一点儿不过分。

　　然而，艾琳最大的优点就是有活力，活力给了她永不妥协的性格，活力还帮她丢掉了不必要的自尊。按理，一个"山穷水尽"的女人，应该蜷缩炕头掩面哭泣了，可艾琳却大义凛然地走进律师所，告诉她的律师艾德说："你开除我行，但你眼下必须收留我，因为我的保姆需要薪水。"

　　很快，艾琳从一个只会收发文件的办事员成长为一名出色的律师。她靠的不是人见人爱的学历，而是很多人丢失的内心良知和没有陈规的敏感。她先在一件沉年积案中发现问题，又顺藤摸瓜地去实地调查并深入了解，最酷莫过于，她在此案受阻时表现出的幽默，面对竞争对手的

女人的**暧昧**也精彩

刁难："你是怎么搞到这些文件的？"她故意调侃："我没有念过法学院，而且艾德还批评我做事没秩序，所以我只能去出卖肉体。"艾琳的自嘲，让几位官方律师一阵汗颜。

沉年积案昭雪后，律师事务所一派欢腾，艾琳也让人刮目相看。想当初，屡遭不幸的艾琳是艾德的麻烦，现如今艾德对艾琳是一路喜欢。

这也是艾琳的过人之处，虽然她从不跟她的男搭档开玩笑，但她在工作中表现出的坦率无不张扬着她的女性魅力，成了男搭档爱不释手的性感。无怪艾德对艾琳说一句"有的时候我真的讨厌你"，艾琳能自信地得知："你是太爱我了！"一个没底气的女人，她怎能如此豪迈！

但这还不是全部。有句话说，性格即命运，把这话用在艾琳的爱情里更带劲。那是一个和艾琳同样质朴的男人，打从一见面就爱上了这个没有虚伪的活力女人。那是在艾琳深陷囹圄的日子，乔治走进了她的家，还自告奋勇地要帮她带孩子。聪明的艾琳一眼就看出了乔治的企图，立马使出她的活力招数，让这个男人当场就范。

下面的对话相当精彩：

乔治：我觉得我能帮你带孩子。

艾琳：好精彩的自我推荐，我现在正失业，你不是故意给我留个好印象吧？

乔治：你对所有要帮你的人都这么凶吗？

艾琳：不知道，我很久没练习过了。怎么，你为什么要帮我带孩子？

乔治：我喜欢孩子，孩子们很简单。

艾琳，我不会因为这个跟你睡觉。

乔治：我也没觉得你有什么可吸引我的。

艾琳：真不错，这下咱俩扯平了。

以上对话，试想，传统女人在同样情境中会怎样呢？如您所知，她不是大骂男人，就是惶惑不安；但在今日开放潮流下，女人居然以男性直白做先发制人，让自尊的大男人猝不及防，也给了他惊世骇俗的吸引。

和女人一样，尽管接招的男人没有甜言，但从他接招的暗示中，他分明表达了对女人的喜欢。

对两性关系，也许这就是当代的吸引法则了，而活力在这里也不是别的，正是一个女人的个性和自信：让男人在女人的坦率中无地自容，让女人在男性的直白里以其人之道还治其人之身，让异性相吸在反讽的调侃中越加火暴，让喜欢的男女在没有装蒜的打情骂俏中越发热烈。

这才是真实的人生，不管男人还是女人，我们都需要在真实中放下负重；这就叫大脑的吸引，不管男人还是女人，我们都需要在坦率中表达爱情。

七、谁说你注定是金发的小女人

好好听听你心里的声音，你仍能听到不死的回声，从那股劲头里听到你为自己的争气和呐喊。

恋爱游戏中，被拒绝是每天都有的事。这对一个普通女人也许合理，对一位俏佳人就难免不平。事实一点儿不夸张，艾尔·沃兹不但有一个甜脸蛋，还有一颗蜜糖般的心。尽管她跟"可耐冰箱"一样，"人见人爱"，偏偏在男友那里，她以"头脑不灵"的缺陷，被一脚出局。

天真的艾尔以为这是男友的激励，决定以报考哈佛法学院的壮举再创吸引。谁想到，进了哈佛才知男友早已另有新人，不但继续着对艾尔的奚落，连他的新女友也处处和艾尔作对；更有甚者，艾尔在学业转机时又遭到某教授的非礼，一连串的打击接踵而至，艾尔迷惑了：自己在别人眼里真就那么不灵光吗？又或者，她注定就是一个金发的小女人？

幸好有同学和朋友的帮助，让艾尔在痛苦边缘找回了自己。特别是女教授的鼓励："如果你让一个笨蛋毁了你的前途，你就不是我心目中的女孩"，更让艾尔"起死回生"，找到了活力。就这样，艾尔不但没有放

女人的**暧昧**也精彩

弃学业，还在一场重大官司中一举成名。随着胜诉的欢呼和同行的称赞，前男友连连愧疚，艾尔扬眉吐气。此时的俏佳人已走过偏见的黑暗，靠自己的努力，去迎接法律的光明。

如果问艾尔·沃兹："什么是你制胜的法宝？"

"激情！"

一如艾尔在毕业典礼上的演讲词：

上哈佛的第一天，

一位英明的教授引用了亚里士多德的名句说，

法律是没有激情的理性。

但我在哈佛的三年我发现，

激情不但是修为法律的因素，

更是生命的要素。

记住，

第一印象并不一定是对的，

但只要你相信自己，

你就有了信念、勇气和自身坚强的感觉。

以上就是《律政俏佳人》的精彩片断。看过这部电影的女人，都会和沃兹小姐有同感：的确，作为女人，我们太需要自身坚强的感觉；特别在你受伤后，又因伤害你的人是你曾经的最爱，这时，你原先的自信七零八落，你以前的优越感也突然倾斜。

有女孩问我，要是我连续三次受伤，我该怎么办？

我说，如果你三次受伤还不改初衷，你就是全世界最棒的女人。

这里并非教唆女孩做自恋狂，也无意夸大女人天生的自卑和受虐，教你三次受伤不改初衷，是让你永不放弃你心里的热爱。就像一个满怀激情的小孩，看白云是白云，看蓝天是蓝天，看红花是红花，看绿叶是绿叶。也有更棒的，即使干裂的土地，你也能看见鲜花怒放；即使荒凉的峡谷，你也能看到水草丰美。正好应了叶慈的诗："草原上没有割草人，但是我看见了他们。"

是的，在上帝赐予人所有的潜能中，没有比激情更受用的才华，也没有比激情更坚韧的热爱。激情就是这么一个永不放弃的孩子，它没有聪明的灵性，却一路执著；它没有智慧的精深，却不失自信。它跟随直觉的指引，不管面对何种艰难，都没有半点沉沦；不管身处怎样的繁华，也不会有丝毫懈怠。它看上去是有些不安分，却知道，只有不离航道，才能抵达航标；它有时也难免不过激，却坚信，最持久的力量正是来自于最简单的热爱。

无怪，连"美国的孔子"爱默生也给了激情以最高的赞美。爱默生说："激情虽然不是有效的调节器，却是强劲的起搏器。"对照爱默生的定义好好想想，迄今为止，立足于社会的每一位成功者，他们成功的最初动力，恐怕都不能不感谢激情的担待。

不光大人物，小人物要成功，他也要受惠于内在的激情；不光男人，女人要赢得爱情，她也不能没有激情的厚爱。这里特别要强调的是，很多人认为，女人在感情上遭到重创后，她的激情就永远消退了。其实不然，好好听听你心里的声音，你仍能听到不死的回声，从那股劲头里听到你为自己的争气和呐喊。

也许这就是激情的美丽了。

永保激情，保的是不息的火种；

永浴激情，浴是不变的情怀。

八、爱是可以忘记的

爱是可以忘记的：不忘的是忠于自己的情怀，忘记的是阻碍新生活的苦痛；丢弃的是无法前行的羁绊，留住的是永恒不变的操守。

爱之所以称之为爱，就在于当爱人离去后才知道，你和他相处过的

女人的**暧昧**也精彩

每一个细节都铭刻在心，忘不了。

电影《忘不了》讲的就是一个深情女孩在爱人走后对爱人永志不忘的故事：

年轻女孩小慧和巴士司机阿文偶然邂逅，产生了感情。小慧善良、执著，阿文乐观、幽默，小慧喜欢阿文对一生一世（阿文的车号是"1314"）的追求，阿文感激小慧对儿子乐乐的照顾。在这个乱世之秋，两人爱得纯粹、干净，像两个快乐的孩子。

然而，不幸降临在这一对浓情的恋人身上：阿文在一个雨夜遭遇车祸，小慧突然形单影只，失去了生活的依靠。接下来，为抚养乐乐，也为纪念爱人，小慧用全部积蓄修复了阿文的巴士，毅然当上了小巴司机，走上了阿文未竟的路。

因为没有经验，加上失爱的悲痛，小慧在爱人走过的路上屡遭坎坷：她遭遇警察罚单，又被流氓刁难，还被客人奚落。艰难时刻，小慧加倍怀念和阿文有过的快乐，把心里的苦变成对阿文的倾诉："阿文，为什么你以前总说开小巴很容易？阿文我好想你，你听见了没有？"

阿文出事的当天，小慧的生活里出现了另一个男人。他叫大辉，也是巴士司机，他偶然目睹了阿文的车祸，并在阿文走后向小慧伸出了援助之手。他一面教小慧开车，一面主动照顾起小慧和乐乐的生活。日子一天天过去，小慧从失爱的麻木中苏醒过来，也慢慢从"忘不了"的苦痛中走向努力忘记过去的新生活。

事情就发生在小慧和大辉有了深层关系后：大辉和小慧说好让她退掉租房搬到家里来住，然而小慧退租后，大辉却收回了原有的热情。当小慧对大辉多日的关照表示感激时，大辉突然拉住小慧，把小慧带到自己的房间，让小慧听了前妻的录音，并对她讲了自己的故事。

原来大辉曾经很有钱，有过四辆小巴，就因为好抽、好赌，输掉了家产不说，也伤透了妻子的心。妻子在走后的电话留言里指责大辉不是好爸爸也不是好丈夫，并用一声冷冷的再见结束了和大辉的生活。

人总是这样，失去才感到拥有的可贵，事后才悔恨事前的任性。然而人生只有一次，一如每个细节都无法重复和再生，而忘不了的苦似乎对哪种人也不放过鞭打：让浓情者记住过往的情深，把心里的爱变成未来的慰藉；让负心者饱尝失去的惨烈，对未来的爱人加倍珍重。

只有在这时，"忘记过去"才能成为新恋人走向新生活的起点，摆脱往事的羁绊，走出伤痛的阴影，把一份全新的爱送给全新的爱人，是对旧情的安置，也是给自己的归宿。

然而，怎么才能真的忘记呢？

有人说，爱是不能忘记的；也有人说，爱的纪念会把心撕成两半，让一半的心留在过去的岁月。

我不能说，对爱如此的纪念有些许过错；更不能说，让一半的心留在过去是对未来的蹉跎。况且，人要轻易忘记，他无法留守珍重的情怀；人要轻薄感情，他不能负载情缘的厚重。

我只能说，正因为爱的记忆，当爱人离去时，爱才会因另一半的消逝支离破碎；更因为有过身心的牵手，当习惯不再时，孤寂的灵肉才会在失去方位的空落里不知所措。

这就是为什么，忘记过去总要以物换星移为代价了。因着人性的感染，又因灵魂的相濡以沫，相拥过的每寸泥土都留下爱的声响，共处过的每个角落都浸透了爱的颜色。

所以，走出爱的记忆，先要走出习惯的空间；忘记过去，先要离开生情的景物。让自己在没有比较的公正里感悟新人，让自己在没有敏感的健康里构想新的生活。

就像《忘不了》里的小慧和大辉，影片结尾处，小慧把车卖了，大辉也把车卖了；小慧默默地对阿文说，阿文，我要忘记你；大辉也洗去了妻子的录音，决心在和小慧的相处中尝试新的牵手。

然而，你若还是无法忘记逝去的爱人，怎么办呢？

不要紧，学学《情书》里的博子吧，独自到一个空旷的地方，对爱

女人的**暧昧**也精彩

084

人说出你的怀念，既是对旧情的交代，也是对新人的寄托。

和《忘不了》里的小慧一样，《情书》里的博子也有一个忘不了的故事：

她的未婚夫藤井树在一次山难中死亡，深爱未婚夫的博子因陷入对爱人深深的怀念，一直以来无法开始新生活。为使博子振作起来，博子的新男友鼓励博子去面对爱人的死，他带博子去爬山，在山上他对藤井树诉说了自己对博子的爱，并请求藤井树允许他和博子生活在一起。与此同时，博子也在哭过以后，对死去的未婚夫说出了自己即将开始的新生活。

电影里，随着一遍又一遍"你——好——吗?"的问候，博子的痛苦在泪水充盈的呼喊中得到了释放，天边的彩虹也预示了亡夫对爱人的祈祷和祝福。

是的，爱是可以忘记的：不忘的是忠于自己的情怀，忘记的是阻碍新生的苦痛；丢弃的是无法前行的羁绊，留住的是永恒不变的操守。

九、"坏女孩"的美丽，男人的福气

可就因为她爱的是这人的本质，当她透过这个"坏男人"的外表看到他本质的善良时，心里的爱就没有了亏损。

何美丽是电视剧《请你原谅我》的女主角，她的真名叫何佳，因为长得漂亮被捧为第八棉纺厂的厂花，何美丽的绰号从此扬名。

第一眼见何美丽，你就会被她的美丽所吸引：她梳着两把快乐的卷毛刷，得体的连衣裙秀着她的身段和灵气，踩了风的高跟鞋在厂门口嘎嘎作响，好像要跟全厂的男职工搞派对，嘴里不停地嚼着零食，仿佛她过剩的生命力总得在咀嚼里才能过瘾。

可就是这么一个看似不正经的"坏女孩"，她在关键时刻还真能做出让人刮目相看的惊世之举：她敢于"以毒攻毒"，用自己的聪慧"调戏"好色的工程师；她不理徐天，要求负了她的徐天当着女职工的面给她"好好道歉"；徐天看电影中途退场后她也不跟徐天闹，还把徐天的自行车给扛回家；她反复夹在徐天的女友之间来回被误会，可她每回都是主动撤退，把说话的机会让给徐天和他的女人。

最感动莫过于，意外得知徐天早有女儿后，她首先想到的是徐天的痛痒，不是自己的自尊。那一刻的何美丽，成熟、大气，超常的冷静已不光是善解人意，背后涌动着真诚的爱，真爱总在关键时刻把方便赠与爱人，把痛苦留给自己。

事发的当天，何美丽把徐天有女儿的事告诉了哥哥。那段台词，说出了何美丽对徐天的爱，也映出何美丽的善良和美丽。

何美丽问哥哥："哥，你觉得徐天是个什么样的人啊？"

哥哥说："你这话问的，能跟咱兄妹混的肯定都是好人。……"

何美丽说："我觉得徐天其实非常傻，非常可怜，他没有一个真爱的人，没有朋友，没有人可以跟他交心，他自己完全是封闭的，他不敢把任何心思告诉任何人，就像他常说的，他非常羡慕我，他知道我是透明的，一眼就能看见我的心思，看见我的心在身体里边跳舞和唱歌，傻呵呵地乐。

"而他呢，没人知道他为什么跟吴晴分开，为什么不跟梅果相爱，为什么考上大学又不上，为什么什么都不在乎却又什么都放不下，不知道他害怕什么，躲避什么，保护什么。

"我觉得这么多年，他就像一只孤独奔跑的狗，而这只狗，也没有看上去那么强大，那么无所畏惧，那么勇往直前，表面好像觉得他挺聪明的，其实他在我心里就是一个孩子，一个缺乏安全感的、缺乏信任的、自卑的、怯懦的孩子。

"而这个孩子自以为自己非常聪明，能看穿别人，有预见性，做事滴水不漏，其实他最傻，最可怜，最无助，最脆弱。我们每个人都想从他身上得到自己想要的，想要他做丈夫，想要他做情人，想要永远跟他在一起，想要跟他做哥们儿，想要跟他做生意；没一个人想过他想要什么，或者他什么也不想要。我们挺自私的。"

这件事，何美丽的哥哥一直劝妹妹把事情烂在心里，千万不要说出去，更不能告诉徐天，可何美丽并没有听哥哥的劝告。她的理由是，妈临闭眼前说过一句话：她在天上看着我们，叫我们要勇敢。

很快何美丽就找到了徐天，把他早有女儿的事告诉了他。接下来何美丽并没有像一般女人那样逼徐天，问他打算怎么办，她只对他说了两句话："能想明白吗？想明白了记得告诉我。"

第二天何美丽就南下了，给徐天留了一封信，算是简单的告别：

"收到这封信的时候，我已经在开往广州的火车上了，只是这次是一个人走，不是两个人一起走了。不难过，不伤心，因为昨天只是生命中再平常不过的一天，而今天也是如此。

"分别是对的，你找到了你爱的，我相信将来的岁月，你会用心呵护她并陪她成长，这比什么都重要，这比爱情更重要。那一刻我看到了，你不再是一个孩子，因为女儿，你变得完整了。我想，上天让我等你这么多年，也许就是让我等待这一天吧，等这一天，陪你走过所有的坎坷，所有的路，见证你的成长，你心里有爱，我的使命就完成了。"

接下来，何美丽开始了写信的情史，每封信都在讲自己的奋斗，每封信都透着奋斗的乐趣，又在奋斗之余惦记着自己的爱情，那也多是为爱人的快乐，让自己的快乐在爱人的快乐上快乐起来。

有句话叫拿得起，放得下；该拿的时候拿起来，该放的时候就放弃。当你听到何美丽的故事，看到何美丽的作为，你对拿起放下会有更深的体会：不管生活还是恋爱，人是要拿起的，不拿起你无法交代人生；但人也要学会放弃，不放弃你怎能交代自己？

而何美丽，这样一个普通的小姑娘，正是在爱情上做到了拿起放下，如此的潇洒不但自己快乐，也快乐了生活，快乐了爱人。

一向封闭的徐天，终于在何美丽的快乐里融化了。在写给何美丽的信里，徐天吐露了自己的真情：

"何佳，没有你挺安静的，但是有点想……想你。"

"好长时间没做梦了，昨天居然做了个梦，梦里有……有你。"

生活就是这样，好事多磨，天有不测风云，徐天因生意管理不善涉嫌一桩诈骗案，又被收监。何美丽赶来探望，一见面，没有责怪，没有哭泣，有的，只是一个深爱着爱人的女人对男人的抚慰和鼓励。

"……外面的事你放心，在里边好好待着，该吃吃该睡睡，什么都不耽误。"

"真出不去也没什么大不了的，我把你爸养老送终，我帮你把小晴带大，没什么大不了的。"

见面后的当晚，徐天躺在床上，想着何美丽的真诚，想着何美丽的鼓励，一个委屈落难的男人，他怎能不百感交集？

而徐天与何美丽最后的对话，应该是俩人心里的交付了吧。那是徐天蹲监狱前与何美丽的告别，这样的告别，没有历经磨难的人，不会有如此的平静。

徐天看何美丽一直在笑，就问她："你挺高兴的?"

何美丽点点头说："你坐牢了，我是挺高兴的，这样你在里边踏踏实实改造，我在外边踏踏实实照顾你爸和小晴，就不会再怕你跑掉了。"

……

"出来娶我吧。"

"还惦记着这事儿呢?"

"从来就没忘啊!"

"不是说好了做一辈子哥们儿吗?"

"情况不一样了，那时候你边儿上什么人都有，所有的人都爱你，我不敢跟你说这话。现在你这种情况……反正我只想告诉你，不管你是有爱人还是没爱人，不管你是结婚还是没结婚，不管是你进监狱还是出来了，我都会在你身边，我会永远爱你，就是不知道你愿意不愿意。"

……

"等着我，等着我出来娶你。"

还是头一回，徐天给何美丽承诺了，这承诺何美丽等了太多年。这桩恋情要搁一般女孩，她指定得纠缠到底，哪能容忍一个男人这么折腾！身边美女成群不说，还都是暧昧的那种，且又是打架又是辞工又是蹲监狱，可就因为何美丽爱的是这人的本质，当她透过这个"坏男人"的外表看到他本质的善良时，心里的爱就没有了亏损。如此在苦苦的等待有了归期后，她听到的似乎已不是爱人的承诺，那是上天的馈赠。

接下来，两人定定地望着彼此，没有拥抱，没有亲吻，只有望着彼此，为彼此擦去眼角的泪滴，此处无声胜有声的爱意尽在心里。

何美丽只是一个普通女孩，她没有高深的文化，却有到位的做人；她没有小资气质，却有凡俗的温馨。从头到尾，故事给观众展现的始终是一个活生生的生命，她活力不乱来，"风流"不随便，个性又理解别人，不纠缠也不委屈自己。

这样的分寸在我看来真可谓一个人天赋的生命之才，要的绝不是书本的渊博，而是做人的质朴和品性的聪慧。

我喜欢何美丽，也喜欢何美丽的故事。这样的爱情看似艰难，走过所有的坎坷，收获了自己的幸福，也是男人的福气。

十、跟另类男人过招

如果你爱上的也是这么一个人，不妨学学何美丽，放下他，让他自己选择，让你爱的人在自由里给你回应。

俗话说，男人不坏，女人不爱。这一真理在徐天身上得到了上好的印证。

徐天是电视剧《请你原谅我》的男主角。说他是坏男人，并不准确；但要用社会眼光看，他也够不上好男人。

先看他的打扮，乱蓬蓬的毛发加上大鬓角，不管穿什么样的衣服总是敞着怀，这副潇洒虽说够不上浪荡，但要跟衣帽整齐的陆秦生比，给人的感觉总是"不正点"。

再看他的女人缘，在刚刚开放的 20 世纪 80 年代，即使对舆论宽松的男人，就算他的女人缘颇得"同行"的崇拜，但要用政治品德去衡量，女人缘也算不得是男人的好特点。

而戏里的徐天，正是在社会标准都不够格的条件下，开始了他一波三折的爱情故事。

故事开始时，正赶上徐天要跟吴晴结婚。结婚的理由，就是吴晴未婚先孕。这个理由对徐天来说很充分，但在吴晴看来，只为怀孕结婚让她很是不过瘾。吴晴是那种略带矫情的小资一族，对爱较真在她看来不是较真，是关系到她人格荣辱的是非大节。

加上，吴晴的母亲对徐天的随性也有偏见，于是把考上大学和必须得有一千块钱的条件丢给徐天，原本是想考验徐天的，却成了徐天的心理负担。

赶巧，就在考试的当天，徐天为帮助一个叫梅果的女孩追赶小偷，无意中发现了梅果书包里的一千块钱，他下意识地把钱据为己有，随手就把书包连同书包里的准考证扔下了山。

后来看梅果因丢了准考证而几近发疯，徐天动了恻隐之心，还是把钱还给了梅果；对扔准考证的事，他也在日后的日子向梅果做了交代。

接下来，梅果成了徐天的心病，因为对梅果有愧疚之心，徐天决定把梅果送回老家，并在得知梅果早成孤儿后，又把任性的梅果带回了西安。

带回梅果的结果可想而知，一边是正为结婚兴奋的吴晴，一边是暗恋上徐天的梅果。虽说徐天对梅果没半点邪念，但徐天不好解释的秉性

女人的**暧昧**也精彩

最终使得整个事情越发复杂和凌乱。

最后，徐天和吴晴失之交臂，又因他私刻公章被取消了大学资格，只得在父亲的安排下，到父亲的工厂当了一名工人。

结果，一个是大学生，一个是工人，徐天和吴晴的距离越来越远，加上吴晴的师傅陆秦生一直对吴晴步步为营，徐天和吴晴终于成了亲密的陌生人。

徐天的第三任女友何美丽刚好出现在徐天心情沮丧又满不在乎的当口，而何美丽的美丽和"野蛮"，也在渐入佳境的接触中给了徐天眼前一亮的感觉。

比如，开始的日子，何美丽送给徐天一杠子海棠果，顺便告知，"要是你不喜欢你可以扔掉，但是别当着我的面"；又在两人的电影约会被梅果耽误后，第二天徐天跟何美丽道歉，问到她昨晚的电影是啥内容时，何美丽一句："噢，电影讲的就是一女的等一个男人等了一辈子，没等到后来就死了。"用极致的冷幽默给了徐天一个哑巴吃黄连。

接下来，何美丽因为故意挑逗好色的李工被领导喊话，徐天挺身而出给何美丽解围；再后来，徐天因为打架被公安局扣留，又因工厂的处分而自动辞职，何美丽也奋勇效仿，决心与徐天同甘苦，共患难。

何美丽对徐天的一往情深谁都看在眼里，但在徐天一方，他话言话语里总是把何美丽当哥们儿。加上，徐天的前女友吴晴因为生下徐天的孩子后又想跟徐天和好；另一边，梅果对徐天的痴迷也随着时间的推移越发叫板。梅果要么当着徐天的面贬损何美丽没素质，要么就索性直言晚上不走，叫何美丽赶快离开徐天。

面对两个女人的进攻，徐天只好求助于何美丽：他一面当着那两个女人的面，告知他与何美丽很快就会结婚；另一方面，当那两个女人不在时，他还是一如既往，用哥们儿的豪爽对何美丽仗义执言。

表面看，徐天对何美丽没有过非分之想，但何美丽的善解人意和没有纠缠，还是在徐天心里留下了更多的好感。

事情的转机就出现在何美丽的磁带被删除的当口：何美丽曾在冒充假夫妻的表演时录下了徐天要娶她的"心言"，当天晚上，何美丽抱着录音机把徐天的"证词"听了一整夜，不想徐天竟背着她删掉了录音，让一向大人大量的何美丽再也抑制不住心里的委屈，当着徐天的面就哭了起来。

　　徐天一看大事不好，就答应要带何美丽去广州，算是对何美丽的道歉。何美丽这才破涕为笑，使两人的关系转危为安。

　　回程的路上，徐天与何美丽有一段对话，表达了徐天对何美丽的好感，但因为徐天不善言表，何美丽又没心没肺，所以，那种细微的表达并没有让何美丽上心。

　　当时何美丽问徐天："为什么你不跟梅果好？"徐天说："梅果是仙女，我是鳄鱼，鳄鱼没有资格爱仙女。"又说："咱俩一样，我是鳄鱼，你是河马，咱俩都厉害，谁也伤不着谁。"

　　接下来徐天让何美丽小睡一会儿，又默许了何美丽可以在他肩膀上睡一会儿的意愿。这个小细节在徐天一方，算得上是一种爱的表达；对里外透明的何美丽，更可谓一番此处无声胜有声的温暖。

　　从广州返回西安后，偶然的一天，何美丽从吴晴口中得知了吴晴女儿的秘密，当即震撼。随后她就把这个秘密告诉了徐天，并在徐天为女儿奔忙的时候独自南下，给徐天留了一封信，告知："分别是对的，你找到了你爱的，我相信将来的岁月，你会用心呵护她陪她成长……"

　　以后的日子，徐天陪着女儿一起成长，并在闲暇间，开始了与何美丽的书信往来。何美丽还跟以前一样，把自己在广州的奋斗一字不落地禀报给徐天；徐天呢，却把自己的思念跃然纸上，又把所有的信都封好锁好，仿佛是想让这些心言自己飞翔，飞到何美丽的心田。

　　后来，徐天因管理不善卷入一宗诈骗案，继而被收监。不久，何美丽夹着行李来狱中探视，一见面，徐天虽显得镇定自若，出口的话语依旧不甜。表面看徐天还是那么自视高傲，其实不然，这时的徐天，背负

女人的**暧昧**也精彩

092

着何美丽的多年恩爱，想得更多的是何美丽的幸福和未来。

再往后，徐天有机会回家看望徐爸，徐爸一口让儿子娶了何美丽，徐天一句"听你的"，在定定的点头间早已泪水涟涟。

接下来，徐天去找何美丽，在以前住过的小院看见了一个灰头土脸的女孩。"你是拿着笤帚把自己给打了一顿吗？"这是徐天见女友的一句小玩笑，没有离别的忧伤，没有示爱的腻味，却在一份没有客套的平实里，尽显相知的默契和久违的亲切。

从头到尾，对自己爱也爱自己的女孩，徐天最甜的话也就属这句了："来，过来，来。"

故事结尾处，当徐天主动要何美丽过来时，他是在用心的承诺表达着一个男人对一个女人的感激与敬爱。

实际上，在戏里，徐天应该说是一个理想化了的人：他有坏男人的霸道，也有好男人的规则；有坏男人的随意，也有好男人的责任；他内心正直，对不正的人和事从不违心；他聪明能干，但就算是干坏事他也不越过底线；他的人生是"看一步，走一步"，与处心积虑的"野心家"格格不入；他对女人从不甜言，但他的行动总是好过语言。

在生活里，这样的男人指定得招惹一群的痴情者；但要跟这种人恋爱，要是没有何美丽的定力，还真得少不了遭磨难：先为他的倔犟、刚烈、吃软不吃硬；又为他的内敛、有女人缘、不解释、不表白。

要说倔，只要是爱，女人多半都能忍受；要说不解释和不表白，恐八成女人没有何美丽那样的觉悟和耐心。这也是为什么戏里的吴晴坚决没商量地要跟徐天掰了，虽说她"飞"徐天也不是因为徐天帮梅果，但徐天对梅果的暧昧，想起来就让人闹心，就像她在戏里埋怨的：都要结婚了，找一女的，在我们新床上睡了一觉，这事搁谁谁受得了啊！

可比这还要难的事，何美丽都受了。为什么何美丽能受？因为何美丽看到的不是徐天的外表，是内在。在何美丽眼里，徐天并不是朋友们吹捧到晕菜的能人和帅哥，真实的徐天就是一个孤独、无助、无奈，又不想让外人看到他内心世界的大男孩；而这个男孩又比谁都脆弱，都敏感，比谁都需要家，需要温暖。正是这样一份天资的聪慧，让何美丽跟徐天这个另类男人交手时，没有了一般女孩的心机和纠缠。

这就叫以无招对有招了：你没事，我吊着你；你有事，我帮你；你烦我，我躲开你；你需要我，我靠近你；你没想明白，我给你时间让你想；你想明白了不跟我说，我等着，等你跟我说的那一天；分离的日子，我说我的快乐，也为让你快乐；你落难就没你说话的份儿了，我黏着你，一黏到底。

想知道何美丽给徐天的信里写的是什么吗？

"我非常非常喜欢这里，下周这里要进两只海豚，我要好好表现，争取能训练海豚表演节目，我要训练它们一听到我——爱——你三个字，就会从水里腾空而起。啊哈，想想都美！"

看看，这样的信，讲爱，又不问爱，说爱，又不埋怨爱；只讲生活，讲当下，讲快乐，讲自己。那种悠然、自我、知足、大气，这样一个女孩，即使她不叫美丽，你也会爱上她的美丽，爱到心里。

最后徐天告诉何美丽，等人会很烦的，并念给何美丽一段经文。

而当何美丽把这段经文的译文——去吧，去吧，到彼岸去吧，走过所有的坎坷到彼岸去，彼岸是光明的世界——告诉徐天时，一个真男人的泪水，终于在爱人的面前流了下来。

这就是徐天的菩提路，也是一个另类男人的爱情故事。如果你爱上的也是这么一个人，不妨学学何美丽，放下他，让他自己选择，让你爱的人在自由里给你回应。

十一、放下执著品潇洒

如果你爱的男人和钟跃民一样，也是"路上一族"，不如你放弃你的执著吧。给他骄傲，让他追逐你的神秘；给他幽默，让他追逐你的潇洒。

看过《血色浪漫》的人，要么对钟跃民的爱情津津乐道，要么对周晓白的爱情打抱不平。前者多是男人，理解男人的孤独；后者多是女人，同情女人的"陷落"。

这也是男人和女人的本质冲突，特别对那些以自我为中心的大男人，又在他踌躇满志的少年时，虽说他从不拒绝爱情，他也不放弃他"在路上"的生活方式。这么一来，爱他的女人就只有受苦了：你爱他，也爱他的生活方式，你就是他的恋人；你爱他，不接受他的生活方式，你将注定成为他的过客，甚至陌路。

由此可见，周晓白的悲剧，就不是周晓白的问题了；那是她与生俱来的性格和她无法抗拒的命运。对此，钟跃民对周晓白最后的"揭密"，道出了问题的实质。

周晓白从爱上钟跃民的那天起就对他死缠不放，即使钟跃民到陕北插队，周晓白对他仍是百般挂念，关怀备至。但在钟跃民一方，他对周晓白的感情始终不冷不热，且在礼貌中保持着男人的分寸。直到他从部队返城与周晓白再度相遇，他才对晓白道出了心里的秘密。

下面是两人的对话。

周晓白问钟跃民："跃民，你和我说实话，当年你提出和我分手，你的真实想法是什么？"

钟跃民说："……现在我来回答你的问题，你这个人太'轴'了。知道什么是'轴'吗？就是北京人形容钻牛角尖的人常用的词。我告诉你，就是因为你这个'轴'劲儿我才和你分的手，你把我吓着了。我还没向你承诺什么，你就要死要活了，咱们要是接着走下去，我敢说，你早晚会因为我的原因把命搭上。"

钟跃民接着说："晓白，你是个对爱情很执著的女人，也许在很多男人眼里，这是天大的优点，但我敢说，你对我并不合适。我不是个守着老婆孩子过小日子就能心满意足的男人。我也不是个安分守己的人，我要按照自己的想法去生活。如果一种生活方式过腻了，我就会换一种方式。在我看来，当年插队要饭和现在当兵只是两种不同的生活方式而已，无所谓哪种好，哪种不好。这两种生活方式我都会高兴地去投入，我把它当成游戏。如果这两种游戏都玩腻了，我会再换一种游戏玩，总之，要玩得高兴。晓白，如果你和我在一起，你能理解我这种玩法吗？你能和我一起玩吗？"

周晓白老老实实地回答："我不能，尽管我很爱你，我只能过一个正常人的生活。"

钟跃民又说："我知道，结婚，生孩子，教育孩子，将来考大学，大学毕业后再帮孩子找个工作，孩子有了孩子你再帮着带孩子……你可真行，幸亏没和你结婚，不然我早就烦了。"

周晓白说："照你这么说，你把我甩了是为了拯救我？我还应该感谢你是不是？"

钟跃民说："当然了，你以为呢？除非你和我一样，自愿选择一种'在路上'的生活，你行吗？我的周大夫，你是那种还没出生就被父母安排好一生的人，就像案板上的小面团儿，父母想怎么捏就怎么捏，想把你做成馒头还是烤成面包，要不再加点儿棒子面做成混合面饽饽都由父母说了算……"

这场对话，以周晓白要求钟跃民给他最后一吻为结束。尽管这个执著的女生在恋人的深吻下泪留满面，她仍然明白，这就是她的命运，这辈子，她与这个不肯安分的、"在路上"的男人，将注定没缘分。

其实，"在路上"的男人并非都花心；他们对女人的态度也并非没有认真。只不过，他猎奇的天性使他无法驻足于一个女人；他创造的欲望也让他无法安分守己。特别在他的少年时，与其说他迷恋女人，不如说他迷恋未知；与其说他渴望新鲜，不如说他渴望自己。

他就是那种充满自恋气质的男人，且他的可塑性极强。发展得好，他在事业上将大有作为；发展得不好，他也会成为技艺高超的破坏分子。

女人的**暧昧**也精彩

096

然而，不管是好是坏，他对女人的吸引是致命的，先在他特立独行的思维，后在他不以为然的态度。

所以，如果你爱的男人和钟跃民一样，也是"路上一族"，不如你放弃你的执著吧。给他骄傲，让他追逐你的神秘；给他幽默，让他追逐你的潇洒。

十二、欲望都市里的欲望

男人永久的爱人不是女人，是自由。每个男人都想在没有束缚的自由中保持自我，这是男人的霸道，也是男人的魅力。

几经恋爱的洗礼后发现，恋爱不是两个人的争扯，恋爱是一个人的战争。

像极了那个充满哲理的小故事：

埋头工作的父亲嫌儿子太吵，给儿子一个拼图。图的正面是一个人，背后是一张地图。父亲把撕碎的地图交给儿子，让儿子拼出成品，以为这个高难度游戏可以让儿子安静。不想儿子 10 分钟就搞定了游戏，把一张拼好的地图交给了父亲。父亲看着拼好的地图，正惊叹儿子的特异，儿子却不以为然地说了一句："那有什么，人对，世界就对了呗！"

乍听上去这句话没有什么特别之处，仔细想，一个人就是一个世界。人的一生与其说是在寻找自己的另一半，不如说是寻找自我的旅程，而人的另一半也在追寻自我的旅程中。自我正确，旅程就容易正确；自我迷失，旅程也容易出错；结果，另一半的对错也成了自我对错的见证。

说爱情是品位难免讨人嫌。说好人吸引好人，坏人吸引坏人，就容易让人理解和接受。事实也是，每人都有自己的"味"，一如每个人都有自己的"场"；要说"臭味相投"是理所当然，那臭鱼找烂虾就成了自然的步调。这种情况下，臭鱼指责烂虾，是"半斤八两"；烂虾再怪罪命运，就成了"可怜之人，必有可恨之处"。

让我想起《欲望都市》里的专栏作家凯丽。凯丽年轻、才华，有着都市女人的时尚和靓丽。少女时的凯丽有过被男人游戏的经历，成年后的她也开始了对男人的游戏。凯丽对"大男人"彼格的诱惑就是她游戏的"硕果"：正好应了那句话，只要你自带招风引蝶的"场"，你一定会吸引那个沾花惹草的男人。

然而，要对付游戏男人，你就得有游戏心态；你若只是表面潇洒，骨子里紧张，不但你自己劳累，到手的恋情也会失去。就像凯丽，交付后的凯丽总是纠缠，彼格终于决定逃离：一年的迁职，跨国变动，没有商量，没有邀请，收拾好行李就想出走，彻底激怒了陷入浓情的小女人。

而男女关系的对峙往往发生在真刀真枪的时刻：对一个"衬衣解开"的女人，没有了性的吸引，管你是什么美女、作家，这时你要对他的出走不以为然，他反而会追随你的冷漠；像凯丽这般急不可待，只能激发男人的霸道，让他在男人的无理中越加不屑，让你在透支的交付中伤痕累累。

彼格走后，凯丽恢复了以往的潇洒，但只有自己知道，她对大男人的爱有增无减；后来发现了彼格的外遇，凯丽的神经顿时崩溃，她要么按捺不住地打电话，要么在和爱人的约会中横加质问，直到彼格告诉她，自己已和别人订婚，凯丽还在大吵大闹，无从明白失败的道理。

故事结尾处，凯丽送走彼格的当儿听见驯马师对马的提醒："放松点，女孩！"突然意识到，原来不是自己不可爱，而是过分的急切让自己和爱人失之交臂。自此这位专栏作家终于明白了什么是正确的人，进而在正确的规则里找到女人的正轨。

也是很多恋爱女人参透的无奈：

有些女人需要驯服，有些则不要；男人想和不易驯服的女人恋爱，又想和不驯就服的女人结婚。这就是男人，可玩味的他不要，想要的他不想玩味；对男人，玩味女人和要女人从来就不是一回事。因为，男人

女人的**暧昧**也精彩

永久的爱人不是女人，是自由。每个男人都想在没有束缚的自由中保持自我，是男人的霸道，也是男人的魅力。

　　这就是恋爱的实质，一个人的战争：表面看来你斗的是男人，其实你斗的是自己；表面看来你要的是男人的爱，其实你想要男人对你的认同和接受。正因为男人和女人从一开始就处在要和被要的水准，正因为男女关系从一开始就没有对等的相互性，作为女人，你不承认这个差别，就无法以平和的心态接受自己，也无法接受男人，而多数女人包括那位女性专栏作家的错误也在于此。

　　也许，那首充满哲理的英文诗能给你更好的启迪：

　　如果你爱他，就给他自由；

　　他回来了，就属于你；

　　他没有回来，就从来没有属于过你。

　　而对于女人，不管东方人或西方人，专栏作家还是普通女人，我们在自我战争中修为的，不就是这么一个道理吗？

第四章 暧昧也智慧

也许暧昧缺少清晰，糊涂的温度正是人性的路数；也许暧昧太不过瘾，渐入佳境的平淡给人顺其自然的感觉；加上追求"主题"的男人在和女人的交手中难免不"窥测方向，以求一逞"，这种时候，女人要做到有意暧昧，不但能避免伤害，没准还能变被动为主动，把寂寞的等待变成精彩的吸引也说不定。

一、破译男人的花言巧语

作为女人，不光为破译男人，也为了解自己；不光为知男人其然，也为知自己所以然。

对男人，所谓的花言巧语有两个内容：一是花言，二是巧语。前者偏于幼稚，后者更加老练；前者多为哄骗女孩，后者多为镇住女人。但无论哪一种，都是男人为达到目的而使用的策略。

男人是目标动物，这点多数女性已有觉悟。然而，尽管男人施展策略少为心计多为禀性，但从结果上看，由于女人心理上的"归属症"，女人还是不易参透男人的招数，且容易把男人的花言巧语当成爱的标准。这就是为什么女人总是婚前痴迷，婚后清醒了，或者叫事前骄傲，事后自卑。

于是，破译男人的花言巧语有了更深的内涵：作为女人，不光为破译男人，也为了解自己；不光为知男人其然，也为知自己所以然。具体说就是，男人为什么花言巧语，女人为什么上当受骗。除了"愿打愿挨"

女人的**暧昧**也精彩

的心理外，男女对爱不同的理解多是女人受伤的原因，也造成了男人的霸道和无奈。

心理医生告诉女人，男人是天生的性、爱分离者；女人是天生的性、爱统一者。男人受制于性的困扰，把性当成爱的说辞；女人受制于爱的迷情，把性当成爱的奉献。直到完事后激情褪色，男人没有了先前的感觉，女人也是万般悔恨。

所以才有必要破译男人的花言巧语，为帮助女人了解男人，也为使女人少受伤害。

一般说来，男人的花言巧语多用在三个阶段。

第一，追求阶段，为制造迷情。

1. 我只喜欢你，你是我的唯一。

2. 如果没有你，生命还有什么意义。

3. 只要有你，我今生别无所求。

4. 这一生我只牵你的手，因为有你已经足够。

☆非子破译：

这些话对女人来说并不陌生，很多时候，她们确实随男人的"花言"坠入了迷情。但对不同的男人，"花言"的本质还是有所不同：如果当事人是个小男生，他的表达虽不乏"花言"，在当时未见得不真心；但同样的话出自于一个成熟男人，就有可能是他预谋的表演。事实也是，生活中，不少男人正是利用了女人喜听好话的毛病，让女人成了乖乖的猎物。

这是因为，年轻男孩尚属幼稚，对爱的表达有模仿的成分，尽管他也有男人的主题，到底囿于女人的神秘，他对女人的"花言"不乏真诚。但同样的表达对成熟男人就不一样了，又在他具有女性经验后，他对女人的掌控到了驾轻就熟的地步，这种情况下，他口中的花言就少有真诚了，那是他着意的表演，至少也是言不由衷。

第二，猎取阶段，为设置圈套。

通常，男人对难以猎取的女人多半有两种策略，一是直接表白，二

101

是欲擒先纵。前者多是一般男人，后者多是经验男人；一般男人对喜欢的女人总是急起直追，自信男人对喜欢的女人往往不卑不亢，或欲擒先纵。

直接表白：

1. 你到底怕什么，怕我做完这件事不要你吗？我永远也不会。

2. 你知道什么是爱吗？爱是责任，我是一个男人，我会对你负责任。

3. 你以后什么也不要做了，我来养活你，让你做个全职太太。

4. 把你交给我吧，让我来照顾你一辈子。

☆非子破译：

尽管这是直接表白，能这样表白的男人也得有一定的女性经验。首先他了解女人的害怕——怕做完那件事男人变心；其次她了解女人的痴情——女人都希望男人有责任心；加上他更了解女人的归属——女人都希望她为之献身的男人能给她家的保障和安全。如果男人在做那件事之前就打消了女人的顾虑，女人自然愿意"献身"，而且越是痴情的女人，她对男人的承诺越当一回事。

问题是，如果男人说出的"诚恳"是出于技术，你就没必要对他的技术太认真。至于迷情时刻怎样辨真伪，只能凭你当时的感觉。这里有一个原则，能说这种话的男人应该对你有一定的了解，如果他在不了解你的情况下还对你如此"认真"，这样的认真恐怕就有水分。

欲擒先纵

1. 我不是好色的男人，你并不漂亮，我爱的是你的心。

2. 爱情要的是两个人的感觉，所以我能等，等你有感觉的时候。

3. 男人也是人，也不全是为了那件事。所以你不用紧张，我不会强迫你。

4. 如果你不喜欢我，我马上走开，绝不招你讨厌。

☆非子破译：

一般来说，敢对女人欲擒先纵的男人都有优势，有相当的自信。一

女人的**暧昧**也精彩

来他拿得准女人对他的喜欢，二来如果他面对的是知识女性，他更懂得"礼貌攻略"，从教养上打动芳心。这种时候，他的不卑不亢不但不会疏远女人，反能增加他对女人的吸引。一旦这样的女人被猎取，他一方面能给女人留下好印象，另一方面即使他因为移情突然撤退，女人也奈何不了他，还会对他有留恋之情。这就是生活中常见的女人对"坏"男人的迷恋。

第三，完事后拉开距离，一为逃避女人的纠缠，也为更好地牵制女人。

1.爱情当然很重要，但不是最重要。如果我真的天天和你厮守，你愿意吗？

2.我忠于的不是你，是我自己的选择。

3.按理说，很多男人在这种时候都会甜言蜜语，可我不会，我不是那种嘴甜的男人。

4.每天打电话并不标志着爱，不打电话也不能说明不爱。爱是相互的感觉，这点我心里有数。

☆非子破译：

通常，说这种话的男人都有相当的女性经验，知道女人在身体交付后对男人的纠缠，这时如果他顺应女人的脉搏，他今后的自由将受到威胁；如果反过来，用男人的"公正"带领女人，女人即使心里别扭，也不好再埋怨。特别是对知识女性，他更懂得利用女人的尊严，所以故意说出这些"有分量"的话，不但你对他无可挑剔，你的自尊也不允许你对他再任性。于是他终于以自己的"公正"达到了目的：一来你喜欢他，很难不依从他的脉搏；二来在他主动的情况下，即使有一天他变心，他的"花言"还能让你受用。

当然，生活中不见得"花言"的男人都是在表演；但有一点，只有在他不断用行动示爱的情况下，他的"花言"才能证明他的爱心。

二、想嫁心理十守则

要知道，男人就是一个四处游戏的孩子，对男人，最好的游戏是女人，最好的爱情是宽容。

美国电视剧《欲望都市》里有一句话：我们都得了婚姻病，即使被伤得遍体鳞伤，我们还是想嫁人。

是的，嫁人的感觉是那样的幸福，做新娘的感觉是那样的好：就算有人把婚姻说成是坟墓，也改不了女人的结婚狂；就算有人把婚姻骂到地狱，婚姻还是女人的归属。那是女人对美好的向往，也是女人的生存本能。所以才有必要告诉你想嫁守则，让嫁前的你三思再三思，让嫁后的你幸福更幸福。

1. 长久地看着他不烦

按理说，没有人能长久地看一个人不烦，你对他要有不烦的激情，想嫁的感觉油然而生。表面看你爱上了他的体貌，其实你找到了自己的欲求；表面看你爱上了他的才华，其实他满足了你的兴趣。这就是为什么"情人眼里出西施"，对恋人有着无比的吸引了，而在人对人的欣赏里，也无处不表达了个人对生活的审美和体验。

也因此，你对他的偏爱，引起了他对你的追求；他对你的吸引，印证了你对他的喜欢。对结婚的决心来说，也许这正是缘分的因果；如果没了这种没商量的盲目，你对他的爱怕是经不起时间的考验。

当然，激情褪色后，"西施"的感觉不会永存；日子平淡后，烦恼也会成为家常便饭。但至少，婚前你看他不烦，你就不容易心猿意马；婚前你看他就是好，牵手的决心才有可能实现。

2. 爱他，也爱他的表达方式

你爱他，也得爱他的表达方式。往往，女人的问题不在所爱的人，

女人的暧昧也精彩

而在爱人的表达方式。

众所周知，女人的示爱在心理，男人的示爱在身体。尽管从本质上说，性爱对男人并不等同于爱情，但如果那个男人爱那个女人，性爱一定是他示爱的最好方式。

这也是为什么，两人吵架后，男人多以那件事来表达温存了；但往往，由于不认同男人的表达，男人的好意常被女人误解为邪念。这样一来，男女之间就不好沟通了，而关系的阻隔，正是两个性别南辕北辙的表达和观念。

所以，你爱他也想嫁给他，接受他的表达至关重要；而且你还得明白，此种表达并非他一人的"毛病"，那是整体男人认同的表达，也是上帝应允的男人与女人沟通的途径。

当然，在情感的沟通上，性爱不是男人唯一的途径；但如果让男人去选择，男人更愿意用这种方式和女人沟通。事实也是，性事上圆满的夫妻，情感上就容易理解和包容；细节上总是有磕碰，很可能就是两人在性事上没有达到默契与和谐。

这里，对想嫁人的你来说，婚后的磨合尚在其次，婚前你接受了他的表达，婚后就容易与他相处，也少了不必要的磕绊。

3. 爱他的优点，也爱他的缺点

人总是婚前看优点，婚后看缺点，加上恋爱女人的绝对和偏执，几乎每个恋爱女人都对爱人有盲点，直到结婚后，她终于大梦初醒，从一个极端走到另一个极端。明白了过来人的毛病，你最好在婚前就想足爱人的缺点，他要是有那么多缺点你都不在话下，婚后的你就容易知足，安于平淡。

况且，从整体角度讲，人的优点就是缺点，缺点也包含着优点。懂得了这个辩证法，你就不会在细节上挑剔他了；不管发生了什么事，你对他的认同都不会改变。即使碰到有人挑唆，你也会给出坚定的辩护词：我爱他的大节，也接受他的有限。

4. 爱激情的他，也爱平淡的他

激情就是惹人爱。于是就有了恋爱有劲结婚没劲的抱怨。但仔细想，你爱的男人要天天有激情，怕是你也受不了他的激情和狂爱。由此爱激情的他，也爱平淡的他，就是你的智慧了。况且要懂点生活艺术，你尽可以在平凡里创造出你的浪漫，加上相濡以沫的平和，你和他自可实现古人的美好：两情若是久长时，又岂在朝朝暮暮。

然而，懂道理也许并不难，但是把道理用在生活上，实际操作不简单。因为"平淡"没有一个固定标准，他说那是平淡，你说那是冷淡；他说那是正常，你说那是逆反。如此的误解终成伤害，由此两人貌合神离，一个委屈，一个无奈，这在婚爱伴侣中并不鲜见。

如果你爱的他突然冷淡，你该怎么办呢？

给你四句话，也许会帮你渡过难关：一如既往，静观其变，坦诚诉说，给他时间。一如既往给你信念，静观其变教你客观，坦诚诉说让你面对，给他时间即给你回旋。只要你记住，人性的本性不在绝对在犹疑，人的常态不在激情在平淡；加上每个男人都爱自由，对自由的向往又加深了他人性的特点。有了这等觉悟，你与爱人才能和谐相处，也避免了因为他的变化而疑神疑鬼。

5. 爱有钱的他，也爱没钱的他

同甘共苦历来是恩爱夫妻的基础，开放式婚姻也不例外。你只爱有钱的他，他落难时你难免不变心；他没钱你也不在话下，说明你爱他的人而不是他的钱。为检验自己的真心，婚前充分想象他没钱的惨淡，你要能在假想艰苦里品尝甘美，就别说娶你了，哪个男人都愿为你上刀山。

然而，生活不是故事，现实又那样无奈。虽说热恋时你吐过豪言，哪天他落难了，你甘愿和他一起啃咸菜。但这一天突然到来时，你还是没法承受没钱的苦难。这里，日子的艰难尚在其次，面子的丢失是难忍的心酸。

特别在爱人大起大落时，从门庭若市到门庭冷落，更是你无法面对的世态。怎么办呢？生活就是这般莫测，今天无法预测明天；生命就是这样无常，大款就是有可能变成乞丐。

由此可见，选择好牵手的伴侣，就是你幸福的前提了。这里也有一个规则，多看人品，少看权位；多看潜能，少看钱财。这是因为，人品靠得住的人，即使没有权位他也有责任心；一个有潜能的人，即使他眼下清贫，也挡不住他未来的发展。反过来，只有权位没有人品，他的权位难免不动摇；只有钱财没有能力，他眼下的富足怕是有投机的色彩。

如果你爱的男人既有潜能又有人品，与他共患难，就是值得的付出了。因为你坚信，尽管暂时有黑暗，未来一定是光明；虽然眼下是清贫，未来一定更幸福。

6. 爱他，也爱他的家人

爱他容易，爱他的家人难；与他相处容易，与他家人相处不简单。可如果你真的想嫁给他，不但要爱他本人，爱他的家人也很关键。因为婚姻不是个人问题，婚姻对你俩也不全是二人世界；加上过来人常有"恋爱嫁一人，结婚嫁一家"的抱怨，为顾全大局，婚前的你最好能兼顾到亲情的感受，一为避免家庭矛盾，也为减少婆媳争端。

然而，因为家庭关系实际又琐碎，和他的家人相处时，你也得有自己的底线：保持距离又不失真诚，你就容易平衡四方；给予关心又不计得失，你就容易容摆脱羁绊。进而，如果你还能做到以人之长，补己之短，以及面对争吵宁谦让，勿逞强；是非面前宁低调，勿表现就更好了。果真那样，你就做到了运筹帷幄，在你与他的家人之间完成了超越。

总之一句话，骄傲别人，谦逊自己，是你应有的品德；宽容别人，反省自己，是你该有的自信。以如此的智慧爱他的家人，他的家人也会爱你；与此同时，他也会因为家人的赞美给你更多的爱恋。

7. 爱他，也接受他的朋友

你要真想嫁给他，不但要爱他，也得接受他的朋友。因为人不是一座孤岛，每人都有自己的喜欢。你只爱他，不接受他的朋友，他容易跟你有隔膜；你爱他，也接受他的朋友，不但他心里体面，也容易跟你靠近。

再者说，如果你是一个真诚的人，你的真诚能感染他的朋友，他的朋友也会对你刮目相看。进而，不但他会因为有你而骄傲，他的朋友也会因为他有你而替他高兴。如此的良性循环，你就得到了两份感情：爱情让你如鱼得水；友谊让你如虎添翼。

8. 爱他，也爱他对自由的爱

女人爱男人，男人爱自由，男人爱自由是女人无法理解的潇洒，自由在女人多是男人出轨的借口。然而，你不给他自由，无异于砍断了他的命根；你爱他，也爱他对自由的爱，你就给了他爱你的诱惑。

然而，对此有人也提出了异议：男人确实是爱自由，但你要给他完全的自由，他有时也会六神无主。也有男人以为，女人完全不管我，说明她根本不在乎我。对男人的这种矛盾心理，女人应该怎么办呢？

众所周知，婚恋关系中，男人对自由很敏感，女人对自由有抵触。正因为自由对男女的利弊不一样，男人才极力维护自己的自由，女人也极力限制男人的自由。对立的结果，男人开始编故事，谎言成了他的便餐；女人开始盯男人，跟踪成了她的嗜好。长此以往，两人的暗战终成伤害，让男人孤独，让女人痛苦。

如果你决定给他自由，你就得掌握好自由的分寸，给他自由即给他空间，给他关心又不要过度。他不在时，你不用一天一个电话地追；与他电联时，你最好有事说事，不要抱怨和哭诉。待你俩相会的那一天，你有的是时间跟他起腻，也可以在拥抱中"兴师问罪"，用撒娇来讨还他对你的"欺负"。

要知道，对一个独立的自由人，距离好，好就好在可以自由呼吸；距离美，美就美在彼此有新鲜，有诱惑。

9. 爱他，也爱他对女人的爱

要你爱他对自由的爱，已经碰触到女人的底线；再要你爱他对女人

女人的**暧昧**也精彩

的爱，那无异于让你大开城门，把自己的阵地拱手送给"敌人"。

然而，是男人就爱女人，是男人就有出轨的危险。你总是醋意大发，会激发他"偷盗"的兴趣；你爱他，也爱他对女人的爱，他会感激你的宽容，自觉约束自己。要知道，男人就是一个四处游戏的孩子，对男人，最好的游戏是女人，最好的爱情是宽容。

两性关系中，这是男人最大的"问题"，也是女人最难解的冰点。但如果我告诉你，接受他对女人的爱，就等于教给他更爱你，你对非子的提点会耳目一新。

不妨这样想啊，你是女人，他"感冒"的异性也是女人；虽说面对爱情，女人和女人是敌人，但本质上大家还是"同行"，有共同的感受和利害。你恨同行，无异于否定了你自己的生存；你爱同行，也能从同行身上发现你自己的感受和特点。

同样面对男人的"出轨"，你恨同行，非理性的疯狂会伤害你自己，也会伤及你的爱人和家人；你爱同行，不管事态怎样发展，你都会从女人的整体感受出发，挖掘出你可贵的理性，把握住对方的心态和血脉。

这么做的结果，你没有伤及爱人，但给了他警戒的长鸣；你也没有伤害同行，却用你女性的美德，唤醒了她与你同样的良知与美善。待她自动撤退的那一天，你是什么感觉呢？那时你会感叹：爱的力量不在夺取，在给予；人的强大不在对抗，在理解。

10. 他不在的日子，你也能坚守对他的爱

人不可能没有分离，婚爱伴侣也不例外。不管出差出国或是度假培训，他不在的日子，你能坚守对他的爱，他给你的就不光是感谢了，更有久别胜新婚的狂喜和他与你牵手的决心。

然而，走入关系却要独守空床，对女人如同囚禁的牢笼；身怀欲求还得拒绝诱惑，对女人更是寂寞难耐。对此很多男人不理解，我爱你爱到心力交瘁，却满足不了你无底的欲求；我已经给了你想要的一切，你还是投入了别人的怀抱。

这也是物质女人的误区与通病，她爱金钱胜过爱爱人，结果金钱成了她的追求；她爱物质胜过爱爱情，于是男人成了她欲望的替代。

　　也有的时候，她"出墙"的男人并不富裕，她仍是无法抗拒他的存在。是他给了她难忘的激情，是他让她尝到做女人的甘美。虽然她也明白，要她嫁给这个男人，她无法容忍他的贫穷；但要她反省自己的不忠，她舍不得放弃自己的"完美"。她就是那种西瓜芝麻全想要的女人，她要男人的厮守，为满足她女人的欲求；她更要男人的钱袋，为满足她享乐的快慰。

　　对这种女人谈爱的坚守，那就等于是对牛弹琴；再要跟她提爱情忠贞，她会耻笑你的"落伍"和"愚昧"。对她来说，最好的爱人就是金钱，最棒的男人就是权位。为此她不遗余力地秀着她的"忠诚"，不为回报爱人，只为对金钱的拉拢和捍卫。

　　当然，她这么做也得冒着十足的危险：要么对方看透了她的物质给她发出"最后通牒"，或者对方抓住了她的把柄狠狠地把她弃之门外；还有可能，她的男人早已在外面金屋藏娇，对她不过是平衡和安慰；直到他厌倦了对她的使用，她就只有独守空床，在自欺的麻木中与金钱"派对"。

　　上面的场景女人看了并不陌生，由此要提到坚守爱情，爱的质量堪当首位。要想真的爱人，你得心中有爱；要想心中有爱，爱的价值和信念是爱的精髓。以爱的价值去追求爱人，爱人的价值才能被认同；有人性价值的立足和支撑，爱情信念就不是高调了，那才是你对自己的负责和交代。

　　进而，不管爱人在不在身边，你都不会寂寞。那是因为，有价值的认同，他和你已经成了一个人；有相知的牵手，你会感到分分秒秒都是爱，眼下的分别不过是幸福的积累。

女人的**暧昧**也精彩

三、女人也爱世界杯

　　自此你再不用"山中无老虎，猴子称霸王"了；你自信，就是满山遍野都是虎，你也是猎人的最爱。

初夏时节，世界杯盛宴夜夜狂欢，地球人男女纷纷享乐。在这个以快乐为主的新世纪，世界杯超过了足球本身的意义，把人带往原始生命的王国。一直以来，体育和性情同手足，一如文艺与爱卿卿我我；且在体育最风光的项目中，足球以它酷毙的风格，成了地球人心目中最坚挺的娱乐。

然而，对不同的男女，世界杯也带来了不同的结果：有人因世界杯囚禁，有人因世界杯大赦，有人因世界杯激情，有人因世界杯冷漠；更有男人非要跟世界杯做爱的，宁肯让老婆留守空床；也有女人发狠地朝向陌生的情怀，只为报复男人对世界杯的拥抱。总之一句话，要问 2006 年 6 月地球人为何如此疯狂？都是足球惹的祸！

那么，该如何看待世界杯里的性与爱呢？

且听非子评说。

问题 1：世界杯让我成了足球寡妇，我没有了快乐

非子点评：你先快乐，你才能快乐别人

足球寡妇？为什么要这么说？要知道，世界上有个秘密叫吸引力法则，这个法则的运作方式是，你想什么，就来什么；你怎么想自己，你就会成为那样的人。所以劝你，不管你心里多背气，也不要用背气的称呼来糟践自己。你是那样的人吗？你真觉得自己是那样地不给力吗？没有啊，不就是一个世界杯嘛，不就是老公暂时有点疯魔少陪你了吗？只要你相信他对你的爱，即使他不在你身边，你也不该有寡欲的念头。

因为，女人原本渴望爱抚和温柔。尽管表面上看，女人大都有相当的受虐性且她有时也十分渴望男人的进攻和粗鲁，但那一定得有一个先决条件，即她主动打开了通往快乐的开关，而女人的快乐开关，首先就来自于男人的爱抚。

这个意义上，男人的有意爱抚实际上是一次更高级的爱，且在这充满控制的柔情里，即使男人没有和你做爱，被爱的你也会到达癫狂的地步。

好好想想他给过你的柔情，只要你相信自己被爱，即使世界杯长达30个长夜，你也不会感觉自己像寡妇。那是因为，对相爱的夫妻，每一次休止都会成为积累的激情；公众的欢腾更能增加夫妻情的厚重。毕竟，人只有在家庭与社会的共处中才能正常呼吸；再好的二人世界，也不可能在世界以外建立孤岛。

所以，你要在这时候有了寡妇的感觉，你的问题恐怕不在世界杯；你非要在别人欢乐时独自忧愁，那你就是自作自受。

不如丢掉自己，让自己也投入这欢腾的盛宴；不如索性"破罐破摔"，自当你已经成了无人疼爱的寡妇。走到绝望的谷底你才知，生活的美好就是简单的满足，而不是你期待的欲望；摆脱了对他人的依赖你就会明白，其实你老公从来就没有想寡你，那完全是你自己的错觉，感觉人家有了"寡"你的念头。

怎么办呢？这种事，别人说一百句也没有用，只有你自己觉悟，才有你新生的起跑。告诉自己，你不快乐，就是你欺负你自己；你先快乐，你才能快乐别人。

问题2：世界杯让我老公变得异常生猛，这正常吗？

非子点评：开发女人的双重角色

多年前，纽约各家报纸报道过一件怪事：一天，一位公交车司机连同他驾驶的空车一同失踪，直到几天后才被警察在佛罗里达抓获。问司机为什么这么做，司机说，每天一成不变的行驶让他厌倦，他决定做一次远游，找点新鲜感受。回来后，随着媒体的报道，这位司机成了"轰动人物"，他受到沿途百姓的欢迎，且在公司宣布不把他送交法庭后，人群中爆发出热烈的掌声。

也许，这就是原始生命力给人的"出路"了。尽管现代人早已脱离了原始人，尽管原始冲动有着这样那样的破坏性，但有什么办法呢？人就是一个矛盾的集合体，他需要安定，也渴望激情；他需要习惯，也渴望诱惑。具体到这位美国司机，虽说他的行为已属违规，他的"创举"到底证明了他原始生命力的苏醒；而那些欢呼他的人，与其说是在欢呼法律的公正，不如说他们本身的原始生命力与这位司机发生了共鸣。

这就是为什么，世界杯的激情夜，会在地球人的床上大放异彩了。因为人需要正常，性渴望非常；人需要归属，性渴望冲动。没办法，人就是这么一个朝三暮四的动物，不管男人还是女人；且人的归属要是没有了激情，也就没有了生命的律动。这个意义上，世界杯就不仅是足球盛宴了，它更是生命的盛宴，让男人和女人在生命的底部忘情。

现在你明白了，世界杯让你老公变得异常生猛，无疑是世界杯的激情激发了你老公的性爱神经，如此的催生不仅正常，如果你也能一拍即合，你俩的感情会大有起色。可不要反感他的生猛哟，要知道，这也是夫妻之道中更人性的一个诀窍，妻子要想长久地吸引丈夫，最好能开发自己的双重角色：做妻子，也做情妇；前者给男人家的温暖，后者给男人女人的丰富。

问题 3：世界杯冷淡了我的"性"趣，他要我，我不想

非子点评：接受他的有限，反省你的"奢侈"

虽说世界杯是集体狂欢，狂欢之夜，人的感受也大有不同。有人在床上肆意激情，有人突然冷淡了"性"趣。多指对足球南辕北辙的爱伴和情侣，一个是足球恨，一个是足球迷；两人原本就有磕碰，这下可成了冤家对头。

你说世界杯冷淡了你的"性"趣，有可能你是足球恨，一向不喜欢疯狂的运动；也有可能你讨厌男人的聚会，习惯了对你老公的占有。这点你心里也明白，并不是你不爱老公，但正因为你爱他，你才不许他见异思迁，哪怕他爱上的是球星，迷恋的是足球。这种时候，他关注的每一个人都是你的情敌，他疯狂的每一件事都成了你的懊恼。

于是你心里的冷感接踵而至，躺在床上，他想要你，你用力推开他

113

以示拒绝；他想搂你，你拉上被子以挡住他的拥抱。表面看你是没"性"趣，其实是你的委屈已经饱和；他以为你就是累了没心情，殊不知，你是在用你女性的方式来控诉他的"霸道"。

这也是女人的情感特质，女人得先有爱，才有性；如果没有爱，她的性感觉就会无影无踪。具体到你的问题，表面看是世界杯冷淡了你的"性"趣，其实你心里的怨恨才是你冷感的来由。

如果这就是你的心态，劝你不要钻牛角尖，让自己先冷静下来，想想男人的特点和感受。毕竟男人和女人不一样，由于男人保留了远古"小组狩猎"的习惯，在这绝对的男性盛宴中，男人的聚会对男人有着更大的诱惑。况且爱一个人，应该顾及对方的感受。如果你总以自己的满足为标准，恐怕你的爱少有付出，多是索取；少有给予，多是占有。

这种时候，劝你别跟男人叫劲，要么你也去约会朋友，或者你自己去找快乐；还可以，你也试着去看世界杯呀，你要和老公有了共同语言，他指定会给你更多的爱，你也能在新的充实里点燃爱火。

想一想，以上是不是你的嘀咕呢？如果是，就面对自己，接受他的有限，反省你的苛刻。

问题 4：世界杯让我特别寂寞，于是我想打发寂寞，行吗？

非子点评：珍爱对方，依靠自己

女人喜欢说爱，也容易背叛爱。这点不但男人深受其苦，连女人也无法自圆其说。"真不明白女人是怎么回事，昨晚上还说要为我去死呢，今天一转脸，她就投入了别人的怀抱！"

如此的怨言让男人无奈，女人听了却异常愤怒。"谁让你不爱我呀，我一个人寂寞！"这也是女人常用的反抗辞，虽说每回都打着爱的旗号，她自己也明白，除那点年轻貌美外，她的虚空是从心到脑。

对一个寂寞女人，社交是她打发寂寞的最好场所；对一位寂寞的时尚达人，世界杯盛宴有更多的诱惑。加上性感的冲撞和激情的叫喊，每个画面都能让她激动到晕菜，每位球星都能让她爱到"陷落"。恰逢此

女人的**暧昧**也精彩

时，某个猛男也热血沸腾，她和他终于寂寞倾心，登时坠入了深深的"爱"河。

原以为这样一来就能平衡失落的，谁想到，待从河沟里爬上来才知，原先的寂寞加倍难耐，原先的虚空越发空落。这时她有可能再寻爱伴，也有可能她的 N 夜情被老公发现，她从此陷入了真的失落。

如果你是为寂寞投向世界杯，世界杯对你就成了假繁荣；一如所有的虚假终将消退，到头来你还得面对你心里的寂寞。

因为，人的安全不在依赖，在自由，一如每个真正的男人都是自由的战士，他不会成为爱的奴隶，也不会降伏你纠缠的举措。

也许你老公是典型的宅男，乐意与你相拥和厮守；但你要百分百靠男人充实，怕是也没哪个宅男能给你快乐。快乐原本是心里的种子，你心里快乐，精神就充实；你心里空虚，精神就寂寞。所以，你只能从自己入手，在心里先种下快乐的种子，精神上指定开花结果。

心里充实的人，男人和爱人都不是唯一；心里不充实的人，男人和爱人不过是稻草。对此你不妨想一想，你老公要是你的救命稻草，作为男人的他该何等悲哀，身为女人的你该何等寂寞！所以你必须改弦更张，把你的男人当成一个人，你就找到了做人的依靠。

如此才有夫妻恩爱，相互给予，而不是相互掠夺；如此才有你的幸福，珍爱对方，依靠自己。

问题 5：老公因世界杯出轨了，我想死！！！

非子点评：修为实力，修为幽默

面对男人的"出轨"，一味地纠缠男人，这不是明智的选择。因为爱不是要来的，爱是挣来的。哪怕你是绝代佳丽，或是你是大款富婆，只要你没有心里的实力，男人对你的爱终将结束。

关于纠缠，至少七成女人有认同，认为那代表着女人对男人的无限的爱和女人对男人不变的忠诚。只可惜，如此的浓情大爱在男人总是难以消化，以至于他终于得了"婚爱恐惧症"。结果，原本他"打野食"为调剂胃口，现如今"正餐"让他反胃，野食成了他的归宿。

想必女人都懂弹簧反弹的道理，一如傅立叶的警句，强权之下，必有骗术。何必呢，挺体面的白领一族，非要为一个人寻死觅活？不值得！

也许，两位西方白领能成为你的样板吧：一位是挑战过玛丽莲·梦露的西蒙妮，另一位是肯尼迪夫人杰奎琳·肯尼迪。相信这两位过世名伶，能给你受用的启发和帮助。

当年在好莱坞，西蒙妮的丈夫跟玛丽莲·梦露打得火热，对此西蒙妮不但给了丈夫绝对的宽容，对舆论也表现出相当的大度和幽默。

西蒙妮告诉新闻记者："如果玛丽莲爱上了我丈夫，那说明她有品味，因为我也深爱着我的丈夫。"就是这肺腑的真挚感动了那个风流男人，他到死都没有离开过西蒙妮，而西蒙妮的宽容，也为无数女人树立了楷模。

和西蒙妮比，肯尼迪夫人杰奎琳可谓更上一层楼。美丽的杰奎琳英姿飒爽，又在和男人的挑战中一路掌舵。得知杰奎琳要嫁给花花公子肯尼迪，很多人不理解且对两人的前景心存疑惑。

有人问杰奎琳为什么要嫁给肯尼迪，杰奎琳的回答惊世骇俗："当肯尼迪出现时，所有的妙龄女郎都会晕倒，所以我要嫁给他。"

接下来的日子，杰奎琳言必信，行必果。她不但做了美国历史上不同凡响的第一夫人，在丈夫和梦露的外遇中她也表现出极大的宽容和风度。

所以，你要有足够的聪明，就把盯你老公的眼睛收回来，把世界杯当成你超越的起步。不管对丈夫或男友，你包容他的出轨，他会对你加倍珍惜；你爱护他的自尊，他会还你更多的愧疚。自此你再不用"山中无老虎，猴子称霸王"了；你自信，就是满山遍野都是虎，你也是猎人的最爱。

以后，就别说世界杯了，就算宇宙杯来了，你也是"任他风流殆尽，我自岿然不动"。

女人的**暧昧**也精彩

四、新警察与小偷的悲哀及心理解密

只要女人先拥抱他，接受他，就是开启了男人的自律：让男人自己管自己，就是他想学坏，也不敢太离谱。

不知你发现没有，随着观念的开放和人际交往的扩大，婚姻围城内也出现了"警察"与"小偷"的足迹：要么先有男小偷，后有女警察；要么女警察一马当先，男小偷愤然"觉醒"；更多的则是准小偷和准警察，如过来人的争斗：准小偷一面守着好男人的规则，一面"窥测方向，以求一呈"；准警察更是在坚守阵地的同时，力争做到眼观六路，耳听八方，或跟踪盯梢，勇抓证据。

其实，不管男人还是女人，游戏要仅只玩在心理层面也还好说；只要那层窗纸没捅破，彼此的信任就有希望，双方也会通过沟通达成谅解。然而，一旦此等游戏玩成真格，或者，男人还没偷盗，女人已将男人定罪，结果往往是，男人索性公然偷盗，认定，生为爷们儿，不偷白不偷；女人索性充当警察，认定管出来的男人才是好男人。

果真如此吗？

先看两个故事。

故事1：男人的无奈，女人的寒冷

要看俞玲和高飞的结婚照，谁也想不到，他俩的婚姻会变成今天的样子。照片上的俞玲含情脉脉，旁边的高飞情义绵绵。其实那也是弹指一挥间，《昨日重现》的曲子还放着，昨日的温柔已成了过眼云烟。早知今日，何必当初呢？提起过往的一切，俞玲哀叹着，声音又沉又冷，呆滞的眼睛，像两块风干了的生鱼片。

即使把过去的事想十遍，俞玲也搞不清自己到底错在哪儿。男女之间不就那点儿事嘛，男人都是属猫的，偷腥，女人要是不管男人，男人还不得花上天？这也是俞玲妈打小传授给女儿的经验，俞玲听惯了母亲的教诲，待自个儿做了人家的老婆，给老公的见面礼就是手中的教鞭。"你给我听好啊，"那是领证回家的路上，俞玲的"管教基因"登时发作，"你要敢做出格的事，我就跟你没完！"

接下来俞玲言必信，行必果，一面规定老公的作息时间，一面给家里的电话安上了来电显示，只要有可疑的电话，就开始审问，还要顺藤摸瓜地展开调研。高飞当初看上俞玲，正是俞玲的公关才干让他迷恋，可谁想到，结婚才一个月，高飞就发现自己的同事也被老婆公了关！待指责老婆在单位安插亲信时，俞玲反强词夺理说："'安插亲信'？那是我对你爱的体贴！"

提起俞玲的老公，没人不竖大拇指，不光女人，男人也得刮目相看。有人说，好莱坞男人的魅力，就在于他的才华加上苦出身，而高飞在外人眼里，正经是好莱坞魅力男人的典范，百分百的苦出身不说，单靠个人奋斗就一跃成为 IT 业精英，27 岁就获得了地区经理的头衔，可就这么一"亚太人才"，在老婆的监控下竟频频出轨，拈花惹草长达六年！

对老婆的管制，高飞自有理论和对策。理论是傅立叶的名言："强权之下，必有欺瞒"；对策是："好男不跟女斗"；于是出差外地，就成了他合理的说辞和保护伞。也有好心人提醒高飞说，小子悠着点儿，玩火者自焚！可高飞根本不以为然。结果六年来，高飞借工作之便在祖国大江南北四处撒种，直到老婆当场抓奸还在高喊："五尺男儿，宁愿站着生绝不跪着死！今天就是我彻底解脱之日，我高飞等的就是这一天！"

这话打在老婆的耳朵里，老婆的心凉了半截。原以为，不管那对策有多损，到底是为留住老公，如今抓奸在床还是"一条好汉"，俞玲突然没了恨的感觉。

这场斗争的结果很简单，为了心照不宣的理由：事业、父母、家庭，两人达成了"夫妻共识"——我减少管制，你自觉就范；但谁都明白，

女人的**暧昧**也精彩

连法律管着的结婚证书都没有用，何况空口无凭的决心？当晚两人背对背地躺在床上，窗外是萧瑟秋风，窗内是孤灯清影，真可谓男人的无奈，女人的寒冷，两个人的孤独！

故事 2：新小偷幽默观背后的惨烈

很多年，程大卫都是独来独往的单身贵族，不是他生性坚强，能独闯天下，而是见多了已婚男人的压抑和窝囊，程大卫决心一辈子自己过，绝不与"第二性别"的女人为伍。

然而，世间的事似乎总是倒着走，一如发狠的决心也会变味或跑调。也许这就是程大卫的戏剧人生吧：话说两年前，一个偶然的新闻发布会，就在一转身的当儿，名作家程大卫被"妖女"周小凡定定地拿住。

管周小凡叫"妖女"不是说她长得妖，是说她的行为方式与众不同，容易让男人犯晕糊。

这不是嘛，那天为程大卫的新书《女悟空红杏出墙记》做宣传，来人正"程老师程老师"地拥着，周小凡劈头盖脸地一句："程大卫，你的新作够俗！"让大作家的自尊从云端跌至峡谷。打那一刻起，程大卫就决心"办掉"周小凡，又听说周小凡也是"单贵"，就使尽"坏男人"的招数，一月之内就把这位时尚化妆师搞到了手。

那话是谁说的来着，"心术不正，定遭劫数"？程大卫记得，他笔下的男主人有过此等觉悟，却没想到，由于自己"心术不正"，让自己遭劫的不是外人，正是自己的老婆！

最初的劫难起始于空间的减少，自打手机被老婆监控，程大卫觉得自己失去了自由。每回手机响，老婆总是抢先到手，接下来从姓名到内容全盘审问，末了还得加一番讽刺和警告。即使这样，程大卫对老婆的监控也没大在意，心想那不过是多数女人的疑心病，自己脚正不怕鞋歪，身正不怕影斜，直到老婆的监控渗透到电子领域，作家的心里才有了意难平的酸楚。

为保护自己的合法权利，程大卫采取了一系列举措，一是更换信箱密码，以防邮件被盗；二来说服那几个"铁姐们儿"改成男名，以躲避老婆的追捕。

然而，自己觉得滴水不漏了，一段时间后，和老婆聊天，仍能从老婆的挖苦里听出信息被盗的失误。怪了！难道出鬼了？为彻底清除漏洞，程大卫专门找了一天，趁周小凡不在的日子，打开信箱仔细转悠，这才发现，原来老婆早已在信箱里设定了转送功能，不管什么邮件，即使地球人都知道的打情骂俏，也终究逃不过老婆的耳目。

好在，我们的大作家信奉幽默，不管什么事，不管多难，他总能在自嘲中释放和解脱。这回也一样，不久，程大卫的新书《我尊敬的警察老婆》脱稿，书中尽显一个优秀男人的精神潇洒，讴歌了警察老婆的聪明才智，感谢了警察老婆对自己的"提升"和"打造"，同时也抒发了自己"与人斗，其乐无穷"的乐观和幽默。

该书出版前，又值新闻发布会。前一晚周小凡不停地起腻，意在与老公共浴爱河；可谁想到，面对警察老婆，一向生猛的程大卫硬是无法坚挺，正好应了心理学家的解密，很多时候，男人的"无能"不是真的无能，而是来自于女人的"压迫"！如此的惨烈周小凡也许不知，但作为男人，程大卫很清楚，那正是他对女人的反抗和控诉！

那天晚上周小凡哭了，程大卫对老婆的哭声没有反应，只是在后半夜的梦里，梦见自己与一女读者尽了鱼水欢乐。

第二天吃罢早饭，周小凡跟没事人似的，照例检查完老公的手机后出门。程大卫目送老婆走后换上西装，郑重地坐在电脑前，打开电脑，开始起草"离婚协议书"。

以上是两个真实的故事，这故事对两个性别都不陌生，只不过，站在各自的立场，各有各的愤怒，各有各的酸楚。这里先不论谁是谁非，有一点逻辑怎么也靠不住：婚姻关系里，多数女人都在说爱，但也是多数女人对男人投下了最多的不信任票。

那么请问，你连信都不信他，你的爱从何说起呢？对这个问题，女人自己也无法自圆其说。

问题就出在这里——不信任。女人不信任男人，不但不信任，还要胡乱猜忌，于是疑神疑鬼，就成了猜忌的"硕果"。事实也是，生活中疑神疑鬼引来一个真鬼，对女人是常有的愤怒；殊不知，你信他，就种下了和谐的养分；你不信他，就给种下了离间的毒素。

下面跟随心理医生的分析，看看，女人为什么不能信任男人。

非子解密一：女人为什么不信任男人

1. 不想了解男人

说到男女冲突，一个女人可以接受的批评是，女人不了解男人，但仔细想想就会明白，不了解和不想了解还是有本质的不同：不了解是事实，不想了解是态度；而在两性关系中，正因为多数女人对男人有偏见，才导致了她们对男人不想了解的态度。结果，女人爱男人，总是依从自己的标准；女人不信任男人，因为女人不了解男人爱的表达和举动。这点，当俞玲在心理医生的帮助下打开问题的症结后，她越发感到，其实正是自己对男人的偏见影响了自己对老公的感情。

2. 不自信

自信是信任的基础，也是成功的要素；女人只有在信任自己的基础上信任男人，她才有能力获得幸福。长期以来，生理上的暧昧让女人自卑，生活的单调让女人带有局限，正是特定的生存环境剥夺了女人的信任能力，女人不信任自己，也无法信任男人，只有以限制男人的"强硬"掩饰自卑，以管理男人的"威武"平衡失落。殊不知，一个自信的女人，指定有广阔的胸怀与平和的态度：由此包容不是她的美德，是她做人的方式；平和也不是她故意的善良，那是她的本色。

3. 害怕孤独

没有女人不害怕孤独，心理学家如是说：一个已婚女人怕男人离去的孤独；一个未婚女人怕找不到男人的孤独；尽管社会开放让今天的女人一派负气，骨子里，女人对孤独的惧怕仍是她人格的缺陷，导致了她对男人的"高标准、严要求"。

关于这点，俞玲在反省了自己对老公的管制后颇有体会："没错儿，我就是怕老公变心，怕他有一天爱上别的女人不要我。现在想来，正是我害怕孤独的潜意识左右了我的行为，反倒把老公推向了别人的怀抱。"

非子解密二：女人怎么才能信任男人

1. 将心比心，设身处地

有一个寓言故事讲了了解的基础：三人摸一只大象，摸到象鼻子的人说，这是一只管子；摸到象腿的人说，这是一个柱子；摸到象耳朵的人说，这是一把扇子。这三人之所以判断失误，在于他们犯了同一个错误，看问题只从自己出发，忽略了他人的角度。

当周小凡在心理医生的讲解下反复咀嚼了这个故事后，她找到了自救的出路：即要信任男人，首先要了解男人，而要了解男人，女人就得学会将心比心，设身处地。只有这样做，我们才能以想了解的态度打开男人的心结：男人为什么跟女人不一样，男人为什么非要花心？男人为什么那么"冷酷"？所有的问题，一旦你站在男人的立场，都能找到合理的出处。而后把这些解释送进人性的熔炉加以检验，符合人性的，包容和接受；不符合人性的，留给男人，让男人自己去反省和修正。

人真的很奇怪，想法一变，生活也变了！俞玲和周小凡发现，学会了将心比心，设身处地，男人不那么可恨了，自己也不那么紧张了。有了眼下的平和，两个女人都无比快乐。

2. 接受男人，拥抱差异

提起希特勒对犹太人的偏见，美国著名电视节目主持人奥佩拉·温弗瑞用了一句话：拥抱差异。她说，当年希特勒之所以那样痛恨犹太人，就因为他只承认德国人的生存权利，把日耳曼以外的民族视为异己，由此导致了"二战"的爆发，造成了空前的世界性灾难，这个教训，后人当该记取。今天要想避免冷战的发生，我们除了拥抱差异外，别无选择。

女人的**暖昧**也精彩

122

奥佩拉的讲演十分震撼，她不仅道出了人性的弱点，也指出了这一弱点带给人类自身的破坏性。其实何止为保卫世界和平，就是为保护两性关系，我们也要学会拥抱差异。和女人比，男人是和我们有许多的不同，甚至这样那样的不尽人意，但如果我们不去拥抱差异，我们失去的不仅是男人，更有自己的快乐。

听了这个分析，俞玲和周小凡也很受用，她俩不无感慨地说，接受男人，不是要女人从此没原则，而是要尊重人性的完整：接受男人，就是接受自己；拥抱男人，也是拥抱自己。毕竟男人的一半是女人，女人的一半是男人，不管男人多可恨，多万恶，只要女人先拥抱他，接受他，就是开启了男人的自律：让男人自己管自己，就是他想学坏，也不敢太离谱。

3. 接受谎言，享受暧昧

"你不爱我可以，但我绝不允许你对我的欺骗！"这是女人常见的爱情宣言，这宣言以其"高度的纯洁性"达到决绝的"境界"。尽管从女人的立场看，它异常合理且十分"壮烈"，但要付之于人性的准绳，似乎仍偏离了人性的正轨。因为人的可爱不在高尚在真实，人性的魅力不在美好在丰富。

具体到两性关系，男人因其大于女人的生理欲望确实会有善意的谎言和暧昧的举动，但如果由此遭到女人的监控，他将失去与你的沟通，也会放弃对你的认同。

听了心理医生的分析，俞玲和周小凡终于懂了什么是"水至清则无鱼"，同时也想把自己的学习心得与读者共勉，即接受谎言、享受暧昧对女人绝不是委屈，那才是大手笔的自信和智慧。

非子解密三：女人应该怎么做

今天，很多想获得幸福的人都知道了想法制胜的奥秘。上面讲了打造信任能力的新思维，下面进入操作，让自己的想法更受用，更积极。

1. 想一想，如果你是男人

想一想，如果你是男人，你该怎么办？你已经结婚，爱情随激情的褪色变成了平淡，你每天过着千篇一律的日子，问自己，你对"她"还有感觉吗？能爱她一生吗？面对外面的诱惑，你能不动心吗？加上老婆每天管制你，你能不反感吗？你能在老婆全面监控下，仍把那看成她对你的爱吗？夜里躺在床上你会怎么想，你还想要她吗？即使出于生理欲望你做了那件事，想起她对你的监控，你还会甜蜜吗？

这就叫将心比心，设身处地。好好想，尽量想象真实的场景，想完后不必再问心理医生，你也会对自己的行为有所评判和反省。

2. 想一想，如果你注定孤独一生

想一想，如果你注定孤独一生，你还活下去吗？人一生中什么样的事都可能发生，幸福并不在你拥有多少，而是，即使你到了山穷水尽，仍能在眼下的拥有里找快乐。由此相信自己，依靠自己就不是你的证明了，那是你内在的定力；把欲望打到最低点，把努力放在第一位也不是技巧了，那是你生存的本领。有了这两样法宝，你就不再期待男人了。相反，不管你跟谁牵手，只要那是你自己的选择，你都不会把他当做占有对象了，而是把他看成你的知己和朋友。

这就叫"底线疗法"。有孤独这碗酒垫底，什么样的酒你都能对付。

3. 修为"自私"

从心理医生处俞玲和周小凡得知，大凡监控男人的女人，都是对男人太上心，然这种过分的上心，恰好说明你没有拥有；你要真的拥有了那个人，还用紧紧地抓住吗？所以不如倒过来，"自私"一点，放松一点，活出自己的乐趣，找点自己的寄托。

况且，一份健康的爱，必得生于完整之心；没有完整的自我，人就得向他人掠夺。所以，修为一份健康的自爱，对女人就不光是心理治疗了，那是女人一生的功课。

以上就是"新警察与小偷的悲哀及心理解密"，希望你好好看，看完后照着去做，指定让你受用。

女人的**暧昧**也精彩

五、谁说性、爱不能同床共枕

原来男人和女人有着本质的不同：男人是性感动物，女人是情感动物；男人因性到处留情，女人为爱守候家园。

曾几何时，"无性婚姻"成了不少夫妻间秘而不宣的"惨淡"。谁说有爱必有性？谁说性是爱的最高体现？现如今，正是在一对对有爱无性的夫妻间，发生了令人不解的"断裂"：往往，走过三年一坎的夫妻，没有了浪漫的激情，有了习惯的相守；没有了说爱的感动，有了日子的平淡。这时大家都很清楚，不管你和她还是她和你，都已经成了彼此的亲人，却唯独在床上，再也找不回合体的需要和相拥的感觉！

这到底是怎么回事？应该怎么办？

让我们从起因说起。

起因1：好丈夫，坏男人

一晃儿，刘苏和阿伟走过了五年。想起当初的恩爱，刘苏至今按捺不住心里的喜悦。那会儿大学刚毕业，虽说还没有像样的居室，但简单的租房也没影响两人的浪漫。特别在刚有房的日子，小两口恩爱有加，饥渴难耐，像极了电视剧《结婚十年》里的成长和韩梦，有时上着班都恨不得赶紧回家尽情"作案"。

那等青春，那等热烈，直到婚后的第三年，白天依然"老婆"叫着不离口，晚上却背对着爱妻躺在床上，不起腻，不示爱，看着陌生的老公，刘苏怎么也不明白，是她的阿伟变了一个人，还是激情褪色的伴侣都得经历如此的冷淡？

其实身为女人，刘苏也明白，自己并非每天都得做爱，可男人的拥抱和起腻却是女人恋不够的感觉。如今老公非但不起腻，还倒头便睡，就算老婆的称呼不离口，刘苏还是不禁酸楚，悲从中来。

后来刘苏去看心理医生，才从心理咨询中解开谜团，原来男人和女人有着本质的不同：男人是性感动物，女人是情感动物；男人因性到处留情，女人为爱守候家园。

表现在两性关系上，一个女人想和她爱的男人有足够的性爱，一个男人则想要更多的女人。虽然生活中不是每个男人都会这么做，但只要条件许可，男人身内的荷尔蒙就会启动；即使没感情，他也能和他想要的女人来一段鱼水欢。

虽说男人为了家庭的稳定也知道自己有责任，但要让他对一个女人永远有激情，怕是勉为其难。

明了男人的"问题"，刘苏终于懂得了什么是"好丈夫，坏男人"。原来性、爱统一是女人的特点；对男人，有爱无性是家常便饭。怪不得以前质问老公爱不爱自己，老公总觉得可笑呢；可话说回来，长长的婚姻路，就算知道多恋是男人的特点，也没哪个女人想让别人成为自己的替代呀。怎么办呢？

非子对策：接受就是爱

了解男人后，刘苏决定听心理医生的话，首先从态度上打破有爱无性的局面。对自己说，接受男人的生理特点，一如接受老公眼下的冷淡。为此，不嘀咕，不寻思，不委屈，不抱怨，不问太多的为什么，给老公一份宽宏，给自己一份等待。

这也是过来人有过的经验，婚姻关系中，多数情况下，无性的局面并没有改变他对你的态度；只不过，男人需要在暂时的无性期感受新的刺激和挑战。这时你疑神疑鬼，你的猜忌可能引来一个真的"鬼"；你再去纠缠老公，更有可能离间你俩的情感；相反，你一如既往，又有自己的寄托，你的宽厚能感动老公，你的进取也能唤起他重新的热恋。

这里，刘苏愿与你分享自己的经验，对男人，接受就是爱；而要爱老公，首先就得爱自己。

不多时，刘苏发现，她无声的努力，终于换来了老公的热烈。"那天

女人的**暧昧**也精彩

126

晚上的做爱别提多棒了!"刘苏告诉心理医生。这就叫处变不惊,自信取胜。归根结底,那全是态度的硕果。

起因2:"无能"丈夫,"大脑男人"

在外人眼里,白姗和罗龙是天生的一对:白姗是白衣天使,罗龙是物理学博士;加上,罗龙在美国进修了五年,回国后的他被任命为课题组长不说,还被授予了副教授头衔。按理说,三十出头就名利双收,老婆应该夫贵妻荣了;可白姗心里最清楚,老公的世界除了课题就是书本,很少问津夫妻恩爱。很长一段时间,白姗都认为,老公其实不爱自己,待真要离开的那一刻,才听到老公的心里话,"没有你,我无法活下去"。

与老公陪读到美国,偶然接触到心理学,白姗才从西方心理学家的调查里明白了老公的问题之所在:原来,男人的性欲和大脑有着奇妙的分派。头脑越发达,他的"性趣"越少,性能力也易弱;头脑简单四肢发达,这样的男人倒多是"性趣"盎然!这在从事科研的男人中更常见。

当然,生活中绝非百分百大脑男人都呈性弱趋势,而且,这里所说的性弱更不意味着大脑男人是性无能,只不过,大脑的支出使他的身心支付出现了一个新的平衡点。也许从人的完整性上说,大脑男人的身心平衡更理想,但要比单项实力,特别在团体赛中,恐怕还是"身体男人""精力"旺盛,容易夺冠。

明白了大脑男人的"隐秘",白姗平和了。她原以为老公有病呢!殊不知,当一个男人把全部"精力"献给科学后,他的"性趣"也成了事业的养分和铺垫。

非子对策:知道自己的要与不要

经过多年的磨合,白姗终于懂了:女人要想得到幸福,明白自己的要与不要是关键。现实生活中,不少女人什么都想要,由此"捡芝麻,丢西瓜"就成了常有的傻事。

对此白姗告诫自己,女人可以有任性,但不能不懂理。俗话说,人的优点就是缺点,缺点也是优点。讲的就是金无足赤,人无完人。如今自己选择了一个"大脑男人"，只要他身体健康，就不能太求全。况且，性爱对女人来说也不完全指做爱本身，很多时候，男人的亲吻和抚摸也能给女人别样的快感。

幸运的是，白姗把学得的心理学和老公交流后，老公不但没怪罪白姗，还感谢了妻子的理解。接下来，为给妻子更多的满足，老公一方面制定了作息时间表，不让大脑过度劳累，另一方面也加强了身体锻炼。直到有一天，当白姗在"要西瓜，丢芝麻"的清醒中感知自己的伟大时，也一再感受到两个人的圆满。

起因3：完美女人，缺憾妻子

望着美若天仙的妻子，高大鹏怎么也没想到，自己无往不胜的性能力，会在一个完美女人面前败下阵来。相当初，猛男高大鹏和美女芳霏霏一见钟情。后来才知道，让高大鹏动心的远不是芳霏霏的外貌，她洁身自好的品性才是猛男的吸引。

自打和大鹏恋爱后，霏霏就告诫自己，不到结婚的那一天，绝不献身。高大鹏虽然多少回"邪念"当道，但面对女友的矜持，他男人的自尊也提升到顶点。谁知，美景真的到来时，一向以大男人自居的高大鹏，却发生了连他自己都不明白的"疲软"！

妻子倒没说怪罪话，可她失望的泪水还是伤了老公的心。打那以后，大鹏在生活上加倍爱妻子；可一到晚上，他的武器还像头回那样"自动缴械"。霏霏知道老公爱自己，而自己在那方面也不是很强烈，就这样随着时光的推移，她也忘了老公的疲软；高大鹏一方呢，尽管他身为男人的势能在一个完美女人前如此跌份，他仍是无法为自己辩解，只好打掉牙齿往肚里咽。

就这样，两个相爱的人在有爱无性的婚姻里过了两年，直到发现了老公的外遇，妻子才感到问题的严重，就此说服老公和自己同去求助心理治疗，经过心理医生的讲解，霏霏才恍然大悟，对老公的"无能"有所了解。

女人的**暧昧**也精彩

128

通常，"心理性阳痿"多发生在性能力较强的男人间。因为太在意自己这方面的能力，面对某个优秀女人，他反倒容易背负压力，进而造成了心理障碍。这时你要理解他，鼓励他，他很快就能"起死回生"；你要乱发脾气，表示不满，他就有可能成为"心理不能症"的牺牲品。这就是"完美女人，缺憾妻子"的来由了。可见，凡事太苛求，太完美，也不见的是好事。

非子对策：走出文明，练就游戏

听说自己是老公病症的"肇事者"，芳霏霏告诉自己，解铃还需系铃人。为了两人的共同幸福，她决心从我做起：一方面，她按心理医生的指导，看一些这方面的教育片。另一方面，她开始了对老公的夸奖，以增强老公的自信。特别是在床上，虽说老公还是很紧张，但霏霏总是做出轻松的样子，还一个劲儿地鼓励老公。

功夫不负有心人，那天完事后，霏霏和大鹏都哭了，爱妻一再告诉老公，自己是多幸福；老公也一再告诉爱妻，自己有多幸运。

起因4："无奈的第三者"

虽说陈怡和魏剑平都身处演艺界，他俩的恩爱仍是有口皆碑的典范。一直以来，老婆没抱怨，老公不出轨，如今携手走过三年，还喜添一后代，无怪周围人都说，"老陈"是上帝的宠儿，"老魏"是新好男人。

然而，事情就是这么意外。偏巧在儿子出生后，这对恩爱夫妻也陷入了有爱无性的磨难。在陈怡一方，她觉得，都有孩子了，老公不该再有"邪念"，否则对孩子影响不好；在魏剑平一方，他觉得，自打有了孩子，老婆就怠慢了自己，儿子似乎不是儿子，说他是"第三者"，一点不过分。

然而，碍于男人的自尊，这种话老魏当然也说不出口，所以只好忍着；原以为老婆能理解自己，谁知，老陈一心只顾孩子，对老公的心思不闻不问。偶然看老公别扭着，就开句玩笑说："还真生气呀，得啦，都老夫老妻啦，还跟儿子叫劲！"

直到半年后，老陈重新躺在老公身边才发现，眼下的老公，对自己已是"左手摸右手，完全没感觉"！这下老陈才急了，回想过去的六个月，想起自己对老公的怠慢，也觉得自己有点过分；可转念一想，这么做不都是为了后代吗？我何错之有啊？

非子对策：父母亲密关系——孩子的幸福之本

也是经过心理咨询，陈怡终于明白了自己的忽略。这也是年轻母亲常有的顾虑：怕父母的亲昵行为影响了孩子，认为，有了孩子，父母就不该再行房做爱。殊不知，父母的亲密关系始终是孩子的幸福之本：一方面，夫妻的亲密关系会增强家庭的凝聚力，给孩子心理上的安全感；另一方面，正因为有孩子，父母才需要在始终如一的和谐中向孩子传递亲密，让幸福信息充满孩子的心理和脑海。

这么做的好处，一来孩子只有在和谐的家庭中才能健康成长，二来父母的亲密也会随时光的推移影响孩子，成为他日后的样板。如此一代又一代，这样的孩子才会有幸福，这样的家庭才能延续香火，永不衰败。

修正了错误观念，陈怡感觉一身轻，当她和老公在孩子周岁的晚上重浴爱河时，她再也没想到，老公给了她二度高潮的快感。

以上都是真实的故事。如果你也陷入了同样的磨难，不妨读读别人的故事，从中找出有益的借鉴。

六、女人的暧昧，男人的迷醉

只要充满戏剧的"不"字一出口，男人的爱情神经顿时苏醒，要么因自尊的伤害中止游戏，要么因半推半就的刺激到达发烧的热度。

有过女性经验的男人有同感，两性关系中，女人很喜欢说"不"。不管坚定的"不"还是暧昧的"不"，高兴的"不"或是不高兴的"不"，只要充满戏剧的"不"字一出口，男人的爱情神经顿时苏醒，要么因自尊的伤害中止游戏，要么因半推半就的刺激到达发烧的热度。

在女人一方，很多时候，女人的失落和失足也是"不"字不以女人意志为转移的使用。作为会选择的动物，尽管女人在两性追逐中处于被动，在选择的天国，她仍然握着法官的命定：面对男人的追求，女人的"不"既是挑逗也是判决，既有试探的意味，也有决裂的信号。

然而因着人的不同——性格的不同和品质的不同，女人对"不"字的使用还是不一样。下面走进"不"字的"规定情景"，看看，坚定的"不"和暧昧的"不"有着怎样的戏剧性。

女人在哪些情况下使用坚定的"不"

1. 她不喜欢你

在这个男性中心社会，能运转男人的女人不在多数，但如果她不喜欢你，很容易对你运转使用。这也是不少女人有过的男性经验，对不喜欢的男人说"不"太容易了："我不想。""我不愿意。""我不去。""你用不着这么做。"

坚定的"不"在不喜欢的男人面前频频使用，且无半点不安和愧疚，似乎"伤害"男人是女人的特权，而女人也只有在不喜欢的男人面前才能显示她做女人的骄傲。

2. 她喜欢你

然而同样是女人，一旦她碰上喜欢的男人，她原来的骄傲很快会随身体的交付化为乌有。这时如果那个男人也喜欢她，她会变成柔顺的小女人；那个男人要不喜欢她，她立马从骄傲的巅峰跌入峡谷。

这种情况下，坚定的"不"字再次使用，只不过，"不"的潜台词从原来的拒绝变成挑逗："别以为人家喜欢你，那不过是你的自作多情！""那从来就不是我的自愿，事到如今，那全是你的预谋和引诱！"

两性关系中，一个正常女人该怎么做呢？通常情况下，即使你不喜欢他，也用不着对他断然伤害：对不喜欢的人，婉言拒绝，把伤害减小到最低限度；对喜欢又不喜欢自己的人，感激相见的缘分，放下无缘的

131

恋情，而后离开，走自己的路。

3. 她观念守旧

如果她一直观念守旧，她对坚定的"不"也会有上好的使用。一般来说，她认为女人的身体就是女人的价值；丧失了身体的纯洁，她就失去了女人的骄傲。为此她对男人总是万般小心，除与男人的身体距离外，心理上对男人的敏感也到了杯弓蛇影的地步。

对这种女人，男人的任何举动都有可能被看做侵略意图，面对男人的"邪念"，坚定的"不"是她对自己的捍卫，也是她自我标榜的口号。

遗憾的是，由于放弃了女人的快乐，即使结婚，这也常是自己不幸的原因，也成为她不幸的结果：生活中，她会以自己的冷感蔑视男人；或者以"妻管严"的严厉管理丈夫。

这种情况下，坚定的"不"字还会使用；只不过，它的潜台词因女人的掌权而更加霸道：婚前她拒绝男人的"邪念"，婚后她拒绝男人的身体；婚前她否定男人的思想，婚后她否定男人的自由；直到有一天，老公因久旱的饥渴频频出轨，她才认清自己的失落，悔恨自己爱的"技巧"。

无奈的是，从整体角度看，她的不幸也不以她的意志为转移：她思想的禁锢导致了她心理的残缺，她对男人的偏见关闭了她女人的欲求。如今的她成了一个病态的躯体，只能以占上峰的逞强来印证自己的存在。

4. 她想考验你

对考验男人的女人，坚定的"不"是她上好的武器，也是她身为女人的骄傲。这多半发生在权力女人身上。为获得婚后的支配权，她在恋爱时就开始了对男人的调教。

你邀请她去某地，她以"不"字来检验你的耐心；你此刻想要她，她以"不"字来考验你爱的长久；即使你告诉她，她是你的最好和最爱，她也不会放弃"自尊"，还把女人的权力当成治家的法宝。

如果你爱上了这种女人，忍辱的品性必不可少。要知道，不管恋爱

女人的**暧昧**也精彩

还是结婚，她都不会放弃对"不"字的使用。不同的是，婚前说"不"是为考验你的感情；婚后说"不"是为控制你的行动。

5. 她把"不"字当成要价的筹码

对有些女人，坚定的"不"不再是实用主义的表达，那是她们向男人要价的筹码。

往往，漂亮女人有拒绝男人的资本，也有索求男人的娇羞，知道自己身为女人的价值，她才敢以"不"字折磨男人，以换取更多的物质享受。

对这种女人，爱情与其说是感情，不如说是交换；拒绝与其说是考验，不如说是技巧。为此坚定的"不"字是她信手拈来的作秀，因为她知道，只要她延长了男人的欲望，她就是男人的救主和甜心；一旦她跳出了感情纠葛，男人也不是她的对手。

某种程度上说，这种女人的聪明也不乏透彻；只不过，你总想利用别人，也难免不落入别人的全套。两性关系就是一场水涨船高的游戏，你待别人真诚，你会收获真诚；你待别人不真，你迟早会成为自我虚情的受害者。

如此的悲剧在现实生活中屡见不鲜，再精明的女人，在和男人的较量中她也难免不失手。这个世界就是这么公平，你以为自己聪明过人，上帝总要造一个制伏你的高手。到那时也许你会抱怨世界的冷酷，殊不知，你以物质心态对待别人时，已为你自己酿下了苦酒。

再看看，女人在哪些情况下使用暧昧的"不"。

女人在哪些情况下说暧昧的"不"

1. 她搞不清自己的感觉

很多时候，她陷入到一场恋情时，还没有搞清楚自己的感觉，也不知道自己的"要"与"不要"。也许这就是女人的爱，沉湎于身体的梦幻，迷恋于情感的诱导：感觉上她有触电的兴奋，身体上她没有交付的冲动；心理上她愿与你融为一体，理智上她又有道德的阻挠。

这也是很多男人熟悉的场面，你看到她，你被她的靓丽所吸引，你主动提出跟她约会，从第一次约会你就发现了她的矜持和娇羞，你觉得她喜欢你，又无法揣测她的无言；你断定自己能俘获芳心，又无法消除她的情愁。

于是你想用男人的霸道打开悸动，你拥抱她时，突然听到她发嗲的求救，那柔弱的"不"字连连出口，有拒绝的犹豫，又有迷情的渴望；有撒娇的吸引，又有放手的请求。

这就是暧昧的"不"字引发的戏剧，也是女人的半推半就。这种时候，女人的幸福与不幸似乎完全取决于男人的品质和技巧。

如果她面对的男人很仁慈，那人也许人会中止亢奋，以等待她的复苏；那人要是过于生猛，她暧昧的表达不但不能救自己，还会激发欲望，导致侵入。

那人要有丰富的女性经验，她的结果恐怕更糟糕：她暧昧之际，男人可能会突然冷落她，以便对她欲擒故纵；待欲望满足后，他会记恨她的伤害，也会以满不在乎的离去报复她的"骄傲"。那种情况下，"他"有可能成为她长久的痛心；而她呢，只不过做了男人的玩偶。

2. 她知道不该喜欢他，又无法抗拒他的诱惑

也有些时候，她对他的了解来自于不经意的渠道：也许女友对他的抱怨引起了她的好奇；或者周围人的议论成了她的引诱。她原本就是一个有主见又有自我的女人，对男人的看法不会人云亦云，随波逐流。

接下来，也许偶然的邂逅满足了她的猎奇；也有可能为挑战魅力，她对他展开了主动的追求。然而，一旦发现了她的大胆，男人再次直奔"主题"；一旦感觉她与众不同，男人再次打开多恋的胃口。

细细体会上面的对垒，不少女孩经历过这种"愿打愿挨"：开始她勾引男人是想证明自己的魅力，一旦男人抛出鱼线，上钩的鱼儿反倒后悔，就擒的滋味也不好受。事情的戏剧性往往发生在进退两难时：既然已经上钩，想吐出鱼饵并非易事；既然是自投罗网，也不大容易拔腿就跑。

女人的**暧昧**也精彩

134

结果对这类女孩，暧昧的"不"字终于成了她尴尬的自救：理智上她知道不该喜欢他，身体上又无法拒绝他的吸引；理智上她明白对他的爱不会有结果，感情上又无法抗拒他的引诱。

对年轻女孩，不能说这种游戏全没好处，因为年轻的欲望不会听命于理智的劝诫；年轻的好胜又专爱寻求刺激的挑逗，直到饱尝了身心分裂，女人才会有新生的起步；直到做了伤害的牺牲品，女人才明白自己的要与不要。

只可惜，生活中不是每个女人都有如此的清醒，能让她从随意的游戏进步到自律的自由。很多时候，欲望的开启让她尝到享乐的快感，好胜的虚荣又让她陷入到报复的欲求。为此只有对男人交付欺骗，才能在游戏里继续苟且；只有对生活交付虚情，才能在冷酷里与物质交媾。

3. 她言不由衷的受虐心理

对某些女人，她言不由衷的受虐心理也会让她在暧昧的"不"字里显露娇羞。虽然女人的生理结构使女人的品性多少都有受虐倾向，但因着人的差异，女人的受虐表现在实际生活中还是有所不同。

一般来说，女人在床上的表现受到性格的支配：深入欢情时，同样是"受虐"，外向女人会公然表示；内向女人多以暧昧的"不"字求得男人的放手。

然而，这种"把戏"在本质上也不是她真的不想，那是她受虐的欲求对男人言不由衷的呼救：要么因性格压抑，或者因观念守旧，她无法公然地表达欢情，只得以暧昧的否定刺激男人，以女性的娇羞陶醉自我。

问题是，由于不了解女人，很多男人无法读懂女人，也不理解女人在这种时候的感受。他们以为暧昧的"不"字就是女人的拒绝，结果，女人因未得到满足而闷闷不乐，男人也因为快乐的受阻而一派潦倒。

4. 她无法消除对性的惧怕

不管出于何种原因，要么来自于童年伤害，或者由于父母的影响，只要她滋生出对性的惧怕，面对男人的侵略，她潜在的恐惧都会让她发出求救的信号。由于对性的惧怕导致了她对男人的惧怕，她不敢公然拒绝男人，只得以暧昧的"不"字喊出心里的情愁。

事实是，她有幸碰上好男人，她求救的呐喊也许会满足；她要不幸遇到坏男人，她暧昧的求救不但不能被理解，还会激发兽性，刺激欲求。

幸好，随着观念的开放和女人的觉醒，有性恐惧的女孩越来越少。虽说开放带来的矫往过正会引起混乱，但毕竟，对性的正确认识需要每个人通过自己的经验去培养和感受。

然而，即使有了对性的科学认识，男女对性的感受还会有所不同。那有什么不好呢，保持一点性别的神秘，也许这正是天赐的戏剧，也是男人和女人长久的吸引。

七、暧昧也智慧

女人要做到有意暧昧，这样不但能避免伤害，没准还能变被动为主动，把寂寞的等待变成精彩的吸引也说不定。

不知从何日起，暧昧在两性关系中频频出彩；表面看来暧昧是无奈，但主动地暧昧是一种智慧。

对女人，暧昧起始于矛盾的心态：对你的暗示不置可否，拿不准自己的感觉，因现实阻力克制欲望，害怕不必要的伤害。面对有好感的异性，女人常常陷入身不由己的暧昧，这来自于女人的生理被动，同时文化塑造的被动也强化了女人的矜持与无奈。

而女人的自尊无非在守护层面格外骄傲，假骄傲下的情感表达成了她言不由衷的暧昧：她喜欢你，从不对你直言表达；她想念你，非要找一个不搭界的替代；明明为你哭了一夜，见面时硬要跟你说，那是电视剧的感动；一直以来就痛恨暧昧的温度，因着你的暧昧她也只能保持被动的无奈。

女人的**暧昧**也精彩

真格恋爱尚且如此戏剧，红蓝知己弥漫着更暧昧的色彩：也许暧昧缺少清晰，糊涂的温度正是人性的路数；也许暧昧太不过瘾，渐入佳境的平淡给人顺其自然的感觉；加上追求"主题"的男人在和女人的交手中难免不"窥测方向，以求一逞"，这种时候，女人要做到有意暧昧，这不但能避免伤害，没准还能变被动为主动，把寂寞的等待变成精彩的吸引也说不定。

实际上，多数恋人无不是公共关系的"变种"，公私关系在一开始也没有太大的差别。然而，两性关系仍有自己的轨道：正常情况下，观念的开放不会导致人的堕落，法律的规则也无法约束自由的情感。

事实是，感情自有感情的路数，那是缓慢发展中的习惯与决心，是多少个犹豫中的肯定和信念。尽管见面的好感常给人错爱的感动，激情过后，人总会自行调整，在平淡是真的冷静里重新磨合，在珍重情缘的默契里走向超越；且不管结果如何，两性关系最有意思的戏剧，无不孕育在由挑战构筑的过程中。

是女人需要的进步，也是暧昧给你的智慧。

非子暧昧谋略一：如果他对你一路好感，你就在暧昧中给他赞美

表面看，苏悦和韩剑都是平稳的婚姻族，聊起来才知，每个人都有心里的苦水。这也是韩剑佩服苏悦的地方，就像他在聊天中说的，"苏悦你受了那么大委屈还能做出这样的业绩真的很了不起"。自打聊天后，韩剑就对苏悦有了异样的感觉。

然而在苏悦一方，她并没有韩剑那样的激动。不知是老公的出轨给了她太深的伤害，还是她依旧爱老公，她不想因自己的脆弱给人误会，尽管韩剑对苏悦一路好感，苏悦对韩剑还是保持了女人的暧昧。

韩剑：苏悦，我是韩剑，说话方便吗？

苏悦：说吧，有事吗？

韩剑：不是说好了吗？苏悦，这个周末去爬山，能安排吗？

苏悦：先别说爬山。韩剑，昨天的谈判真得感谢你，要不是你给我解围，还不知会发生什么事。

韩剑：别说了苏悦，那都是本人应该做的。男人嘛，生就是派给女人用的。我老婆那儿没派上用场，给苏悦小姐用上了我很荣幸！

苏悦：韩剑，你真是太好了，谢谢你！

韩剑：得得，别老把谢谢挂在嘴上，来点实际行动，爬山去，然后跟我好好聊聊，没准我能当你的心理医生也说不定呢。

苏悦：不行，韩剑，我还没做好准备。

韩剑：准备什么？爬山用不着准备。

苏悦：不，我是说聊天。以后行吗？你还活着呢是吧？

韩剑：那当然，像我这种好人，活到一百岁也得富裕。

苏悦：我也是那么看，韩剑，所以就不用急啦，来日方长，你说呢？

韩剑：好吧，你这个小妞儿真是不好办。

苏悦：是啊，以前就是太好办了，以后得改。

对女人，真诚和自尊的分寸很要紧。通常，女人容易走极端：对不喜欢的人，她容易傲慢；对喜欢的人，她真诚的同时又难免不丢自尊。特别对一个已婚女人，又在她情感脆弱时，看起来同事的关心无伤大雅，其实公共关系中隐藏着各种迷情和挑战。

有时候，他的好感让你误入歧途；也可能，他的同情让你晕菜。要知道，男人对女人的"多恋"本质上并不受条件的限制。这时候你一味地顺从讨好者，你有可能落入他的圈套；但如果你完全封闭，断然冷漠，也会造成你自己的孤立和外人的讨厌。

上面的苏悦做得很好，对韩剑的帮助给予真诚的赞美，行动上却保持了低调的暧昧；表面上她拒绝了韩剑的邀请，言语中又没有给对方伤害。这里，苏悦是否喜欢韩剑并不重要；重要的是，她的赞美给了韩剑心理上的平衡，她的暧昧既保持了自己的神秘，也增加了对方的喜欢。

而苏悦的定力也在于此，她对韩剑的拒绝在客观上起到了暧昧的作用，但本质上那并不是她设计的结果，而是她真诚的表白，她坦率地告

女人的**暧昧**也精彩

诉韩剑她没有准备好的原因："以前就是太好办了，以后得改。"尽管这话有觉醒的味道，但没有恶语相加，也没有伤害他人，面对一个喜欢自己的男人，这种坦率自然会给人更多的好感。

男人生就是挑逗动物，你对他的顺从会让他高兴，过后他不大会领情；你对他的暧昧会让他扫兴，过后他会加倍惦记你的吸引。

而在公共关系中，此种暧昧应该是女人最好的度数了，给他吸引，又不给他机会。

久而久之，他对你的真诚会帮你弥合心里的创伤；长此以往，你对他的暧昧也会引导真诚的他走向超越。

这就叫真诚的赞美、暧昧的行动，是女人必修的分寸，也是她该学的智慧。

非子暧昧谋略二：如果他对你穷追不舍，你就在回应中保持暧昧

欣然是刚走出"围城"的离婚女人，石伟是"死亡婚姻"里的有妇之夫。一直以来，石伟对欣然都很关心，但走出痛苦的欣然不想让自己再受伤害，加上她对石伟也没感觉，所以对石伟不断的电话追踪，她只好在回应中保持暧昧。

石伟：咳，欣然，我是石伟，打了一百个电话了，你不至于一点时间都没有吧？我是说，你就是再敬业，也得善待自己呀，怎么样，晚上能不能赏脸，一起吃饭？

欣然：对不起石伟，今天晚上不行，已经有安排了，和一个客户谈月度计划。

石伟：晚上还要工作！不会吧，欣然，干吗对自己这么狠？

欣然：石伟，这是我的习惯。下次吧，好吗？下次我请你吃饭。

石伟（沮丧地）：好吧，我等着。

一周过去了，石伟没有接到欣然的电话，他再次拨通欣然的电话时，听到的还是同样的暧昧。

实际生活中，多数女人对穷追不舍又没有感觉的男人不大客气，她要么当面斥责他，或者干脆把他拒之门外，殊不知，这种断然决绝的做法不但没能让自己快乐，待想起对方时，曾经的伤害已经无法打开心扉。

虽说两性关系中男人有爱的权利，女人有不爱的自由，鉴于人性的脆弱和多变，对没有伤害过自己的男人，女人最好在回应中保持暧昧。

这么做的好处，一来你不至于因为伤害一个无辜的追求者而愧疚，二来没准哪天你有了感觉，对他的暧昧会在交往中升温到爱的感觉也说不定。

就像欣然，对石伟的邀请，她一面说自己有安排，一面又告知会请他吃饭。表面看来这种暧昧近似残酷，但对一个没感觉的人，女人只能以"残酷"回应，以免给人家错觉，也是对自己的交代。

以后的日子，即使你一直没请他吃饭，他也没理由指责你；或者，即使你请他吃饭以感激为由头，他也没理由纠缠你，还会尊重你的分寸；直到有一天，你接受了他的邀请也接受了他的追求，不但你自己有底气，他也会珍惜这份难得的情感。

非子暧昧谋略三：他要对你公然挑逗，你就在公然挑逗中保持暧昧

刘丽莎是单身贵族，卢剑是有妇之夫。虽说卢剑的婚姻没什么不好，身为男人的他还是难以抵制一个单身贵族的吸引。况且刘丽莎在广告界是百里挑一的靓才女，尽管卢剑才加盟公司一个月，知道刘丽莎对自己印象不错，决定以公然的挑逗夺取芳心。

他把挑逗地点选在刘丽莎经常光顾的公司对面的咖啡屋。

卢剑（端着一杯咖啡径自走到刘丽莎的身边）：咳！刘丽莎，真巧，你经常来喝咖啡吗？

刘丽莎（抬头，不经意地看了看卢剑）：我喜欢喝咖啡。

卢剑：那好啊，今天我请你。

刘丽莎：为什么要你请？

卢剑：因为你值得。

刘丽莎：是吗？这么高看我，说说我怎么值得。

卢剑：人家都说刘丽莎漂亮，我觉得他们说得不准确，准确的说法是，刘丽莎很性感。

刘丽莎：承蒙你的夸奖，说得挺动人的，就是听起来有点做作。没事先排练过吧，你？

卢剑（有点尴尬地）：对别的女人也许得排练，对你不用。

刘丽莎暧昧地一笑，没说话。

卢剑：怎么，不同意我的看法？

刘丽莎：心理学家说，女人一生只有一件事，男人至少有两件事，您不至于只有一件事吧，卢先生？

卢剑：噢不，那当然。我们男人一向以世界为己任，当然不至于只有一件事。不过你也得明白，男人对每一件事的专注也大大超过了女人，特别是一个优秀的男人。

刘丽莎：那好啊，卢先生，再找一件事专注一下好不好，也让我领略一下您的优秀。

卢剑（心里倒吸了一口气，但很快镇静了）：那好吧，那咱们就谈谈好莱坞吧。

实际操作中，很少有女人能在男人的公然挑逗中保持暧昧。这多半因为，女人的自卑使女人对男人的夸奖容易犯晕，一般女人对男人的挑逗也缺少训练有素的反应和回馈。

过去的女人不懂此道也能在男人的怀抱里安身立命，今天的女人不通此道就不大能运筹自己的世界。因着人性的回归，两性的吸引越来越接近货真价实的挑战，特别是对女人，要没有自身的实力，再漂亮的女人也不大容易在一个品位男人面前保持吸引。

这方面刘丽莎的表现相当出色，和卢剑的对话不长，点滴言谈中都显露出她身为女人的品位和性感。精彩的暧昧不但让大男人一阵阵汗颜，也激发了他身为男人的挑战。

由此构筑了两性关系最有意思的戏剧：男人狩猎，女人守护；男人

141

留情，女人挑选。

八、暧昧也过瘾

表面看来没有谈情，交手的智慧胜似说爱的盲目；表面看来没有结局，每个过程都是结局的积累。

随着对人性的解读，爱情一词有了更宽泛的诠释，男女交往也有了性的色彩；不是生殖意义上的性，而是异性吸引中的性。

暧昧就是这样一种游戏：我喜欢你又不想和你陷入迷情，我愿意跟你好又不想和你发展关系，我不能不见你又不想让你纠缠我，我想要你又不能放弃我的独立。

由此诞生了诸多的红颜知己和蓝颜知己：有未婚的单身族，有婚姻的座上客，也有离婚和再婚的经验者，虽说表面缤纷靓丽衣冠楚楚，心里的亏空一言难尽。于是，由工作构筑的公共领地为众多"失落者"提供了婚姻以外的谈情场所，那与其说是谈情，不如说是挑逗；与其说是说爱，不如说是暧昧。

特别对身心疲惫的工作族，暧昧更是一种无须支付又可以填补亏损的安慰：让失落的自我在认同的温暖里静静疗伤，让故作的矜持在距离的挑逗里体验被爱，让久违的情调在盎然的幽默里重新感动，让麻木的吸引在酷的超越里找到感觉。

或许这才是人对情感的长久需求，也是人对彼此的长久吸引。尽管少了冲动的激情和甜蜜的厮守，对人这样一种不丰富不足以成为人的动物，也许暧昧的神秘更能刺激人的欲求，暧昧的未知更能让人保持平和的心态。

因为得不到你，求不得的苦才让他对你一往情深；因为知道不能牵手，彼此才有了更多的理解；因为明白没有结局，你俩更珍惜拥有的过程；因为知道他不是你的唯一，你不再追求爱的完美。

而女人的进步，正是有赖于这样一个暧昧的途程，特别在相互吸引时，你俩有了婚恋以外的"第三种感觉"：明知他没有和你谈情，你感觉到说爱的感动；明知他有婚姻也有家室，你不想陷入争宠的直白；得知他家中"后院起火"，你反倒显示出超越的美德；即使他对你不辞而别，你仍在梦里怀恋他的精彩。

这就是婚姻以外的男女交手，也是公共关系的男女对垒：表面不乏游戏的不真，其实包含了人性的丰富；表面不乏游戏的随意，到底充满了挑战的意味；表面看来没有谈情，交手的智慧胜似说爱的盲目；表面看来没有结局，每个过程都是结局的积累。

如此的暧昧对女人不再是游戏了，那是女人需要的幽默，也是男人渴望的挑战。

下面教你两招：

非子暧昧招数一：如果他先发制人，你可以对他的试探佯装不知

王宏斌是苏美琪的客户，两人在一次商务谈判中认识，苏给王留下了深刻印象。待二回见面，王宏斌做了先发制人。

王宏斌：美琪小姐，您真的是一个很特别的女人。能直呼其名吗？才见一面，是不是有点冒昧？

苏美琪：是有点冒昧，王先生。现在应该直呼其姓，叫苏小姐。怎么样，能适应吗？

男女相交，彼此会从对方的反应里体会好感。只要条件许可，多数时候，男人都会对有好感的女人发起试探。

就像对话里的王宏斌，他一面夸奖苏美琪特别，一面又问苏美琪能否直呼其名以做试探。这时苏美琪要给予肯定的回答，或者即使不回答也表现出女性羞涩，男人都能从你的矜持里读出就范。

如此轻易的就范，碰上一个好男人是你的造化；如果那个男人要图谋不轨，你不但容易落入圈套，事后他也不会感激你的"爱戴"。

这里苏美琪回答得很得体，一来她"王先生"的称呼给他们未来的关系定了调，她顺水推舟的否定也维护了自己的尊严；二来她"能适应吗"的反问给了对方一个不经意的调侃，既没让对方下不来台，又给了对方一个震撼。

非子暧昧招数二：如果你先发制人，你可以给他小学生的谦逊

高长鸣是某出版社社长，季晓璇是某杂志社主编，两人认识不久，彼此都有好感。季晓璇为打开关系，在网上先发制人。

季晓璇：高老师，您好！虽然您一再夸我的稿子写得好，和您比，我大有自愧不如的感觉。怎么样？愿意对异性同行伸出援助之手吗？那将是我莫大的容幸。

高长鸣：晓璇，你太谦虚了，别拿老大哥开涮了，有什么问题你尽管说，说不上援助，能让你高兴，是我的容幸。

男女有好感，不见得非要男人发起试探，很多时候女人也可以先发制人，以试探对方的感觉。

这里季晓璇的试探非常到位，一方面她表现出小学生的谦逊，满足了男人的虚荣心；另一方面她又用了"异性同行"的幽默，淡化了她先发制人的急切。

而对一个有经验的女人，高长鸣对季晓璇的好感也显而易见。如此季晓璇不但没跌份，还掌握了关系的主动权。

非子暧昧招数三：如果他对你提起他身边的女人，你要不以为然

黄剑平是电脑公司经理，周晓云是外国公司秘书，两人的关系相当不错。一天，周晓云给黄剑平打电话。

周晓云：是剑平吗？我是晓云。明天是周末，你有事吗？能不能陪我去买电脑，你答应过的？

黄剑平：对不起晓云，明天我得帮我原来的女朋友搬家，昨晚说好了的。你不介意吧？改天行吗？改天我一定奉陪。

周晓云：没事，你先忙你的。改天再联系。再见！

　　不管什么形式的男女关系，只要彼此喜欢，女人对男人身边的女人总是很敏感。然而嫉妒的敏感往往会疏离你和男人的关系，让男人有了被限制的感觉。如果反过来，你对他身边的女人不以为然，他反倒不会乱了戒尺，也不会辜负你的信任。

　　这里周晓云的表现很得体，虽然和黄剑平关系不错，还主动打电话请求帮助，即使对方告知要帮前女友，周晓云也没有表现出不该的醋意。

　　如此的不卑不亢会给男人留下好印象，对两人的关系是一个很好的铺垫。

非子暧昧招数四：即使你再喜欢他，也别轻易给自己定调

　　石岩是外事部主管，林娜是公关部助理，两人有了一次暧昧后，林娜非常迷恋石岩，正在这时，石岩打来电话。

　　石岩：是林娜吗？我是石岩，刚接到部里的通知，要我到厦门出差半个月。

　　林娜：真的？那太好啦，这下你可以公私兼顾了，干完工作好好玩玩，那地方有很多旅游景点。

　　石岩：林娜，你不想我吗？

　　林娜：怎么，你听出我不想你了吗？不至于吧石岩，不就才半个月嘛，想一个人又不非得挂在嘴上。

　　石岩：好吧，一回来我就给你打电话。

　　林娜：OK，拜拜。

　　男女交往中，即使你再喜欢他，也别轻易给自己定调，特别在初交的日子。要知道，关系是发展的结果，越是自然的发展，结果才会越扎实、越可靠。

　　这么做的好处：对没有结果的关系，最好从一开始就不让自己陷入；其次自然的发展，也能让你对对方有一个准确的了解。

　　这里林娜的表现相当出色，尽管迷恋石岩，得知他出差还是收敛了自己的想念。这对陷入迷情的女人很难，但只要你把眼光放远，你不会轻易受伤，低调的态度也能给你更踏实的体验。

而"想一个人又不非得挂在嘴上"的暧昧更是证明了林娜的智慧，如此你才能感受过程的美妙，男人也敬重你的尊严。

九、红颜知己不醋酸

最快乐的时光，莫过于男人对你没保留的倾诉；最疼痛的分秒，莫过于倾诉男人对你谈的全是别的女人！

不知从何日起，蹦出了"红颜知己"这个好词，感动了一帮无可奈何的"剩女"。

之所以说无奈有两个原因，一来所说"红颜"并非真有什么"颜"，不过是女性知音的代名词；二来所说"知己"固然有无话不谈的交情，却少了男女之间的吸引。

这也是当事者男人的共同体会，说不上为什么，是你对她没有欲望引起了交流，还是她对你太过"哥们儿"了断了吸引。仔细想，虽说她是女人，你没有男人的感觉；虽说她不是男人，你有了男人的信赖。

这也正是"红颜知己"的醋酸处：想想自己的角色，既非妻子也非情人；想想自己的处境，既非婚姻也非恋爱。最快乐的时光，莫过于男人对你没保留的倾诉；最疼痛的分秒，莫过于倾诉男人对你谈的全是别的女人！

故事1：郑瑾的安慰

莎士比亚有出喜剧叫《都是男人惹的祸》。提到自己的命运，郑瑾死死地认定，都是名字惹的祸。

说的正是自己的名字，因为郑瑾的谐音颇似"正经"，郑瑾从此就背上了"正经"的包袱。

其实郑瑾也知道，名字并不是她命运的祸根，只是，父母打从她生下来就没有停止过吵架，婚姻的硝烟打从童年起就钻进了她的潜意识；加上母亲总对郑瑾骂男人，结果，"男人不是东西"的谩骂，终于在郑瑾的意识里留下了烙印。

直到郑瑾长大成人发现自己身边没男人，虽说她也欣赏自己的酷，心里却难免酸楚。好端端的女人，有谁不渴望异性的青睐呢。可那动人的青睐硬是没往郑瑾身上留过一秒。就这样，郑瑾得着洁身的美名，也落下心里的寂寞。

幸亏有了后现代开放，网络人郑瑾加入到红颜知己的队伍，在"第四种感情"里找到了安慰。说来也是上帝的安排，上帝让一个好男人遭到坏女人的抛弃，在一个深秋的雨夜，当好男人像失恋女人一样地失魂落魄时，又让一个好女人挺身而出，给了好男人无私的救助。

那天晚上，两人坐在清冷的酒吧，好男人把心里的苦水一股脑地倒给了好女人，好女人也心甘情愿地做了好男人包容一切的垃圾桶。待东方吐出鱼肚白时，就算一男一女"厮守"了一夜，好男人也没有"作案"的激情，好女人也在压制渴望的"道德"里一再证明了自己的"正经"。

说起自己的尴尬，郑瑾不是没酸楚；只是，因为没有谈过恋爱，就算对某个男人有感觉，她也总在心里排斥那种念头。有女友用"醋酸红颜知己"的说法跟郑瑾调侃，旨在刺激她，让她走出禁锢，可郑瑾还是顾虑重重，不知该怎么走出这第一步。

就这样，"洁"然一身的郑瑾，只有独自咀嚼这无奈的苦味。

非子告诉你：全然的爱，才是你受用的安慰

一般人认为，男女相交，总会有性吸引，但因为男女对性的感受不一样，男人在身体，女人在心理，特别是初次见面，对男人来说，女人的相貌很要紧。在一个特定的情境，两人单独相处，如果男人"不要"你，他就是再跟你谈得来，最多也只是把你当知己，这在女人"不大好看"的情况下更是如此。

这就是郑瑾的遭遇：也是不少同类女孩的悲剧。但这并不是郑瑾的问题，郑瑾的症结，还是她母亲从小灌输给她的"男人都是坏东西"。正是这种偏见导致了郑瑾对男人的紧张，也压抑了她的女性魅力。

当然，要女人张扬女性魅力，不是要女人作贱轻浮，但至少，面对喜欢的男人，你能听见自己的心跳，才能感觉到男人的吸引。反过来也一样，一个男人喜欢一个女人，一定是他先感受到你的诱惑，才会对你有兴趣。

且对成年男女，吸引并不一定靠外表，往往深入的谈话也会让彼此加快心跳，让原本普通的你突然释放出自己的美丽。

这就是异性相吸的魔力了，只要彼此有好感，相异的磁场不但有吸引的魔力，也有化学作用。原本在别人眼里你只是个中性人，在他眼里，你成了一个女人；原本从没有男人觉得你漂亮，在他对你的关注里，你蜕变成一个独一无二的自己。

这就是性的特质。性是一条暗流，它永远流动在男女之间，男人为女人激动，女人为男人兴奋。不管由于内心戒尺还是外部戒律，这种吸引在多数时候只能以暗流存活，但在公共关系中，正是这美丽的暗流提升了人性，让男女相互塑造，又滋养身心。

这种时候的克制，就和囿于恐惧的压抑不一样了。压抑是堵塞，它阻止了异性的感召；吸引是流通，它传递了相互的爱意。

而且，这种广义的爱意首先有赖于彼此的尊重：因为我敬你，我才不能让爱的感觉肆意泼洒；因为我敬你，我才不能因为一时的痛快失去这宝贵的友谊。

如果郑瑾那天晚上经历的是这样一种心路，那么，即使她和那个男人什么也没有发生，她在精神上也已经与他合体。这就叫精神妊娠，它给人的滋补远远胜过身体交合，也是婚姻以外，人所需要的一种"共振"，且在这共振中，女人对男人的带领很关键。

这就是非子想对郑瑾说的，性是美事，也可以成为丑事；男人可以做好男人，也可以成为坏男人。这在很大程度上取决于女人的性意识和性观念。

你认为性是丑事，你眼里的性就无法美好；你认为男人都是坏东西，不但你不好接受男人，即使你走进关系，也容易疑神疑鬼，杯弓蛇影。相反，一个好女人，即使她受到伤害，她也不会以点盖全，以怨报怨；即使她有过失败，她也不会因为自己的遭遇否定所有的男人。

这样看来，郑瑾的无奈就不是无奈了，那是她心理恐惧引发的自保和逃避，一想自保自身的清白，二想逃避男人的伤害。但即使没人给你点拨，想必郑瑾也明白，你逃得了男人，逃不掉你自己；你逃得了伤害，逃不掉你心里的需要和声音。

与其退守，何不面对呢？只要你勇敢地面对一次你就会知道，你并不像你自己想得那么弱，男人也不是你想得那么坏。相反，丢掉对男人的偏见，你会发现在人性上，男人和女人有着许多共同点，人都有任性，更有良知；有盲动，更有自觉；有坚强，也有脆弱；有清醒，也有无奈。

有了对男人的全面认识，你就能针对自己的问题进入操作了。不妨看一些好的爱情片，也可以和喜欢的男人深入交往，以检验彼此的真伪。毕竟，没有红颜知己想一辈子待在"红队"里，那么好，从现在起就对自己说，只爱自己不算爱，爱自己的同时也爱男人，一份全然的爱，才是你受用的安慰。

故事 2：邵安的平衡

和郑瑾的无奈洁身比，邵安的洁身是主动的选择。

邵安算不上美女，但也不是没有姿色，可惜邵安还是败给了靓丽的佼佼者。那年邵安 28 岁，初见"那个男人"，魁伟的体态，文雅的谈吐，认识的当晚，邵安已经神魂颠倒。

尽管过来人一再说，女人不能轻易交付，类似的警言邵安也是倒背如流，可一遇上心仪的爱人，所有的警言都成了失灵的门锁。直到惨遭抛弃，她顿时成了女性警言的捍卫者，且身体力行，决不再落入男人的圈套。

而邵安被当做红颜知己，并非她真想给某人当知己，不过是想通过此种交手向男人讨还公道。有时是她对男人吐不快，有时是男人对她发牢骚；但只要哪个男人敢动邪念，她指定逐个引诱又一一丢掉，一为惩治男人的花心，也为平衡自己的失败。

虽说此种游戏也得牺牲自己的快乐，想起失恋的痛苦，邵安宁肯当知己，也不再当猎物。就这样，红颜知己的游戏持续了两年之久。

两年中，邵安也不是没有快乐，因为邵安有男人的性格，讲义气，出手阔绰，时而有男性朋友遭了难，邵安总是鼎力相助。在这种哥们儿式的交往中，邵安也得到男人的赞美，这给她失落的自尊平添了满足。但往往，有同一个男人想用男人的方式感谢邵安时，邵安又摆出了"烈女"的架势，让本无恶意的男性朋友们摸不着头脑。结果，一半满足伴着一半酸楚，邵安送走了两年的寂寞。

很快，圣诞夜来临了，当挂满七彩球的圣诞树点亮时，邵安望着闪闪的彩球和背后的枯枝，止不住地哭了起来。

非子告诉你：没有醋酸，只有接受

当今的红颜知己队伍中，选择洁身者大有人在。这些女人大都是白领，有很强的自尊，因为在和男人的关系中曾经失手，为挽回自尊也为教训男人，她们宁肯和男人保持距离，也不想再体验失败。又因为这类女人讲义气，乐于助人，当男人求助他们时，她们也愿意挺身而出，于是在男人眼里，她们成了"大女人"。

但也正是这种矛盾心理造成了这类女人的醋酸：一方面她们帮助了男人，得到男人的赞美；另一方面她们对自己严加保护，也遭到男人的不屑。

表面看，邵安似乎比郑瑾更主动，但在骨子里，她俩有同样的问题和软肋。只不过，郑瑾对男人是全面退守，以封闭来维护自己的贞洁；

女人的**暧昧**也精彩

邵安在退守中时而出击，以报复来平衡自己的失败。

如前所述，选择洁身者，多半都有较强的自尊，也因此在受伤过后，她对失落的现实越发抵触，她心里的愤恨也越发难耐。

实际上，在走上正轨前，每个受伤女人都会经历双重伤害，一种来自于男人，一种来自于自己；一是因为失恋本身，一是由于你对失恋的痛苦和愤慨。在那个裉节上，要么咬牙切齿，要么撕心裂肺，只要她想象的闸门一打开，从想象里喷涌出来的愤怒，往往使自己成为惩罚的对象和负载。

就像女人事后醒悟的，原本你想平衡自己，你失衡的自尊反倒让你流血的伤口更疼痛；原本你想报复他人，你夸大的屈辱反倒给你燃烧的愤怒加了一把柴。

由此可见，致命的伤害并非来自于男人，往往，女人对自己的惩罚胜过了男人对你的游戏和伤害。颇像一个患病的病人，他本身的病症并不可怕，他对病症的恐惧却成了他提心吊胆的屠刀与魔鬼。

这也正是邵安的问题，表面看，她所有的痛苦都值得同情；但要看整体，每种痛苦都有它的因缘和潜在。对此邵安不妨好好想一想，当初她爱上一个花心男人，肯定有她自己的虚荣；事后她又拿整体男人来开涮，更有她心理上的缺失和弱点。

这也是为什么，圣诞夜到来时，她会对着枯枝落泪了。那正是她失衡的自我对她的哭诉，也是她内在的小孩对她的呐喊。

这种时候，一个正确女人应该怎么做呢？

奥修有一段话，也许能让你受用。大意是，每个人都应该接受自己的命运。它意味着，每个人都应该接受你眼下得到的或遭遇的。因为，所有的这一切，不管你有意还是无意，都是你在过去的某个或某些时辰想的和做的，你从你看中的道路上走过来，不管这条路多泥泞，多坎坷，那都是你自己的选择，你只有接受，怪不得别人。

这段话，你读过以后先不要说话，静默三分钟，再默读三遍。而后你发现，你从头到脚都会有一种如释负重的感觉，接下来你所有的愤懑都会涌上心头，冲开你的心门，淌过你的泪腺，让你积淤的屈辱如山洪爆发般尽情倾泻！

哭吧，把心里的委屈哭出来就好了。要知道，世界上，没有一个人没有软弱；也没有一个人，能在他漫长的一生中从来不失尊，不跌份。失尊和跌份并不可怕，怕的是你害怕自己的失尊和跌份，把你已经失去的尊严和面子再藏起来，那无异于袒护你的错误，掩饰你的弱点，这种不敢接受不敢面对的萎缩，才是真的没有尊严。

所以要学习释放，学习哭泣，哪怕你对着自己叫喊摔打都不要紧。积淤的委屈就像垃圾，哭出来，是你的营养；憋在心里，就成了你的毒素。排除毒素，你会感觉一身轻，这时再静心反省，你已经成了一个新人。

这就是接受的好处，接受能让你平和，接受能给你力量，接受能让你从吓唬自己的恐惧中走出来，接受能让你领悟这个简单的道理：别人欺负你你没办法，你要欺负你自己，那就是你对自己的不敬和不爱。

自此你再不用醋酸了，你明白了，每个人都有自己的活法，你想当知己，你就是堂堂正正的知己；有一天你不当知己了，你会成为堂堂正正的老婆也说不定。

十、看爱也性感

你的魅力要每每让他心旗摇荡，他对你的爱恋将无法转移；你的诱惑要足以让他神魂颠倒，他怎能有空再到外面去寻花问柳。

不知你想过没有，人是自然界唯一有审美的动物。动物有视觉，但动物不懂审美。某些动物如雄孔雀对雌孔雀的开屏，不过是出于动物的本能。这种挑逗的把戏在人的审美意识里被升华为一种审美愉悦，正是这种与生俱来的素质使人的性行为和动物有了截然不同的"质"的差别。

性生活需要审美，审美能延长愉悦，这多半来自于人的想象。当人为的装饰把性爱环境推入到审美愉悦时，视觉引起的震撼激发了人对异体的渴望；当人为的阻力把异体挽留在文明王国时，欲罢不能的冲动在想象的"爆破"里把"那个"文明人变成了一个渴望灵欲的肉体。

这方面，美国电影《漂亮女人》表现得很到位。

漂亮女人莉莉因生计所迫沦为妓女，一天，她傍上了商界巨子艾弗，随艾弗到酒店后，她就按照行规"直奔主题"，以便快速进入"规定情景"；然而，艾弗却以儒雅的风范阻止了莉莉的"功利"，令漂亮女人大为吃惊。

接下来，艾弗要求和莉莉"聊聊天"，以便加深了解。表面看这是男人为更有力的冲杀而采取的避让，但要没有视觉审美和由文化造就的一个男人对一个女人独特的爱怜，一个花钱取乐的男人不可能做到人为的克制；即使身为妓女，莉莉也不会在赤身裸体的幽会中把自己的身世告诉艾弗，并在接下来的"工作中"，与这位商业巨子达到身心合一的感动。

就性爱的感受力而言，男人是视觉动物，女人是听觉动物。男人需要在视觉的刺激下激发想象，女人需要在听觉的幻想里感受悸动。表面看视觉审美似乎是男人的专利，若没有女人的配合，男人无法享受看爱的快乐，女人更不可能以主动心态，陶醉于自己的爱恋。

其实不光《漂亮女人》，仔细留意你会发现，很多西方电影在描写性爱场景时，都会让男主角在那个女人面前发出"情不自禁"的感叹："噢，不是这样，要慢，亲爱的，慢一点再慢一点！"而审美的快乐恰在其中，在由人为的慢动作所激发的想象中，此时此刻，观众也和银幕上的情侣一样，仿佛经历了一次艺术的爱欲狂潮。

据说，人是自然界唯一面对面做爱的动物。亿万年前，当称之为人的动物头一回翻过身来，彼此相拥交媾时，那次"翻身"似乎已经告诉我们，人要快乐的已经不仅仅是那件事和那个位置，对人这样一个有精神的动物，身心的共同快乐，才有人的终极快乐；男女身心的共同快乐，才是性爱的最高价值。

于是，看爱——也有了更宽泛的意义和审美。

本质上，男人需要通过女人来完成性爱的最高审美，但因为女人既是审美对象，也是审美的评判，当她主动参与做爱时，她也成了性爱审美的打造者和第一享受人。

于是，所有和做爱有关的细节，如环境、灯光和服饰，全被染上了性的色彩。

先看环境的迷情。

人和动物的区别在于，人能在生存的同时享受环境，于是环境也成了性爱的媒介。

装一幅幻想窗帘，挂一幅睡意照片；点一盏幽黯床灯，放一首柔情音乐；要有条件，床枕和被褥也要达到质地舒适，色彩和谐。可不要小看环境的作用哟，这里包含着特别的想象和审美的愉悦。虽然做爱的结局大同小异，由环境生成的浪漫定会给你"质"的高雅，让你在通往结局的过程中享受到只有人才能达到的欢乐与和谐。

再看灯光的诱惑。

做爱中，男人喜欢开灯，女人喜欢关灯；男人喜欢看爱，女人喜欢感觉。问男人：你何以喜欢在床头灯下看女人？男人回答：看猎物被俘的过程是男人的快乐。但同样的问题问女人，女人的回答却异常暧昧：我喜欢被他看又害怕被他看，他的审视既有尊崇也有不尊，他的眼光既有欣赏也有傲慢。

这种时候，也许幽暗是最好的光线。明亮太过"直白"，不易点燃激情；黑暗太过压抑，不便享受愉悦。只有在幽暗的光线下才易于编织性爱的幽思：有动物的冲动，也有人的温暖。

最后，身体的吸引当然更不可少啦。

女人的**暧昧**也精彩

性爱是人和动物最接近的天性。除精神愉悦外，在肉体愉悦层面，尽量使自己恢复游戏天性，才容易享受床上的快感。

穿一件性感睡衣，洒一点温馨香水，喝一口晕眩美酒，言一耳幽情私语；松开发辫，让职业女性的你不再拘泥；袒露胸怀，让身为母亲的你不再庄重。你的魅力要每每让他心旗摇荡，他对你的爱恋将无法转移；你的诱惑要足以让他神魂颠倒，他怎能有空再到外面去寻花问柳。

事实也是，大凡过来人都有体会，好的性生活并不在"那一刻"的激情，那是你俩之前的认同和相知，更是你俩过后的亲密和温暖。那种时候，他把你搂在怀里，你为他点燃一颗烟，在他少语的温存里，不管你怎么发嗲，他都不嫌你啰唆；不管你怎样撒娇，他也不嫌你讨厌。

这也是为什么，经过岁月的磨合，即使你老到皱纹，他仍会感叹你的美丽了；同样，他老到驼背，也改不了你对他的崇拜。那是因为，在看爱的快乐里，种下了你俩无尽的柔情；在看爱的过程中，你们把彼此变成了唯一的爱人。

于是，性爱的美就不光是那件事了，它美在你俩一生的包容；看爱的快乐也超越了那一刻的感动，快乐——是你俩一生的依靠。

第五章　爱情的秘密规则

你有你的爱法，我有我的规则；你有你的游戏，我有我的度数；你设置欲望圈套，我给你爱的底线；你"单刀直入"，我给你处变不惊的坚守。

一、非子给雨琼的第一封信：伸出手，去触摸自己的脉搏

即使有一天你支离破碎，只要触摸到自己的脉搏，你也会对自己说，那不是我的不幸，那是上天对我的恩宠。

雨琼的故事：

28 岁的雨琼爱上了一个小她 3 岁的大男孩。男孩的帅气让雨琼无法自已。男孩没有工作，更别提养家糊口，可雨琼就是心甘情愿地养活她的大男孩，为此不惜离开前男友，开始了她的爱情苦旅。

开始的爱如醉如痴，雨琼看男孩一切都好，男孩对雨琼也是百般欣赏，极尽赞美。但不知从何日起，两人的话越来越少，雨琼有说不出的困惑和委屈，男孩也有说不出的烦恼和压力。

这也是很多女孩有过的伤情，带着自恋的自欺，缺少踏实的认定。是说，你爱的不是他，而是他给你的赞美；他爱的也不是你，而是一个女人对一个男人的性吸引。试想，在如此脆弱的理由下，你的爱怎能不受伤？他对你的"认同"怎能不变质？

女人的**暧昧**也精彩

这就是雨琼的故事，从热烈到冷漠，从甜蜜到疏离……

雨琼来信 1：我告诉自己背叛是可耻的，但心里早已出轨

亲爱的非子：你好！

只和你通过一次话，但你温柔的声音给我信任，我愿意把自己的故事讲给你听，也相信能得到你的帮助。

我在一家跨国广告公司做创意总监，从飘女郎到时尚白领，因为有过艰难的日子，我加倍珍惜现在的位置，加上这是我喜欢的工作，又收入颇丰，我觉得自己无比幸运。

可就在工作一帆风顺的时候，我的感情出现了混乱。

男友和我在一个公司，是设计部总监，他是那种表面内向内心丰富的人，温和、平静，不善言表，似乎没有什么事情让他特别地悲伤或高兴。交往初期，我被他那种与世无争的心态打动，觉得像我这种太过外向、热情的女人，太需要一个平静的港湾来包容我随时被环境影响了的或大悲大喜的心情。

交往一年半，我们同居了，在同样对他也陌生的北京，我们有了一个共同的栖身之所。工作中干练的我，回到"家"里，十分希望自己能回归小女人模样，做一个男人背后的贤内助。

可是，男友的寡言常让我的话痨没有出口，我的喋喋不休连我自己都觉得不好意思。结果，我们的生活成了货真价实的"无声片"：他一个人默默看着那些让我 3 分钟就犯困的欧洲电影，我则无所事事，在网络上闲游，我们从不争吵，但我们的话也越来越少。

我知道他爱我，只是从不表达，于是我告诉自己：这就是生活，平和中带一点乏味，只要我能够接受，我们就能天长地久。

不久，公司让我重组创意团队，我想起网上遇到的一个男孩。他就在网吧做事，好像是给家人帮忙。他叫杰，谈吐幽默，思想新锐，虽从未见面，聊天中，我被他的开朗聪明所吸引，于是给他打电话，问他想不想加入我们公司。

杰给我的第一印象就是阳光大男孩，他的声音很好听，穿着很随意，特别是他的笑容，让我想起可爱的维尼熊。

他小我3岁，个子很高，模样十分俊朗。

杰加入了我们公司，我变成他的上司。在他试用的日子里，我几乎成了他的专职培训师。他很努力，说会珍惜这个机会，一直以来都是靠父母，现在自己要做一番事业。我相信他的话，也相信这个阳光男孩有被开发的潜质。

渐渐地，我和杰变得无话不谈，从小到大的每一件细节，爱好、习惯、家人、朋友，而他说的很多东西都是那样陌生神奇。在他的侃侃而谈中，我常常像个不经世事的高中生，连他高中年代打架的故事都被我形容成"阳光灿烂的日子"，还有在建筑工地上飞檐走壁差点送了命，杰的生活经历被我在重复给男友时演绎成一种传奇。

一个周末，因为一点小事我和男友赌气，他为回避争吵和大学同学去打台球。正好杰来电话，听出我的不快，他希望我不要为难自己，正好他没什么事情，10分钟以后接我去散心。

那天下雨，我坐在杰的车里，看着窗外一片雾蒙蒙的。想到和男友的矛盾，心里灰灰的，不想说话。杰开着车没目的地在二环路上兜圈子，他不时说一些笑话想让我开心，但都被我的冷漠给吓了回去。

突然，他开始唱歌，一首接一首，唱的都是卡通片里的主题曲，让我不自觉开怀大笑。我一笑，他就更起劲，一连唱了一个多小时，直到我说：谢谢，我没事了。

他把车停在路边，窗外已是灯火阑珊，雨停了，空气中有一种难得的清新，弥漫着由杰的歌声带来的温柔与可爱。我沉浸在童年的怀想中，忘了自己在职场的风风雨雨。我把头伸向车窗外，仰起，深呼吸。

他问：好点没有？

我笑了：星期天休息。

在我回哞的瞬间，我看到杰的眼神，心被蛰了一下。

女人的**暧昧**也精彩

我的笑容立即被僵化，心里发慌，低头不语。

他不再看我，却温柔地说：你的表情像羞涩的女生，其实你的坚强都是外表的假象，你内心脆弱得像玻璃。尽管你优秀，但绝不是女强人。

他的话让我内心一直固执的坚强在刹那间崩溃。漂泊的日子，我告诉自己一定不能软弱，于是，我默默地坚强着，从不示弱，从不放弃，我在职业中取得的辉煌在杰的一席话中变得渺小，而我却一下子不知道自己到底想要的是什么。

我哭了。

杰说：我喜欢你，和你在一起我很开心。我从来不知道世界上还有这种感觉，真的很美好。我希望你也快乐，不要让自己太累。

这时，我的传呼乍响，是男友，他问我在哪里，他已经回家了。

亲爱的非子，我迷失了，突然不明白家的意义，当时，觉得家还不如车的空间让我更留恋，可是，我知道我不能背叛男友，他爱我，而我是否爱他似乎已经不重要，只是我不能伤害一个在感情上没有杀伤力的男人；而杰的诱惑也是无辜的，他喜欢我没有罪，他的真挚表白让我不能不动心。

在他把我送到楼下时，他说：我不想伤害你的男友，但我真的已经爱上你了，对不起。

回到男友身边，他没有问我去哪里了，依旧是做自己的事。我也没说什么，做在沙发上看电视，似乎很投入剧情，心里早已乱成一团。

窗外又开始下雨，绵绵的，雨丝好像落在我心里，纠结成剪不断的丝线，一团一团压得我喘不过气。

于是，给你写信，不是想要答案，只是诉说。我告诉自己背叛是可耻的，但心里似乎已经出轨。

有一点点害怕，有一点点茫然。

雨琼

非子回信 1：伸出手，去触摸自己的脉搏

雨琼，你好！

读着你的信，有种似曾相识的感觉，觉得我们并非简单的心理医生和读者，你是我可以信赖的朋友。

朋友这个字我是不乱用的，尽管在生活中它被用得满满的，面目全非了，但在我仍有一种清新的感觉，特别的诠释，非语言所能表达的。

世上所有的好东西都有着自身的非语言性，语言追不上它们，也不能涵盖它们，因为最美最好的东西永远在生长和运动。

爱就是这样一种好东西，爱的美不在它的单一在丰盈，爱的好不在它的和谐在冲突。这种话现在说给你听真有点残酷，但这是事实。

多年以后，你平静了，不再在两份感情中举棋不定了，不再为自己的背叛深深地自责了，不再看着窗外的雨水哭泣了。你爱上了一个人，你和那个你爱也爱你的男人有了一个家，普通的，俗常的，一份和所有普通人一样的日子，到那时你也许会有另一种失落，一种可以叫做冲突的失落也说不定。

那时想起所有的恋情，你所谓乱成一团的岁月，你曾经爱过的两个男人，你为两个男人有过的撕心裂肺的伤痛，也许你会想，爱原来是这么一回事：爱不是享乐，爱是吃苦，爱是苦味的，人世间所有如醉如痴的甜蜜无不深藏在无法释怀的苦痛中。

这种话我在不同的场合和读者说过，有些读者领会了，有的没有，因为说话不像写信，特别在大庭广众下说，特别说的是感情，而感情在本质上是不可说的，外面的噪音也会染指说出的感动。

现在不同了，我把这些话说给你听，通过信件的交流说给你一人听。当所有的感悟落实到文字时，文字会载着另一个女人的经验浸入你的心扉，让你我成为人生经验和女性经验的共享者。

这就是心理学的意义，它的意义不在谁是心理医生，也不在谁治愈了谁；它最积极的经验在于，我们能成为彼此经验的共享者。我们在经

女人的**暧昧**也精彩

验里交流，在经验里进步，在经验里一次次地看清自己并成为自己，这就是心理学的使命，也是我们每一个人的使命。

成为自己，也是爱的使命和初衷。

提到爱，人们下意识的反应是爱别人。但实际上，一份完整的爱一定要以成为自己和爱别人的互动为基础：一个只有自己的人，他不大可能真的爱别人；一个没有自己的人，他的爱也会因为自我的遗失而失去爱的律动。

雨琼，这就是你眼下的问题，你和男友同居了，你们相爱了，有了共同的栖身之所，但在生活里你并没有找到家的感觉。

为什么？

因为你没有找到自己，你没有成为自己。你的男友没有给你你所需要的重要性，你觉得自己在他眼里是那样地不重要，正是这种被忽略的感觉让你的感情断然出轨，朝向了让你受到重视的"维尼熊"。

现在我还无法评说你和维尼熊的故事，因为你们的故事才刚开始。我常会为这种"毛茸茸"的故事所吸引的，认定，只有在这种自发性的故事里才会跳动着一个真人也是一个真女人的律动。

当然，这种节外生枝的律动对你的男友确有背叛之嫌，但如果明了人在成为自己之前根本无法爱的道理，也许我们可以在一种更人性的层面更改背叛的定义。那就是，说到感情背叛，在这个世界上，我们首先要忠于的不是别人，是自己；我们最不能背叛的也不是别人，是自己。

这话听起来无可救药地自私，但在我现有的思维水准下，这种人性层面的自私对我们女人太重要了！没有人性的自私不会有人性的无私，没有人性的自私也不会有女性的完整，这是爱的前提，也是成为自己的旅程。

这条路是那样地遥远而漫长，只要你想成为你自己，一定要踏上征程，舍此别无选择；即使有一天你支离破碎，只要你触摸到自己的脉搏，你也会对自己说，那不是我的不幸，那是上天对我的恩宠。

雨琼，你还没有和男友分手，又坠入与另一个男孩的恋情，从道德上说，我应该阻止你，但人性不是道德，至少个体人性不能听命于集体道德的命令。每一个个人，只有听命于自己，那种感觉才是算数的；即使他暂时犯错，他也只能自己认错，自己觉悟，而后从自我觉悟中生出戒律，那时的道德对他才管用。

　　也因此，尽管你那样尊崇地把我捧为你的心理医生，又是那样地期待我能给你一个明确的答复，告诉你，你和你的维尼熊能否长久，我还是没能满足你的要求。不是我没有这个能力，而是我不能违背人性，更不能违背整体给你的，只属于你个人的道路。

　　这里唯一能跟你说的是，雨琼，伸出手，去触摸你自己的脉搏，好好听听你自己的心声。每个人都有自己的路，每个人都应该走自己的路，不管这条路有多难、多坎坷，只要整体给了你，也一定会给你如何行走的地图。

　　但这个地图在你的心里，你得自己去发现你的地图，你心里的地图。这件事除你以外没有人可以代替你，即使他是心理医生，就算他是整体是神也不行。

　　这就是为什么，对你开始的诉说，我只能就此打住。

　　喜欢看电影吗？

　　我喜欢极了。

　　信写到这儿，突然想起美国电影《燃情岁月》里那位印第安长老对卓敦的赞美：

　　"有人在生命的一开始就听到自己的声音，

　　他们遵从自己的召唤去生活，

　　这或许会让他们变得疯狂，

　　也会成为他们一生的传奇。"

　　雨琼好朋友，相信你能懂得非子的良苦。

非子

女人的**暧昧**也精彩

二、非子给雨琼的第二封信：
树欲静，风不止

正是因着难咽的苦涩，人才尝到生活的甘美；正是因着无法着陆的惊险，人才获得对生命危险的免疫功能。

雨琼来信 2：既然必须谋杀爱情，就让它死得体面一些吧

亲爱的非子：你好。

读你的信，有种来自"那里"的亲切感，我不知那里在哪里，就想象着那里是永远。这也是我喜欢向你倾诉的理由，你从来不轻易说"是"和"不"，不给"病人"乱扣帽子，不说大道理，也不居高临下地教训人，跟你说话有一种平等的平静，你就在平静里坐着，掏出你心底的感悟，与人分享，给人提点。

所以我愿意讲真话，不想在你面前掩饰自己。因为，我已无法欺骗自己爱上杰的事实；同时，我也无法面对自己在男友面前表现出来的虚情假意，那是一种折磨。

杰说：我可以做你的情人，你可以不用和他分开，我不在乎你是否每天在我身边，只是，我不要你那么痛苦。

我说：我在乎。我在乎的不是晚上我睡在哪张床上，我在乎的是自己对一个男人的背叛，并且，把这种背叛当做一种凌迟，以不想伤害他为由去扼杀他的尊严和感情。痛快地给他一刀，也许残忍，但至少不用彼此煎熬。

非子，我不是一个好演员，我做不到心里爱一个人，却要和两个人周旋。我不相信有谁可以脚踩两只船还能一直看似风平浪静，不把鞋弄湿。

杰没有给我任何压力，他只是默默地待在原地，做出让我选择的样

子，偶尔发来一封短信，告诉我不要委屈自己。尽管如此，我还是无法抵御他内在的激情，我们的约会越来越频繁，而每一次离开我都是恋恋不舍。

每回送我回"家"，他总是让我躺在他的腿上，他把车里的音乐弄得无比深情。我常在那条路上沉沉睡去，心里渴望那是一条没有尽头的路，而他呢，一手握住方向盘，一手在我的肩上打节拍，轻轻的。

这种时候，我不是他的上司，我不用和他讨论工作，他只用告诉我他的故事，关于他一个人的世界，我享受。

男友不是傻子，世界上没有真正的傻子。如果他对我一再的晚归和越来越心不在焉的表现还保持缄默的话，只有一个理由：他爱我，害怕失去我。

而我，有什么理由去消耗男友的爱情？自以为是地欺骗一个善良的人，我才是傻子。

于是，我对男友提出了分手，当然不能说理由。他静静地听我说话，在我漫长的述说中，他只说了一句：记得前不久你说过"我们永远不分手"，那时候，我就知道我们快要结束了，你说这话是因为你害怕有这么一天，你不是在告诉我，你是在对自己说。

我们也提到杰，他说：也许他更适合你，比我会更爱你。

我没有回答，我知道我不能对一个男人说：他比你会爱我，和他在一起很快乐。因为把事实说出来就好比你杀了这个人，还要给他一记耳光。既然你谋杀了他的爱情，不如让他的爱情死得体面一些。

尽管我明白他心里什么都知道。

我脑子里一片空白，心里却没有了前两天的沉重，或者说我宁愿这样做一个罪人也就算踏实了。

清晨6点半，我拨通了杰的手机。杰似乎也一夜没睡，他也在等结果。

我哭了，我说：我们谈完了，这两天他就搬走，我心里真的很难过。

女人的**暧昧**也精彩

杰说：总是要过这一关的。

我说：我爱你，杰。

他说：我也爱你。

两年来，只要去公司上班，都是和男友打一辆车，我已经习惯了那一路的风景。两年来，第一次一个人走那条路，心里空荡荡的。车窗外，路牌、建筑还是原来的样子，只是，车里只有我自己在流动的风景中沉默，车窗玻璃映出我的脸，没有生气，双眼红肿，泪水在不自觉中流下来。

突然想到男友——他不会出事吧？他去了哪里？

这时，手机有短信进来，是男友的。

——我已经请好假，我没事，你别担心，你要好好的。

接着是杰的短信：我已经到公司，用不用去接你？你要好好的。

我如何承担得了两个男人的关怀？一个是被我伤害的，一个是我正爱着的。我宁可前者对我不那么好，责怪或者怨恨都能让我好受一些；或者后者对我也有非议，认为我是一个薄情寡义的女人，从此不再来往了，也算是一种惩罚，让我好受一些。

偏偏，没有责怪，没有非议，我却谁也放不下，但我必须放下一个。

于是，我还是选择做了负心人。我竭力照你说的做，非子，希望能听见自己的声音，可不知是因为我太固执还是我心里的"她"被分手伤害，她对我始终不开口，我听不到我想要的声音，只听见一个声音说要我放下杰，我说我做不到。

这算是自己的声音吗？

会笑话我吗？非子，好像很仁义，忠于自己，却无法忠于另一个男人。我是自私的，我知道。所以，在一路旧风景快要结束的时候，我恨自己，恨得没有力量。或许这种恨原本就是虚假的、道貌岸然，是为了让自己有短暂的逃避。

在公司见到杰，为了掩饰，他不像以前那样勤于出没我的办公室，就算在走廊里碰面，也是慌张地对视一下，然后就忙各自的去了。

为什么？结果有了，男友给我自由了，杰和我反而有了距离。慌张的那一刻，我突然觉得我并不爱他，甚至有一些怨，有一些悔：为什么你爱我，为什么你要来打破我原本平静的生活？是你让我痛，是你让我在熟悉的路上找不到自己。

下班后，我和杰单独见面，我们不再像在公司那样躲藏各自的眼神。他握住我的手，吻我的眼，我们又恢复了恋人的感觉。

可我的心为什么依旧无比疼痛？我和杰算什么？依旧像两个偷情的人，我们的爱情是不是永远不能见阳光？这就是我的选择以及选择后必须承担的悲哀吗？

我对杰说了这种感觉。

他说：会过去的，但时间不会很短。

你在乎吗？我问他，很小心。

他说他不在乎，只是希望我不要太难过。

顿时，一种软绵绵的依赖感弥漫全身，忽然觉得，这个看上去不够成熟的男人可以信任。这种感觉我找了很久，太想要一个港湾，一个能承纳我漂流的地方，不管它在阳光下还是角落里，它都存活在我的心里，这就足够了。

我的一些朋友劝过我不要草率投入另一段感情，毕竟我和杰交往才不过两个月，这么快把感情交给一个男人，也是一种冒险。

但我认命，你可以说我幼稚，但我不能背叛自己。我太在意感觉，杰给我想要感觉，他说的每一句话都在我心里生根，不管结出什么样的果，我都接受，即使依旧不能天长地久。

我已不能反复，该说的，该做的，该放弃的，该付出的都已经覆水难收，一切都是为对杰的爱，我已经没有勇气说 No！

不知明天会是什么样子，男友搬离的时候我会不会再一次掉泪？这些天，眼泪都厌烦从眼眶里流出了吧？我想，它们一定看到我的心，在

女人的**暧昧**也精彩

忧伤和决绝之间游离，它们也听清楚我说的每一句话。

有谁说过，泪水的落下是有道理的。如果这句话是真的，那么雨琼频繁落下的泪水也说明，有一段爱情死了。

但我相信它们是真的。

你有过这样的磨难吗，非子？

你的朋友

雨琼

非子回信2：树欲静，风不止

雨琼，你好！

坐在沙发里看你的信，反复看了很多遍。它让我想起了自己的故事，以前的和很久以前的，只是不知该讲那一段。

有朋友问我，非子你有那么多精彩的感悟，它们是从哪里来的？也有读者这样问我，一遍又一遍。而我，对这可以称作女性关怀的关注总是淡淡地笑笑，把自己包裹在一个没有过程只有结局的无言里。

是啊，从哪里来的呢这些感悟？我也时常问自己。也许正是身为人的我对"来自哪里"的敏感。也是我爱得发狂的村上春树在《挪威的森林》里借20岁的男生"我"发出的一代人的感叹：

"你现在在哪里？"绿子问我。

……我现在在哪里？我不知道这是哪里，全然摸不着头脑。这究竟是哪里？目力所及，无不是不知走去哪里的无数的男男女女。我是从哪里也不是的地方连连呼唤绿子。

于是就有了我追寻哪里来的冲动，于是就有了我朝向心理学的自觉，于是就有了我无法满足倾诉的"奢侈"，力求寻找一种更积极的自救和创建。

倾诉对我是一种勇敢甚至是比作为爱情更坦率的勇敢，尤其对众人。但我深知自己没有这个勇敢不为别的，只为自己少受伤害。于是就有了我迄今为止的工作，在心理写作和心理治愈里把自己的荒诞变成合理。

167

伤害对我有两种，一种是可避免的，一种是不可避免的。我是这样一种人：在不可避免的伤害前我有着无与伦比的勇敢，要么不如说，我生就自带一种朝向谬误的荒诞。很多时候谬误对我比真理有着更迷人的诱惑在于我坚信，如果一个人从来没有直面谬误的勇敢，她怎么知道那个貌似真理的家伙就是真理呢。

而人又是那样地有限，无法两全。低层次和高层次一样，没有差别。低层次的人不能两全：他们要金钱，又要爱情；高层次的人也无法两全：她们要真实，又要美善。可美善也是那样地有限，爱情里的美善只能给一个人，给爱你的，不给不爱的。于是就有了我们和世界共同的无言和无奈。

如果女人身边只有两个人：爱你的和不爱的，而这两个人都没有变数，世界也许会简单；果真那样，就不会有不可避免的伤害。可世界不是那个样子，世界比我们想象的更仁慈也更惨烈。仁慈在于：它总是给你两个人：爱你的和更爱你的；惨烈在于：不管作为选择者还是女人，就像你信里说的，我们都无法真的脚踏两只船而看似风平浪静。

事实是：树欲静而风不止。是世界的风貌也是我们每个人的真实，我们不能不面对这个真实，舍此，世界不是世界，我们也不是我们，于是就有了我说的另一种伤害，可避免的那种。

今天的心理学学的就是可避免伤害的艺术，特别对女人，尽管这看似无奈的艺术不折不扣地包含在不可避免的伤害中：我们在不可避免的伤害里痴迷，也从中醒悟；在不可避免的伤害里苦痛，也逐渐成熟。而对可避免伤害艺术的感悟也即自我保护的寻求，归根结底不是技术的使然，是心力路程的自然归属。

给你讲个故事，是女友安琦的故事，和你的故事颇为近似。可惜安琦走了，到国外去了。要不我一定会把你的信给安琦看，安琦看了你的信，一定会惊讶和感动。那会儿安琦和你同岁，我之所以喜欢安琦，不是为了她的美貌（虽说那美貌也着实诱人），而是安琦骨子里和我似曾相识总在蠢蠢欲动的不安成了我的诱惑。

　　所以，当安琦有一天忙不迭地闯进我的家，和我兴奋地坦白了她婚前突然坠入情网的节外生枝时，我没有半点惊讶和感动。安琦说："好啊，没见过你这么歹毒的朋友，到了该动真格的时辰还这么冷静！"我起身走到录音机前，异常平静地放上斯美塔纳的《沃尔塔瓦河》，听着河水波动的声响对她说："你要我怎么样，难道我非得让你从今晚开始和你的王子一刀两断不成？"我问安琦："你做得到吗？"

　　这回是安琦语塞了。是啊。安琦做不到，你做不到，我们这种人谁也做不到。为什么？因为上帝在缔造我们时给我们安放了没有墨守成规的肆意和冲动，那根植于原始生命力的冲动一遇时机就要一意孤行、我行我素，因为那没有戒律的自由才是我们的故土，那追求愉悦的能动才是我们的心声，我们坐落于不为生殖限定的愉悦中，宁要爱的丰盈，不要爱的束缚。

　　"世界上有两种女人，"是那天晚上我赠与安琦的真理，"一种女人为生殖而生存，另一种为生命而斗争。于是我们要做的只有一件事：花力气搞清楚自己是谁，要什么。"接下来我把一串钥匙放在安琦的手上说："那是我的家也是你的，那里有暖暖的被褥，足以抵御冬天的寒冷。"

　　我们在洒满星光的月夜告别。那是大雪过后的第一个月夜，月是那般安谧，雪是那般宁静，有幸置身于大自然的丰盈，对于"人"的烦恼，彼此不再问为什么。

　　安琦为这伟大真理和伟大友谊满含热泪地拥抱了我，之后将近一个月我没有得到她的音信。虽然我无法想象安琦为两个男人付出怎样的痛苦，却坚信像她那样有天赋生命之才的女孩一定能平安抵达"彼岸"，一如所有有感情、有智慧的女人在经历了炼狱的洗礼后都能拥有一份博大的感激和平静。

　　安琦没有找到渴望的结局，也没有嫁给认定的王子。然而那段伤情最终成就了安琦，让安琦找到了自己的幸福，一如她从遥远的塞纳河畔写来的感悟：

该你吃的苦你躲也躲不掉。不过话说回来，正是因着难以吞咽的苦涩，人才最终尝到生活的甘美；正是因着无法着陆的惊险，人才获得了对生命危险的免疫功能。

　　也许成熟对于我们来说，就是打造自己心理上的免疫功能吧，但打造心理免疫不是不要真诚，是让心里的真诚更准确、更坚实、更从容。

　　如果说真诚是女人的本色，女人也许一生注定要拥有两次真诚，第一次是幼稚和盲动的，不知从哪里来往何处去的，幼稚的真诚是初春的幼芽，除了奉献贪婪的猎食者外，留给自己的只有一路伤痛。

　　第二次是准确和坚实的，知道自己从哪里来往何处去。准确的真诚是一棵挺拔的树，尽管也不乏猎食者的侵犯，仍然屹立并从容着，不再受制于猎食者的诱惑了。

　　我说的忠诚正是这个层面的选择，这个意义上，一个女人忠于一个男人不是因为他是她的男友，是因为她真的爱他，舍此她不是自己。而要找到这么准确的真诚，也许每个女孩都注定要背负伤痛。是我们成熟的代价，也算是上天对我们的考验吧。

　　由此，爱是受苦——注定成为我们力炼真诚的过程，报定真诚地为爱吃苦，不但是真诚的力炼，也是真诚的要素，始终如一地爱着并真诚着固然苦，一旦你修为出自己对爱真诚的感受力，待上天赐予你幸福时，你才能领悟吃苦的厚重。那就是，要想饱览山顶的璀璨，不管道路怎样泥泞都要一路勇敢地往前走，这是我们做人的准则，更是我们做女人的使命。

　　你能断定自己有真诚吗？雨琼，能就行。青春时节的幼稚不要紧，没有幼稚，人无从起步；有真诚，即便有幼稚，人也能在真诚中领悟吃苦，那就是成熟的过程。

　　话说得有点重，多半为让你居安思危的，尽管你和男友的分手不免伤感，相信你忠于了自己的感觉，还要深深地为你祝福。

　　你保重！

非子

女人的**暧昧**也精彩

三、非子给雨琼的第三封信：
越害怕，越失落

因着幻想的美好，她一次次地欺骗自己；因着对游戏的恐惧，她一次次地相信爱的迷惑。

雨琼来信 3：在现实的落差里，越爱越怕

亲爱的非子：你好！

一年又快要结束了，每到这时，心里总有失落感，不像儿时，一心盼着长大，盼着新的一年带来新的希望和高兴。

即将 28 岁的女人，工作的稳定似乎已不能满足内心，或许这个年龄的女人都比较贪心，又或许这种贪心是因为太害怕失去。

我和杰的美好生活刚进入一个相对的稳定期，最初的甜蜜还带着绚烂的光环弥漫在彼此。但我知道，这种极光终究会褪去，被生活的平淡所代替，接下来就是一日三餐、衣食住行，但我会用我单纯如初的情怀，让这份平常的日子保有一份新鲜感。

工作和往常一样繁忙，杰作为我的助手，常看着我在灯下加班而浅浅叹息。

那天下班，路上不塞车，快到家的时候，杰突然说：咱们找个地方坐坐，说说悄悄话。

找了一个还没开始营业的小酒吧，我们面对而坐，他很用力地握了我的手，很深情地看着我说：我知道你很累，工作压力大，我心疼。

我知足，有他这句话，我更是觉得自己是世界上最幸福的女人。

你不会介意我在公司对你的表现吧？我问。

他摇头：你是上司呀。但我一定会超过你的，你放心。

我自嘲地笑笑，有点不舒服：我不想扮演那样的角色，在公司里冲

他"发号施令"，对他的业绩评头论足，回到家依偎在他宽阔的肩头，做"小鸟依人"状，听他的宏伟蓝图。我知道在他的那些豪言壮语中，我听出一种无奈，因为爱，他不得不对自己要求什么，而他对自己的苛责并不是我想要的。

因为，他是男人。

我的眼眶红了：我只要你爱我，其余的，我都可以不在乎。

杰伸手抚摸我的脸：傻丫头，我知道的。我觉得自己能为你分担一些是我的骄傲，我能为你做一些我力所能及的，我很满足。

这话，我会记一辈子。

但我也知道，我和杰的爱情不是没有缝隙，我们的收入、职位和社会成就感都存在着落差。在我对他说：这个 case 应该这样，那个客户应该那样沟通时，我心里总被一种东西压着，我无法享受自己在决策上的智慧，我潜意识里总在怕着，害怕我的言行会给他压力，可我又不得不那么做，那是从一开始就存在的；只因为我恋着他，被我忽略了。

这种落差在很长一段时间里给我困惑，它们让我在面对杰的每时每刻都小心翼翼起来。尽管我看到，杰的脸上并没有挂相，但我无法走进他的心里，去看看他心里的真实想法。如果他把失落隐藏，我会更加难过，因为，一个男人爱一个女人爱到把自己藏起来，我知道，那不是一件好事。

这些话，我不能直接问杰，如果开口，是对一个男人自尊的伤害，这就像一个雷池，我不敢踏上去半步，只能按自己的想法绕道而行。

我作了一个决定，把存折给杰，让杰来保管，负责我们的生活。而他，除了在开始有一点惊异外，很快就接受了我的安排。

接下来的几日，看他把零花钱放进我的钱包，叮嘱我不要乱花时的模样，突然有种"过家家"的感觉，觉得我们就是两个过家家的孩子，觉得他好像是在我的安排下在学习做男人。他的认真让我突然间心痛，我有点害怕，害怕我们的爱也是一场游戏。

再往后，类似的疑惑愈演愈烈，我搞不清为什么，但当我知道我越爱越怕时，内心有一种深深的惶恐。

落差是在经济吗？我并不认为那不可弥补，只要我们彼此接受。我绞尽脑汁去弥补那些存在于我们之间的缝隙，但我又没有自信；我想让它弥合，可它还是越裂越大，直到变成深渊。

直到有一天，我看见杰痛苦地捂着头。我问他怎么了，他苦笑说："噢没什么。"这时，我突然觉得他有点陌生，他还是我热恋过的那个阳光大男孩吗？他的宽肩膀还能为我遮挡风雨吗？他许诺给我的宏伟蓝图在哪里？为什么一切随着爱情的到手反而远去了？

我不甘心，我不认为一切都到了没办法补救的地步。想起当初的热烈，想起他对我的欣赏和赞美，我仍在渴望着，有一天那样一个维尼熊还会回来，继续我们美好的爱情故事。

非子，我知道我有点语无伦次了，但我也不想在你面前掩饰自己。或许你会笑我杞人忧天，自寻烦恼，但我知道，以你的智慧你应该看到这是一个女人即将 30 岁的彷徨与游离。

天气越来越冷，过年杰就 26 岁了，这个年龄对他来说，是一个男人生命灿烂的开始，我能拥有这份灿烂吗？我多希望我能拥有这份灿烂，与我的维尼天长地久。

你的朋友

雨琼

非子回信 3：越害怕，越失落

雨琼，你好！

即使你不是文人，文如其人也适用你的状况。古人说，音乐不可以伪造，何止音乐，如果言为心声也是那样地真实，心里没有的东西硬要说出来，就不免牵强了。

而爱是不可以牵强的。即使你不承认牵强，或者你竭力用爱的说辞去掩盖牵强，当你用文字写下心里的感受时，爱的真实无论如何也不能

173

违背你的心，一如文字的真实也不能欺骗每一个认真的读者。

此刻的我正是做了这样一个读者。读着你的信，一人坐在沙发里反复地读，即使挖空心思地想从你的文字里找到爱的共鸣，读到信的结尾，也无法体会来自于你心里的感动。

也许正是你所说的"在现实的落差里，越爱越怕"的缘由吧。

爱是不能越爱越怕的。即使怕受伤，怕失落，或者怕到慌乱的尽头，爱本身的力量终究会解除慌乱，让你在爱的信任里变得积极和踏实起来。

这才是爱。真正的爱是积极和踏实的。积极在于精神的沟通，踏实在于相互的给予，而且这种沟通和给予即使在没有性吸引的纯粹里也能支撑彼此。不是说性的吸引不重要，而是说，两性关系中，只有超越性吸引的沟通才是扎实、可靠的。只有在扎实、可靠的精神层面，性吸引才能被注入精神内涵，使彼此在共同愉悦中，达到进一步的认同。

年轻的恋人之所以失误，因为他们太看重爱的感觉。不是说感觉不对，而是说，因着感觉的飘忽易逝，单纯的感觉不足以支撑爱的厚重。

爱的感觉因人不同：成熟的人，他的感觉有相当的精神吸引；不成熟的人，他的感觉有相当的感官冲动。这里所说成熟并非指一个人对社会生活的运筹；相反，即使某人对社会生活可以运筹帷幄，在感情领域，他仍会手足慌乱，在感官领域陷入诱惑。

所以人是多重性的，越是内心丰富的人，他越会受到内心的困扰：原本他的丰富来自于他的活力，一如他的深刻来自于他的成熟；但在现实生活中，他的活力往往遭遇他的丰富，他的深刻和成熟也会发生冲突。

雨琼，也许你越爱越怕的心理正是这样一种内在的冲突。不能否认你有思想的丰富，你对爱的感悟也有一定的深刻性。但当你的活力选择了感官时，感官愉悦给你的感觉，必然与你对生活的认识发生冲突：你和男友的落差对你诉说着爱的倾斜，你对他的感官愉悦又让你沉湎于爱的执著；迷情时你总在幻想着爱的幸福，冷静时你又会突然感到爱的

女人的**暧昧**也精彩

174

失落。

　　现在看来，女人的受伤不仅在于爱的绝对，还有她自欺欺人的过错：因着幻想的美好，她一次次地欺骗自己；因着对游戏的恐惧，她一次次地相信爱的迷惑；而对女人，每个内在呼喊都在诉说着她本质的亏损，每一次内心倾斜都在质疑着爱的对错。

　　你的"案例"也是如此，雨琼。你精心建造起自己的"家"，打造起你和男友的小日子，但在外人看来，那种和谐到底不是自然的温馨，那是你一相情愿的结果。不管你爱男友多热烈，对他的安排多周到，他始终游离在你的安排以外，在他尴尬的不适里说着爱的"动心"，用他不自信的"豪言"掩饰着心里的虚空和畏缩。

　　也许这样的坦率太严厉，但它是我的直觉；又或者，这样的透析太残酷，但作为一名心理工作者，我无法违背人性本身的诉说。尽管你字里行间都在说爱，说着对那个大男孩的心疼和崇拜，给我的感觉，所有的诉说都有潜在的强颜，要么不如说那是一个女孩太怕失去爱的伪装和执著。

　　倒也不见得，这种执著就是28岁女人的"专利"。那执著，只要是女人，只要她爱上了，她就会为爱人树起一座丰碑，不管春夏秋冬风霜雨雪，她甘愿用透支的专注写下碑文，用受伤的心灵编织爱的赞歌。

　　只可惜，再好的碑文也有破译的时辰，再美的赞歌也有收声的时刻。再伟大的女人，她爱的壮烈也有中止的日子。也许这就是上天对女人的玩笑吧，让作品中的女人化作英烈，让现实中的女人回归世俗，在没有梦的俗常里得过且过。

　　两性关系中，女人认定自己的伤害来自于男人。要能睁开眼睛面对现实，女人自己也明白，她之所以轻易交付又轻易失落，她感情的真挚固然可贵，也不能否认，她的急切导致了她对感情的随便和轻薄。

　　眼下，虽然你和男友还没有发生公开的断裂，但根据男友的现状，他连自己的工作都没有，更不要说他有做丈夫的资格了。生活是那样地现实，它与一个男人养家糊口的本领息息相关，和他的"宽肩膀"与他口头上的"宏伟蓝图"并没有太大的联络。

而女人的幻想常把女人引向表面的奢华，此等奢华对女人也许重要，如果你只有幻想没有实际，随着时光的推移和激情的褪色，当感官愉悦不再时，不但身为男人的他感觉不到你当初的仁慈，你自己也很难找回曾经的诱惑。

雨琼，今天的话的确是重了，那也是基于你给我的感觉：你对游戏的恐惧，你对爱的害怕，你内心的忐忑与不安，连同你对爱之落差的惊讶，所有这些都一再地警醒心理医生，让她明白，她应该对你负责。

而负责的底线是要讲真话的，所以还想告诉你的就是，你面对男友"每时每刻"都要"小心翼翼"，面对缝隙常会"杞人忧天，自寻烦恼"，由此说出的心言就难免不由衷了，就像你在信的末尾说的："我希望我能拥有这种灿烂，天长地久。"

果真能天长地久吗，你企盼的灿烂？又或者，那不过是你一相情愿的祈祷呢？

有句话叫做"拥有就是失去，失去就是拥有"。过深的道理不用讲，只要你想一想，对一份爱，如果你真的拥有了，还用苦苦地去抓住吗？而当你死死地抓住它的时候，不正说明你没有拥有，甚至已经失去了吗？

所以，如果你能懂这个道理，不用心理医生，你也会用下面的警言顿悟自己了：雨琼，不要再睡了！雨琼，正视自己，睁开眼睛！

这就是你自救的正途，也是你唯一的出路。

非子

四、非子给雨琼的第四封信：在自欺里幸福，在虚空里痛苦

你痴迷的不是那个人，是你对他的错觉；你感动的也不是你对他的

176

爱，是你对自己爱情梦的陶醉和执著。

雨琼来信 4：爱情真的有保质期吗？

亲爱的非子：你好。

提笔的一瞬间，觉得你好像变成了我的日记本。

我一直有写日记的习惯，很多年了，闲下来，也经常会翻看自己的日记，那里记录了我从高中以来的各种生活片断，谈及最多的，还是感情，但和给你的信一样，也多是在心情不好的时候写；当然，不能说我写日记是因为我不快乐，只是，把烦恼写下来是一种发泄的方式，它可以让我释放。

和杰在一起的日子，我曾躺在他怀里一段一段地给他念日记，他很用心地听着，他也曾说：你的忧伤好美，你单纯得像天使，你应该住在天堂里。

这样的话，我会记一辈子。为说这样话的男人，我愿意付出一切。

可是，我并不真的是天使，我知道我和所有的女人一样，也有凡人的要求。

当我和杰的生活不再有柔情蜜意时，我陷入了柴米油盐、陷入了对爱情苦心经营的琐碎中，特别是对他事业的辅助似乎成了我生活的全部，因为我知道他很在乎社会对他的认可，而这种认可对一个男人往往需要工作业绩来完成。

因为职位的悬殊以及工作经验的差距，我在暗地里一直扮演着"老师"的角色，因为不希望杰在事业上走一点弯路，我总在提醒自己补台。开始，他发展得比较顺利，很快就赢得老板和客户的赏识，但随着压力的攀升和公司对他进一步的要求，他本身的能力就有些捉襟见肘了。

我们的关系虽然在公司里没有公开，有时也会刻意用一些手段以掩人耳目，但终究纸包不住火，有些别有用心的同事会因此而做文章。特别是当杰的业绩和地位都有所改变时，有人就会暗地风言风语，说杰是踩着我的肩膀"爬"上去的。

我和杰也讨论过这样的话题，一直以来，他给我的感觉总是不在乎，我也相信了他的潇洒和大度，依旧我行我素。

前不久，我的一位新下属用邮件方式向我投诉他和杰在共同完成一个项目时出的差错，他认为杰有些不负责任，他需要我做出公平的处理。

那天晚上，面对那封邮件，我无法平静，不是因为杰的疏忽，而是我突然意识到我和杰之间必须面对一个问题：尽管从相恋之初我们就不能否认，我俩是上下级，尽管我一直在用各种办法掩饰这种关系，但当爱情退去激情，矛盾将理智剥出时，我还是无法躲避我面临的现实。

在这件事上我秉承了以往的坦率，我直说了邮件的事，并说了我的意见，告诉杰，你在这方面还缺少经验。

令我意外的是，杰的表现异常激动，他焦躁，他愤怒，他说他不能忍受我总在说"你应该这样"、"你不能那样"的话，他说他感到自己没有尊严，他讨厌我"大女人"作风，他宁可我没有这样的职位，他希望我们之间能爱得单纯一些……

他一口气说出所有的埋怨，这些怨气似乎在他心里憋了很久，他的怒火让我害怕，我不知所措，哭了起来。

或许，他真的是迫不得已，他真的是压抑了。

我的泪水打动了杰，让他动容，他后悔自己的失态，他搂着我，满怀愧疚地说：你只有在流泪的时候，我才感觉你是一个女人，你需要我的照顾和保护。

这到底是怎么了？非子，我不是在一夜之间变成这样的，杰还没有爱上我之前，我就是这样，我为他做的改变连同我的小心翼翼他都没有看见吗？

因为我的哭泣，争吵很快就结束了，结束在彼此回避、相互珍惜的温存里，可是，我的心里埋下阴影，我突然感觉我们的爱情即将过期。

女人的**暧昧**也精彩

178

非子，爱情真的有保质期吗？那些曾经不在话下的问题都会慢慢浮出水面吗？这难道真的是爱情的必经之路吗？又或者我和杰的爱情根本就是一个错误？

今晚，杰去参加一个网友聚会。原本是邀我同去的，我拒绝了，我希望他有自己的空间，他需要减压，我不想让自己变成他的负担，也不想他变成我的影子。

我没有同去的另外一个原因，就是我在给你写信之前已经写好一份辞职报告。我相信如果我离开现在的职位，公司一定会把它交给杰，这样，杰就不用为苦苦维护自己的尊严而说出讨厌我这个"大女人"的话了。

或许，你会用你的方式批评我的愚蠢，可是，非子，我说过为了他，我愿意付出一切。

我想，作为一个女人，我更在乎一段爱情的保质期，而所谓职位这些身外之物，真的不算什么，或许，男人的想法正好相反，所以，我愿意交换。

心里还是很乱，非子，我知道你会说我糊涂或者盲目，而我也相信你不会怀疑我是那样爱着杰，这就足够了。

你的朋友

雨琼

非子回信4：在自欺里幸福，在虚空里痛苦

雨琼，你好！

读着你的信，突然想起有人说过这样的话，恋爱女人永远生活在自己的世界里，对别人的话哪怕是忠告她也会刀枪不入。

由此我明白了，爱情对女人不是事业，是信仰。如果把爱情当做事业，女人理应会经营的。但女人不会经营爱情，女人只会信仰爱情。经营爱情，要把男人当做人；信仰爱情，女人把男人当成了梦。

这就是女人的聪明，也是女人的愚蠢；是女人的幸福，也是女人的

不幸。

聪明在于，当女人把梦想寄托于男人时，她缔造了自己的爱情梦；愚蠢在于，她交付梦想的同时也交付了自我，结果她的爱情梦注定要在没有自我的虚空里让她失望和失落。

而她的幸福与不幸也成了她聪明和愚蠢的见证：信仰爱情时，她糊涂并幸福着；信仰破碎后，她陷入了绝对的不幸，连同她对爱人的爱也成了她无法释怀的痛苦。

接受过另一个女孩的心理咨询，年龄和你相仿，也声称，她痴迷地爱上了自己的男友。然而，当我让她用文字写下她对男友的感动时，她竟空空地举着笔，写不出一个字。

对此也许你会说，写作是要有天赋的，我不否认，但只写下对爱人的痴迷就无须天赋了。就像唱为心声一样，言为心声也应该是自然的表达和感动。

由此我认为，写作是一种治疗，对痴迷的女人更是上好的治疗：当你自以为你爱上了一个人又有着诸多的不解和迷惑时，写下它，强迫自己挖掘出背后的缘由后你会发现，你痴迷的不是那个人，是你对他的错觉；你感动的也不是你对他的爱，是你对自己爱情梦的陶醉和执著。

雨琼，我不能说你对男友的爱是你一相情愿的爱情梦，也不好说，你对他做的一切就是你对你爱情梦的陶醉和执著。但无论如何，当我翻阅你的来信时，我找不到你爱他的理由和基础。

尽管人们说，爱是无须理由的，但那个不愿被揭开或者不愿被承认的理由仍然制动在恋人间，成为那个男人和女人无法言说的诱惑。不管因为人格的健全相互给予，还是由于人格的不全相互掠夺，所有的爱在一开始总是包裹在绚丽的光环下，成为男人和女人对爱的追求，也成了他们对自己的逃避和困惑。

也像你，一方面，你觉得自己对男友的爱不可改变；另一方面，现实的落差又让你的感觉飘忽不定，难以琢磨。感情上，你不想丢掉你的

女人的**暧昧**也精彩

感觉；理智上，你又无法面对冲突带来的分裂与隔阂。于是，你无奈地寻求爱的保质期，希望这个期限延长再延长，以使你和你心里的爱人不至于受伤，以保障你的爱情梦不至于破裂或褪色。

雨琼，如果说你的爱有问题，也许这正是你的问题之所在：你太看重男人给你的快感了，又太过在意这种快感给你的感觉。这里不能说你的快感和感觉全不对；只能说，爱的快感和感觉只有在与现实契合时才算数。如果在现实的检验下，你的感觉越来越模糊，或者它越发偏离你开始的好感，你就有必要正视这个落差，看看这个爱到底有多少依靠和信赖，问问这样的爱究竟是什么。

爱不是空中楼阁，所有的爱都有自己的附着和基础，一如人的身体总要在精神层面找到归宿。即使爱有保质期，牵手的情侣也不可能滞留在保质期，因为激情总会褪色，并随着时间的推移，变成平淡是真的生活。

为此只有爱的感觉就远远不够了。除了感觉，恋人还需要更坚实的基础：各自的独立，包括经济独立和心理独立，相互接受或志趣相投，生活态度的基本一致和性的提升与契合。

可你似乎对这些厚重的条件全没考虑，你字里行间流露出的总是那个大男孩给你的感觉：他可爱的举止，他"维尼熊般的笑容"；从开始到现在，他对你的夸奖在你心里引起的快慰，"你的忧伤好美，你单纯得像天使，你应该住在天堂里"。

雨琼，你如此沉湎于一个男孩对你的夸奖，这样的陶醉，是否过于自恋呢？

还记得你和前男友有过的不快吗？第一封信里你说："男友的寡言常让我的话痨没有出口，我的喋喋不休连我自己都觉得不好意思。……我们从不争吵，但我们的话也越来越少。"

而你的"维尼熊"恰好出现在你和前男友的感情出现隔阂的日子，现在看来不是你的男友不爱你，而是你的自恋无法容忍男友对你怠慢和冷漠，你是那种需要生活在男人的崇拜和赞美里的女人，与其说你爱的是男人，不如说你爱男人对你的崇拜；与其说你迷恋的是爱人，不如说你迷恋爱人对你的赞美。一旦崇拜不再、迷恋褪色，你就会感到虚空，怀疑你爱的美好是否有过。

当然，作为相爱的彼此，人都希望在对方身上实现自己的重要性，人也希望得到对方的认同和赞美，然而，靠得住的赞美并不是口头的甜言：如果一个女人太过在意男人对她的口头赞美，也许可以说，你爱的不是那个人，是自己对那个人的爱，也就是你对自己的爱，你一相情愿地构筑了你的爱情梦，而那个男人，不过是做了你幻象的牺牲和负载。

而心理学上的"好人吸引好人，坏人吸引坏人"也在于此。这里不能说你和男友都不是好人，但至少，如果说你俩当初的爱也是一见钟情，那么那种钟情就不是优点的碰撞了，而是缺点的吸引。因为你喜欢表面的夸奖，男友喜欢用甜言取悦女人，于是"愿打愿挨"的搭配，自然会生成一段"美好"的爱情故事。

只可惜，根植于沙丘的美好到底是虚空的，一遇现实的风浪，构筑的美好终究抵不过生活的残酷。于是，随着爱情的到手和激情的褪色，男友不但不再取悦你，还时常谴责你给他的管理和压力；在你一方呢，你失落了恋人的欣赏和赞美，也背负起生活的琐碎和沉重。

实际上，对两个肯于付出的人，表面的赞美并不重要，生活的琐碎也不劳累：相爱的人总是给予对方，知足自己，特别是一个男人，即使他眼下的地位不如女人，即使他暂时生活在女人的庇护下，他也不会对女人的帮助耿耿于怀，因为他知道自己是一条汉子是一个男人，他会卧薪尝胆，把握机会，用行动为自己证明，向爱人献礼。

所以，雨琼，你现在应该想的不是爱情有没有保质期，而是，你对男友的爱有多少依靠和信赖，你果真爱他吗？爱的是什么？是你对他的幻想，还是他值得你爱的品性和实力呢？

女人的**暧昧**也精彩

182

如果你爱他还像爱第一个男友那样，只是在意他对你的赞美，那么我可以告诉你，即使你辞职，或者你用表面的分离来掩耳盗铃，也改变不了你心里的自恋和"完美"，那种无端的自恋一再把你推向深渊，一如不现实的完美也一再让爱人感到劳累。

对你有过的失落，你有没有好好地想一想，这是为什么？

那是因为，只要一个女人的爱秉有自恋的品性，她就很难走出自己的爱情梦；只要一个女人总在渴望男人的赞美，她也很难摆脱自己对爱人的塑造，并用她一相情愿的塑造给爱人压力和不快。

我不怀疑你爱过男友，只不过，在现实的磨损下，你的爱越来越脆弱。因为你的爱有太多的不真和虚荣，或者说你的爱有太多的自私和狭隘。如果你丢掉自己，学会给予，你就会明白，真正的爱没有那么脆弱，也没有那么劳累，真正的爱是一种互动的生产力，彼此把爱给予对方，又从对方得到加倍的爱，互动的爱循环往复，给予的两个人终于成了一个完整的世界。

这段话落到实处就是，作为一个爱男人的女人，你用不着处处小心，也不用你处处为他着想。也许你的失误就在于，你为他想得太多了，那是他自己的事，他是一个男人，该怎么做男人他自有分寸，就算他分寸有误，那也得他自己去纠正，该他吃的苦他也得自己去吃，用不着你替他去生活、去安排、去纠结。所以学会放下他，就是你该做的功课，那时你就会发现，爱的保质期不在别处，在你心里。

或者不如说，想要保质爱情，先要保质你自己。

做好你自己的事：好好吃饭、好好睡觉、好好工作、好好做自己。除此以外你不需要做别的。

雨琼，你有这个自信吗？

虽然你在信里没有诉说委屈，仍能从中感到你的无奈。这里把问题剖析给你，还是那样，上面的话不好听，但良药苦口，望你珍重。

非子

五、非子给雨琼的第五封信：从心如止水，到心止即岸

好的恋情应该是这样的：它不需要拼命追求，那是两情相悦的需要；它不需要刻意迎合，那是你我共有的轻松。

雨琼来信5：你不设防，他才长驱直入

亲爱的非子：

好久不见，也没给你写信，不是不能写，而是写不出一个字。虽然我不是作家，毕竟我也写了很多年。跟你说过的，我喜欢写日记，在日记里写下自己的故事，一是想通过"自说自话"找到一种发泄的方式；还有就是想把文字变成一种祈祷，若上天有知，知道地上有一个女孩那样渴望爱情，他会怎么样，会眷顾她吗？

可我绝望了，怎么也想不到，我背叛男友的罪过竟这样快地就轮回到我自己的头上——杰出轨了！他有了别的女人。

记得那天我在电话里对你哭吗？

那是前一天，我对杰说，我想和你谈谈的我们的关系，我们心平气和地谈。听了我的话，杰也表现出极大的诚恳，他说了他的苦恼和压力，我心软了，觉得他的背叛是不得已。

可一说到我的问题，他的态度全变了，那是他从不曾有过的鄙视。他说：你对所有人都很好，可你不是真心的，你是为了让对方服从你、跟随你；你对我也很好，但也不是真心的，你是为了让我不离开你。

因为他这句话，非子，我的心里像灌满了铅石。

我害怕极了！

第二天清晨走出家门，阳光灿烂，可我突然觉得眼前一片黑暗，我感觉我把自己给丢了。我到底是怎样一个人？我真的像杰说的那样自

女人的**暧昧**也精彩

私吗？

因为桎梏，在我给你的电话里我失声痛哭，记得吗？非子，我说我找不到自己了。你说：今天不要上班，来我这儿，我们见面。

我们聊了4个小时，知道吗？非子，我是跑着回家的，我穿着高跟鞋，像是踩了风，你的话给了我无穷的力量。

我无私的爱没有错，但也错在太无私。我明白你说的：你自己都不爱自己，你自己都不完整了，别人还怎么爱你。

晚上见到杰，我鼓起勇气对他说：你说得没错，是我不好，所以我需要时间反省自己，需要一个人想明白很多事情，所以，我们必须分开，请你暂时搬出去。

他走了，但不久后的一个深夜，又突然电我说想和我谈心。我没有拒绝。于是，我们开始回忆从前的恩恩怨怨，每一次争吵与和好。突然他哭了，哭得很伤心，他说他觉得自己像行尸走肉一般，他也不知道自己是谁，表面潇洒，内心充满了恐惧。

我心中的恨顿时随着杰的悲恸塌方了，我陪着他掉泪，一个劲儿开导他。我觉得如果不是压抑到极限，一个男人不可能那样痛不欲生、撕心裂肺。

3个小时的哭泣，我知道我再一次堕入一个温柔的陷阱，而挖坑的人就是我自己。我甚至已经知道我不可能得到好结果，但赌博的心理让我再次逞强，我又原谅了自己。

第二天，我去见杰，他有点迷茫和憔悴。我让他把头靠在我肩上，我对他说：做你自己吧，你是男人，哪怕你是个混蛋，也不要讨厌自己，不要强装高尚和理智，你可以犯错，人都会犯错误。

本以为我的宽容能让他愧疚的，谁想，他接下来的"坦率"让我惊醒！他说男人活着就是为了三样东西：金钱的积累、权力的攀升和性高潮。所以，他要重新对待他的生活，他不想离开我，但也不想负责任，而且目前他也不想离开那个女人。

他提出了一个滑稽的要求：同时和两个女人保持关系，因为两个他都喜欢，喜欢我的聪明能干，喜欢"她"的温柔娇媚！

天哪！！！

一个男人怎能用这样的方式去羞辱爱他的女人？爱情在他眼里不过是床上的游戏。我曾想他哪里来的权利如此亵渎我的感情，后来才明白，是我的执迷不悟给了他寡廉鲜耻的勇气。

也是你说过的，你不设防，人家才长驱直入嘛。

他还是我当初认识的那个可以为了我的委屈在黄昏里潸然泪下的男人吗？

也许，一切都是激情表演，尽管每一次表演都那么真实。

我决定放弃了，我没有勇气和力气去演那个没有尊严的角色。

可是，就在我想和他讨论经济问题时，他突然换了一张嘴脸说：经济问题我不谈！你为我付出是你愿意的，你活该！

这也是真实的吗？

之后发生的事情让我更加不懂男人到底是怎样一种动物，他怎么可以在一夜之间恩断义绝？！

那段日子，不知自己是怎么过来的，每晚都像是在黑洞里，每晚心里都爬满了小咬和蜘蛛，痛得我难忍。

分手已有半年，我知道，我还是不能忘记过去的事，伤口在心里，无药可治，只有等时间来抚平了。我会记住你的话：自救，自救。我明白只有自己最了解自己，也只有自己救自己。

非子，好的恋情和真的缘分还有吗？它们长什么样？在哪里？

原谅我今天只能写到这儿了。

雨琼

非子回信5：从心如止水，到心止即岸

雨琼，你好！

走进你的故事，非常理解你的心情，那不是你一人的苦，很多女人

女人的**暧昧**也精彩

包括我自己也经历过与你同样的苦，那种可以称之为心如止水的心境。

那是多年以前，在我自以为爱上了一个除他以外我再不可能爱上第二个男人的日子，一人徘徊在日坛公园，蜷缩在深秋的冷风中，望着和我一样生机不再的枯枝和荒疏的草坪，我的泪，止不住地滚了下来。那时我想，完了！我的生命再不会有春天和快乐了！

日子一天天过去，荒寒的枯枝有了喜人的新绿，我的苦，也随着时间的推移有了从重到轻的变动。

开始它是生命中不可承受之重，铅块般的沉重又黑又大，它挡住了我的视线，压碎了我的心情；后来那铅块一天天变小，变成白色的烟雾，烟雾慢慢升腾，升腾，一直升腾到遥远的、彼岸的星空下。

自此它成了我生命中可承受之轻，可承受的轻带走了我的苦和梦，也带来生活的希望和愿景。

知道苦是甜的代价，我不哭了。

知道那不是我生命的唯一，我释怀了。

知道那不过是我的幻象连同人的生存本能，我有了发自内心的安慰和庆幸。

知道人生苦短，我不能在小的苦里荒废自己，我终于从床上爬了起来。

正是经历了多少个日夜的自我搏斗以后，对那久违了的电话铃声，我终于有了平静的反应。

"对不起，我睡了。"是我唯一的答复。而后觉得自己变轻了，轻如浮云，接下来我知道那个女孩死了，从前的女孩死了，走过来的是一个新女人。对她，对这个新生命，从前的感觉、爱情连同曾经爱过的男人也成了她成熟的过程。

后来想，人是多么奇怪的动物啊，当你在撕心裂肺的苦痛中期盼爱人时，爱人是那样地遥远；当你在不经意的从容中听到爱人的脚步时，以往的痴迷已大梦初醒。

由此我想到你雨琼，看着你的信想，总有一天那个名叫雨琼的女孩会有和我一样的心境，可以称之为心如止水的心境。

有一天，在一个美丽的秋天，我和雨琼在湖边相遇，雨琼走过来拉住我的手，把我的手放在她的心窝处对我说：非子你听，它平静了，它不再哭泣也不再躁动了，就像眼前的湖水，石子能激起美丽的波纹，它无法搅乱心湖的风景，那不是湖水的无情，是湖水的宽厚；那不是心的死亡，是心的成熟。

我成熟了，所以我不哭泣了。

我成熟了，所以我不再躁动了。

我成熟了，所以我不再怪罪命运。

我成熟了，所以我学会了拥抱伤痕和过程。

所以我说，伤痕是女人走向成熟的庆典。因着女人的痴情，又因女人的真诚，如果说，上帝造人时无意把男人造成了孩子，那么女人，就是上帝有意造就的母亲。

那不是上帝的疏忽，是上帝的有心。

也不是上帝的游戏，是上帝的依赖。

因为上帝——也是男人。

这一再说明，女人爱男人就像母亲对孩子，她给予，她理解，她包容；男人爱女人一如孩子对母亲，他淘气，他依赖，他任性。当女人说我爱男人时，女人的爱是母亲的给予和付出；当男人说我爱女人时，男人的爱是自我的游戏和任性。

也许上帝知道女人的善良，所以一再让男人折磨女人，以打造女人的力量；又可能上帝知道男人不能没有女人，所以让女人学会坚强，以支撑男人的世界。

这个世界只有女人能支撑男人的世界，除女人以外再不会有别的什么物种。无所不能的上帝从一开始就透析了女人的本领，所以在亚当寂寞时，上帝从亚当身上取下一根肋骨做了夏娃的身体。那是因为，上帝

女人的**暧昧**也精彩

188

也深感寂寞，上帝也需要女人，上帝也知道女人的优容，上帝也明白，尽管上帝是男儿，上帝的母亲圣母玛利亚是永远的女人。

所以我说平静不是无情，是博大的宽厚与优容；平静更不是死亡，是由衷的接受和了解。

而对女人，这种接受和了解并不需太多的知识，它只需女人发自内心的热爱，就像你爱一弯月，一滴雨，一丝风；哪怕是夏季的雷鸣，深秋的凉风，冬天的寒月；而生命的惨烈皆因有了热爱才有神奇，如此雷鸣化作彩虹，寒月映出春色，凉风也吹来温暖。

这才是女人，这就应该是女人。如果说上帝造男人是为让男人创造世界，上帝造女人就是为让女人创造男人；如果说男人的使命是为让世界更丰富，女人的使命就是为让男人更安心。

而世界的前景皆因有了男女的同行才会更美好，家的前景也因为有了女人的优容才会更璀璨。这个意义上，女人的眼泪不是眼泪，那是她耕种男人的汗水；女人的哭泣也不是哭泣，那是她创造男人的呐喊。

现在回过头来再说你，雨琼，对你的现状，我可以有两个办法：要么我和你一起哭泣你的不幸，果真那样，来自一个婚恋专家的眼泪或许会给你安慰，但那样做非但不能解决问题，她的悲观还会传染你，让你陷入自哀自怜的循环。

要么，我把你固有的坚强从你的潜能中提取出来献给你，如此一来，看到自画像的你也许会有一丝悲凉，但很快你就会从狭隘的女性悲凉中走出来，静心思考自己的恋情，让它成为你成熟的驿站和过程。

这样说不是否定你和男友的恋情，也不是非要拆散你俩的关系，但即使我不说这些无情话，你俩很久以来的争吵与不合，不是已经说明了你俩的裂痕了吗？

有读者这样问过我，男孩女孩都有，他们问，好的恋情到底是什么样的？

我说，好的恋情应该是这样的：它不需要拼命追求，那是两情相悦的需要；它不需要刻意迎合，那是你我共有的轻松；它不需要小心维系；那是不谋而合的表达；它不需要太多的解释，那是你我共有的理解。

是的，好的恋情应该是这样的，也是我们所说的缘分之所在。

什么是缘分？

缘分不是表面的钟情；真正的缘分是情感发生问题时，两人能携手通过问题的封锁线。生活不可能没有问题，恋爱更不可能没有问题，有人有过钟情的热烈，一遇问题就各奔东西；有人没有钟情的热烈，反倒在交往中相互扶持，成了相濡以沫的恋人。

所以雨琼，还是那样一句话，你眼下应该想的不是男友的做法如何让你不理解，或者那个突然出现的女人如何让你恶心和气愤；你应该想的是你是谁，你想要什么？你爱男友吗？爱他什么？那个爱能否给你依托，或者它只是你一相情愿的梦幻呢？

最后想说的是，雨琼，从现在起不要说，非子，救我！

从现在起做一个功课，每天早上醒来对自己说的第一句话就是，雨琼，我要救自己！

连说十遍，每日不止。

数日后你会发现，这个世界上只有一个救世主——

那就是你自己。

由此心如止水成了你的过程，心止即岸成了你的新生。

相信这封信会让你受用。

非子

六、非子给雨琼的第六封信：
真诚无罪，真诚无价

真诚无罪，真诚无价，哪怕你付出的是伤痕，只要你以忠于自己的方式真诚过，你就该为这段恋情骄傲，无怨无悔。

雨琼来信6：平等的关爱，受用到心里

亲爱的非子，你好啊！

很久没给你写信了，也没有和你联系。我知道，你是想给我时间，你想让我通过自己的努力来修复自己。

有时候，我在想，常给心理医生写信的人是不是生活不够平稳？是不是心里的"此路不通"太多了？

翻看给你的信，多是内心纠缠的文字。虽然你每封信都很阳光，像夏天的冰水，我在喝下去的时候也很爽、很欣慰，但每每遇到具体事情，我又不得不在自己制造的乌云底下辗转反侧，大有"好了伤疤忘了疼"的架势。人真的很脆弱，一次次的妥协，只为满足自己的渴望。

分手已有大半年，仍无法忘记过去的日子，我知道抚平创伤需要时间，但我有信心，就是你教我的办法，不逃避自己、不回避问题、接受自己、接受对方、接受自己的好与坏、接受对方的好与坏。人真的好奇怪，非子，一旦有了接受的态度，过去的事情又清晰地浮现出来，可它们的样子却跟以前完全不一样了。

以前在我眼里，爱情就是一副样子，它不可能有两个面孔，爱情永远是一首歌、一个梦、一道绚丽的彩虹、一轮永远喷薄的红日、一片永远没有尽头的青草地，草地上永远躺着两个生生世世厮守在一起的孩子。不骗你非子，爱情在我的理解里就是那个样子，它一定得是那个样子才是爱情，否则它就不配叫爱情。

现在明白，就是我绝对的爱情观把我和杰的爱情给毁了，因为真的爱情不是那个样子，真的人也不是那个样子。其实这些话你很早就对我讲过，记得我们在一起畅聊的那4个小时吗？那天你给我讲了很多中肯的道理，只不过，你讲得很委婉，很随意，你讲的时候就好像在给我讲故事，并不是非要我那么做。

记得你给我讲过大自然的故事。你说如果把自然比作一个孩子，自然也是一个有脾气、有性格的孩子，自然这个孩子可不总是温柔可人的，

它有风和日丽，也有狂风暴雨，而且暴雨一来还总是一副不管不顾的样子。可我们之中没有谁埋怨过自然啊，为什么呀，因为我们接受自然了。我们打从生下来的那天起就没跟自然较过劲，也没有跟自然较劲的意识，因为明白，那就是自然，风和日丽和狂风暴雨都是自然，没有人说风和日丽是自然，狂风暴雨就不是自然，所以自然很幸运，自然打从一出世就受到地球人的接受和喜爱。

你接着说，接受的结果就是爱，爱的蜕变就是接受。只有接受能产生爱，也只有无私的、赤子之心的爱才能产生爱的超越。

就是接受。

拿大自然来说，接受的结果，没有人会在踏春的时候对自然发出嗔恨说，别看它一副满园春色的样子，那都是它的假招子，不知什么时候它又会狂风呼啸、大雪封门了。有人有过这样埋怨吗？没听说过。为什么？这就叫接受。如果我们能把对自然的接受用在对人的态度上，接受他人，接受自己，我们会少去多少烦恼，成就多少幸福啊！

非子啊非子，这些话，幸亏我录下来了，可惜那会儿一心想着我和杰的事，即使在做心理咨询，心思也不在这上面。现在重新听，就像一副清凉剂，那等爽，爽到我心里！

对啦，你还强调，爱情是隐私，爱情是非常个人化的一件事，对爱情幸福这件事没有统一的标准；你还说，你之所以不轻易对别人的感情下结论，是因为很可能这个人就是一个例外，很可能对十几亿人都不适用的准则在他身上就一路畅通，对他就是幸福标准。所以你说，除了时间，没有人有资格对别人的感情品头论足，也没有人绝对是别人的心理医生，可以对别人的问题指手画脚。在这个世界上，我们每个人都能做别人的心理医生，同时我们在某些方面也是一个"病人"。

谢谢你非子，谢谢你给我平等的关爱，让我走自己的路，让我自己幸福、自己迷失、自己受伤、自己受苦、自己纠结又自己觉醒，让我自己对自己说，我要救自己，我要站起来。

女人的**暧昧**也精彩

还有一个小小的要求，我从没对你提过要求对吗？这次想提个要求，我想你不会拒绝。

能讲讲你的故事吗？比如你在脆弱的时候会怎么做？你是怎么从痛苦中爬起来的？你怎么会迷上心理学？从别人的经验里找提点，也是一种学习。这话也是你说的，你不会不给我学习的机会吧？

看到这些提问你一定会说，这回雨琼正常了，这么久，除了杰，她的头脑里从来就没有想过别人，也从不去关心别人的事。现在好了，能问问别人的事了。其实不用你说，非子，就像那句话说的，脚疼不疼只有脚知道。还真是的。扪心自问，我都觉得自己变了一个人了。

但一定是往好里变对吗？

我会好好领悟你说的赤子之心。

为我祝福吧，我的好老师、好朋友、好非子。

希望有一天你能见证我的进步。

雨琼

非子回信 6：真诚无罪，真诚无价

雨琼，你好！

为你的好高兴！

不知是心理分析给了我冷静的头脑，还是我这个人确有透析感情的本领，不管听故事还是读故事，每每甜蜜的篇章一开始，我总会想到甜蜜过后的苦涩与凄美。

苦涩在于，撕心裂肺的苦似乎总是藏在甜蜜背后，像拉美的一种食人草，以过腻的蜜糖吸引着猎奇者，一旦跃入其中，就被吸入苦底，再没有来日。

凄美在于，世间的美丑总是相濡以沫，一如爱的苦乐也相互追随。

惟其如此，对人这样一种不矛盾不足以称为人的动物，单纯的美也许就是缺憾了，反倒凄美的苦味诉说了人的追求和无奈：人在一次次无奈中追求，又在一次次追求中无奈，待一切成为往昔后，练就的爱情就

193

不是故事了。那是洗礼的童真对人的馈赠：让人在苦的相思里体味情的厚重，在淡的无奈里懂得人的珍贵。

自此，不管失落者还是收获者，随着时光的推移，有一天，在某年某日的夕阳下，当你挽着爱人的手臂回首有过的苦乐时，荣辱不再了，有的只是你对每一位恋人的感激，连同我们对"此时此刻"的珍重与热爱。

这也是我不愿以心理学的冷静"伤害"倾诉者的理由，特别面对甜的情愫，不管对你或对别人，我情愿听着，让对方说着，仅仅听着和说着，没有指点，不加议论，让倾诉者在自己酿造的甜蜜里驻足，让爱的天使在自己描绘的云端里陶醉。

因为知道那肤浅的驻足无法久留，更知那幻想般的陶醉带有相当的迷醉，然而对有着清醒功能的人，如果完全的清醒会以痛失激情为代价，那么暂且的陶醉不就更可贵了吗？正如尼采的献言：

"人之所以伟大，在于他是一座桥梁而不是一个目标，人之所以可爱，在于他是一种过度而不是一种毁灭。"

正因为在心理学的透析里，人将不再是"人"而成了过往的丰碑，我们才需要活着并快乐着，哪怕受苦也要爱着。不为别的，一为印证人的过程：完成自我丰碑的使命；更为印证人的价值：今生我爱过，我无悔。

我是一个普通的女人，和你也和很多读者一样有过自己的甜蜜与陶醉。那是多年以前，对爱得发狂的男友，在情约未定的日子，不但以归依的虔诚跪拜过上帝，也曾多少次在独守的月下偷偷洒泪，多盼望月下老人能感动我的泪滴，即使在人间发放的幸福何其少，仍能对我的赤诚心领神会。

记得初识的当晚，他曾以"梦见一个娃娃头的女孩，便认定是今生知己"的心言向我暗示；而我，痴迷的我当时正在写诗，也在不经意的娇羞里送他一首《你我永相随》；接下来，他出差的日子，一个打碎的花瓶让我哭了整晚，以为他遇难了呢，直到他从水的那一边禀报平安，泪湿的我才破涕而笑，羞怯自己的呆傻与迷醉。

随着情的深入，发现自己正朝向欲罢不能的陷落，为守住自我，多少回演练着说"不"的酷毙，终在他滚烫的拥抱里化成细水；因为太怕失去，也曾以假装的冷静试探过分手的潇洒，不想分手的话刚一出口，他眼里顿时掠过无限哀愁，把害怕受伤的我搂在怀里。

"不……不要再说分手了好吗？你知我不能的……"他带点末世的悲壮嗫嚅着，苦的央求与其说是央求，不如说是对自己的宣判，把自己判给相爱的女人，自那一刻，苦守的爱情有了结局。

"有大树可以依靠的日子，弥足珍贵。"是我那时的体会，用我的话，苦尽甜来的爱当不该错过，那是我们共有的天福和缘分。

对坠入情网的女人，也许承诺前的未知还能清醒；但，任哪个女人也无法拒绝承诺后的归属：纵使你再知性、再傲慢，只要他"我爱你"的热烈一出口，你所有的爱恋连同心底的设防也一同缴械。

男人说，爱是追求的征战；女人说，爱是缴械的凯旋。特别对自我的女人，如果没有自动缴械，取悦一般女人的甜言远不足以成为她的诱惑和吸引。

而"愿打愿挨"的戏剧往往发生在两情相悦时，对那人的无情恰好是对他的有情，对那人的冷酷也是为了对他的热烈，对那人的不经意正是为了对他的上心，对那人的假装也是为了对他的奉献。

也像你，不管你对同事多小心，对舆论多谨慎；也不管你对自己多谴责，对那人多纠结，所有的仁慈不过是为证明你自己的美善，但这样的美善在你内在的伤痕下又无法掩盖你内心的卑怯。

又或者，那不过是一种技术上的呼唤，为让燃烧的激情烧得慢一点，让它变成平稳的火焰。自己仍是知道，恋爱中的女人，其内心绝不禀有"博爱"的属性；相反，心里的坚韧早已为你奠定了唯一的选择，心里的绝情早已为你诉说了不变的爱恋。

现在看来，女人的错误不在女人的有情，而在女人的感情禀有太多绝对的属性。因为绝对，我们成了爱的盲目者；因为绝对，我们夸大了对方的优点；因为绝对，我们拆除了所有的设防；因为绝对，即使他长驱直入，我们仍在苦的疼痛里抚慰伤痕，让自己成为受伤的肇事者，让他永远做爱的领路人。

直到有一天他摘下所有的伪装站在你面前，习惯了自责的你仍是把谴责的矛头指向自己，让自己在欲哭无泪的疑惑中连连懊悔：当初不那么快投入就好了，当初不那么快交付就好了，当初听女友的劝告就好了，当初不那么轻信他就好了。然而，待下次恋情开始时，好了伤疤忘了疼的女人还会重蹈覆辙，把痛苦留给自己，把欢乐送给男人。

这些年来，不止一位朋友和读者问我，非子，你总说女人要坚守真诚，实际操作中怎么区分真诚和痴迷的界线，让自己在真诚的爱情里爱着并快乐着，把苦痛的痴迷永远地赶出女人的字典？

我不能。我说。

无法断然区分真诚和痴迷不是我真的不能，而是因为如果那样，将自身割裂的人将不再是人，女人也将不女人，世界也将不世界，是我万万使不得的技术，也是所有形式的理智无法不向感情举手投降的原因！

而身为女人的我们，因着自身的情感因素，从一开始就注定成为这一原因的迷失者：我们在真诚里生，在真诚里长，在真诚里苦，在真诚里爱。因着真诚的浓烈，我们成了迷失的勇者；因着真诚的透支，我们成了伤情的"病人"。

这个意义上，上帝的分派难免戏剧，也不乏公平；男人的游戏难免寒心，也不乏可爱：有女人的真诚，才有男人的归属；有女人的真诚，才有男人的自觉；同样，有男人的游戏，才有女人的魅力；有男人的任性，才有女人的光彩。

本着这一乐观态度，比起心理治疗，我更信仰生命本身的力量，特别是女人的力量。那是女人的求生本能，也是女人根底的自信：让根植于母爱的女人在男人的游戏里处变不惊，让不改初衷的女人在男人的真诚里主动缴械，为此简单并快乐着，是女人的力量，也是她的才华；爱着并信任着，是女人的聪明，也是她的智慧。

所以，雨琼，不用我见证什么，你也该好好活着，珍惜此刻的拥有，也是你用自责和愧疚换来的另一份日子。不要幻想永恒，不要预支伤害，该你受的苦你躲也躲不掉。正因为有了这份老实的态度，重新爱着的你才更该珍惜眼下的拥有，让自己在顺其自然的拥有里享受你俩的温馨，连同爱本身的丰富和多彩。

也许有一天爱的发起者会成为你爱的背叛者，也许有一天当你回首往事时，无法不质疑你当初的选择和爱恋。别这样，雨琼，就是我对你唯一的忠告，不管到什么时候发生了什么事也不要否定自己的真诚，可谓真诚无罪，真诚无价，哪怕你付出的是伤痕，只要你以忠于自己的方式真诚过，你就该为这段恋情骄傲，无怨无悔。

就是我对赤子之心的解释。

对每一位堪称恋人的恋人，真正算数的不是实用主义的同床，是我们对真诚发自内心的修为，由此任什么样的伤害也奈何不得一个真诚的恋人。那是因为，在她心底的赤诚里不但有女人的柔情，更有女人的信念。

这不是我对你的预言，是我对你的祝福。

非子相信雨琼一定会拥有这一天。

相信你也信。

就是你这封信给我的信任。

非子

七、非子给雨琼的第七封信：
真假参半，戏剧有成

正确的规则是，既不回避男人，也要懂得潇洒自我。而真的感情往往生成在真假参半的戏剧中。

雨琼来信7：走向幸福，走向超越

亲爱的非子，你好吗？

时间过得好快呀，一晃又到年底了。回想过去的一年，一切都像是一场梦。想起去年年底，我和杰还在"过家家"的游戏里较真呢，转眼人去楼空、物是人非，就像那句话说的，人世间的事，你说不明白！

这会儿，我就坐我们曾经住过的旧房子里，我来收拾东西，明天就彻底搬走了。本来是不想来的，找人收拾也可以，可我还是想过来看看，不是想找回忆，只是过来看看而已。

毕竟在这里住了五年，五年间这里住过两个男人，一个是前男友，一个就是杰。两段情都已朦胧，两段爱都已淡然，也许有一天它们会一直沉下去，沉到心底，就像沉到海底，所以就想趁它们还未下沉的时候再抱抱它们吧。毕竟那是我的青春，有过我的梦、我的欢、我的拾不起来的伤情和破碎……

别怪我非子，我知你不会怪我，因为你说过青春不是自助餐，青春是出轨的列车，是雷鸣，是闪电！那天晚上，我曾因为你的这些话像踩了风一样地跑回家，我的高跟鞋也像施了魔法的水晶鞋一样把我从沉重的泥潭一股脑地送上了山顶。

我在山顶上看到了天，那天空好大呀，棋盘一样的天空布满了美丽的小星星，可眨眼间小星星就不见了。我躺在床上，习惯地伸手去抚摸爱人，可是没有了，什么都没有了，谁都不在了，那些温存的时光哪儿去了？为什么你们都走了，就把我一个人孤零零地留在这里？

非子，不骗你，那天晚上我就是这样过来的，开始兴奋无比，兴奋过后，一块铅样的黑暗乌云压顶。我本能地伸出手去挡住黑暗，可黑暗好像在跟我作对，我使劲地用手打来打去，黑暗越打越沉，最后压在我的胸口上，让我喘不过气来。

女人的**暧昧**也精彩

忽然听见有人在哭，哭声很大，很伤心。那是雨琼吗？有一个声音在问我，我觉得那个女孩不是我，是另一个女生，于是就让她哭出来，痛痛快快地哭下去。

别怪我，非子，我知道我的情绪还会有反复，但不同的是，现在可以控制了。其实也不是违心的控制，就是你说的，只要做到了解，人就可以让自己过上更合理的生活，少受伤害。

了解——这是一个多么简单的词汇啊。要是我没有记错，一年级小学生已经会说了解了。可对于生活、对男人，我们了解多少呢？也许我一直的错误就在于我的不了解。我不了解男人，不懂男人，于是就按照自己的想法去解读男人，期待男人，要求男人，结果我一相情愿的想法让我爱的男人离我越来越远。

可是非子，男人到底是什么东西呢？男人难道除了那点事就没有更多的情趣吗？男人就没有梦吗？女人是有梦的性别，所以女人和男人在一起就注定要受伤害吗？女人怎么那么倒霉呀！

上礼拜，又有一个男生向我示爱了，可我很难再像对杰那样不顾一切了。当然我不会无动于衷，我的性格也不允许做"冰美人"，但毕竟，经历了两段伤情，特别是和杰分手后，我意识到自己应该沉下来，好好总结一下过去的人生，想想自己的问题。虽然我只是一个普通女人，我当不了什么大家，但我也不想庸庸碌碌、更不想浪费自己，让自己无端地在这种感情旋涡里和没有责任心的男人胡乱游戏。

我仍然相信爱是美好的；也相信，绝不会天下所有的男人都和杰一样，天下一定有好男人，只是我不够好，老天爷就没有把好男人发送给我罢了。

这样理解我的失败不会是阿Q吧。我觉得不是，因为你跟我说过，人要勇于接受真相，所以我就想，什么是雨琼的真相呢？雨琼的真相就是雨琼的失败，在和那个名叫杰的男人的"较量"中，雨琼失败了。就是这样，雨琼有问题，杰也有问题，是因为雨琼先有问题，才让杰有了伤害雨琼的机会。

非子，这样理解我的失败，你觉得我有进步吗？

我还要恋爱，继续做女人的事业，所以就请非子给我布置作业，告诉我应该怎么做。比如在跟男友交往时我应该掌握什么分寸，注意哪些事情。我会努力去做。

等我的好消息吧，非子，谢谢你一直以来的爱心与耐心，我知道听一个人倾诉是很烦的事，可你一点都没有过不耐烦，还耐心地给我写信、给我提点，引导我走向幸福，走向超越。怎么谢你呢？

用我的进步吧。

你等着，我的老师！

雨琼

非子回信 7：真假参半，戏剧有成

雨琼，你好！

经过这段接触了解了你，也喜欢你，因为你有一份心底的真，这种真属于理想世界的"珍存细软"，一旦你把它搬到现实世界，你就会遭到凛栗的伤害。而你全部的可爱和可恨也在于此，你过分沉湎于理想的美好，它使你比世俗女人单纯、勇敢；也让你比世故女人付出了太多的伤情和泪水。

还记得那天你说的话吗，你说这场恋爱让你大大地"瘦"挫了，几乎变成"失恋美人"了。接下来我对你说的是，世间所有的事都有度数，就算失恋能造就美人，我们也没必要让自己在透支的伤情里无限制地"美"下去。况且，真正的美是内在的，也是内在美和外在美的区别：前者遵循自己的准则，后者在意旁人的感觉；前者追求自我的进步，后者迷恋他人的赞美。

当然，世界上没有人是一座孤岛，可以完全是自己，每个人的生存最终都离不开别人。但对人这样一种有选择的动物，正是在你与无数个"别人"的关系中，才有了你的选择和命运。而人的情感生活，更集中地

女人的**暧昧**也精彩

反映了一个人选择能力的综合水平。这种水平仍然可以保持心底的真，但也正因为它很真，当它自行选择时，才比没有真的人对真有更多的敏感。

所谓"好人吸引好人，坏人吸引坏人"也是这个道理。人是这样地有限，就是再不同凡响我们也救不了所有的人。我们只能和自己喜欢的人在一起，爱自己的爱，喜欢自己的喜欢。

尽管由于年轻，我们谁也免不了做下喜欢坏人和被坏人吸引的傻事，俗话说事不过三，我们谁也不是神，没有必要在上帝发放一次的通行里无端地浪费自己，让自己支离破碎，在破碎里感受自己的"伟大"，让爱的幻影逍遥法外。

雨琼 你说对吗？

也许上天有意考验你，要么不如说，上天心疼你的善良，所以成心给你点厉害，因为知道你能承受，更信你懂得好歹。所以就全当这次磨难是以后幸福的铺垫吧。人需要长大，更需要良善，以便有一天在平和里把自己交付相互的爱，把自己交付值得的爱人。

还是那样一句话：世上的财产千千万，最贵的财产是自己。为此保存自己，珍重自己，把自己花在值得的地方，把自己交付值得的人。是女人应该切记一生的珍言。

你有坚强的素质，能独自面对男人和世界；也能不改变本我与男人平等相处。但自我的更新需要时间，也许不是一年，而是一生。就像通往涅槃的路，真的朝圣者不可能只在有阳光的日子里走，为了涅槃后的平和，他必须得经历阴雨和泥泞。

如果能懂得这个道理，你就不会一再询问男人是什么东西，或者世界上为什么会有他那样的人了，就像你永远不会问为什么百花丛中有荆棘和杂草。荆棘和杂草固然烦心，没有它们，百花就缺少了自然的养料。人也如此。人需要自身的素质，也需要他人的养料。自身素质让人有判别事物的清醒，他人的养料让我们多了心理上的免疫功能。

这样看待你和杰的关系，你就不会迷惑不醒了。就像我多次对读者讲的，当你在一桩迷情中苦苦追寻不得要领时，索性中断寻找，让自己跳出来，让自己在观照的位置体验一下"那个人"的感情。这就叫客观审视，这就是观照的好处，只有观照能让你擦亮眼睛，扶正倾斜的磅秤。而看人的对错，无不有赖于我们心底的明镜和磅秤的平衡。

雨琼，就像你在信里说的，不管男人怎样，我们都应该相信爱是美好的。为了未来的幸福，总结自己，改变自己，提升自己，是对男人的认识，更是我们对自己的珍重。

具体到你的问题，也是你害怕面对的问题，雨琼，就让我们一起做一个功课吧。

1. 做后发制人，你才受用

女人在恋爱中总喜欢急于求成，先是急于交付，后是急于结果，然急茬的心态在恋爱中往往没能带给女人预期的幸福，反让女人越发失落。为什么？因为感情自有感情的路数，感情的发展在本质上应该是顺其自然的结果。

也因此，雨琼，建议你做一个功课，就是学会把自己交给时间，特别是在你遇到问题时，别急，让时间帮你斟酌，也让时间给对方调整。而在人类所有的治疗师里，再没有比时间更好的大夫了。所以要相信时间，把自己交给时间，相信时间能对一切做出评判，相信时间能帮助那个人找回本我，也相信时间能还你公正。

具体到你和"他"的关系，不管将来发生什么事，你都不要先发制人，要后发制人。先看他怎么表现，看他怎么做。当你完全摸清他的脉搏后再作决定，那时的决定才是准确的、让你受用。

2. 观照他，他就成了路人

教你观照不是要你放弃心底的真，是要你学会保护自己。正因为真诚和善良是人性中的"珍存细软"，我们才有必要保护这个细软，不让它轻易流失，遭人践踏和浪费。而所谓的爱自己也是这个道理。人需要

"自私"——只有认识自己和保存自己才能让自己不倾斜；人又需要无私——只有诚心给予才能让我们体会到自己与他人的律动。

这里的关键在于人的类别，而所谓的"人以群分，物以类聚"，也是这个道理。作为有限的人，我们只能求得同类的认同和理解，而维系同类的前提，必定是彼此共有——而绝不是单方面的善良和美好。

虽然基督和佛都在讲爱，那也多指悲悯情怀。实际操作上，如果你的邻人连续对你出击你却连连退缩，那就不是爱了，那是软弱和堕落。而一味退缩的结果绝不是"退一步海阔天空"，那才是万丈深渊和自我的失落。

但出手要有策略，就是教你的观照。对原本无情无义的人，最有力的武器不是仇恨，是观照。为此记住，对不值得的人如同陌路，就是封闭了他通往你的路口。那才是他的所怕，也是你新生的启蒙。

3. 修为游戏和幽默

某些言情小说的危害不在那些软绵绵的甜故事，而在于，那些故事拆除了人性的孤独也腐蚀了女性的孤独。这样一来，女人就像被剔除了自我的肋骨，于是女人只有把自己绑在男人身上才感到完整。殊不知，正是她没有自我的爱厌烦了男人，也是她耐不住寂寞的空虚夺走了她的快乐。

某些言情小说的危害还在于，它总是教女人把爱情当事业，这就使得女人从走入两性关系的开始就处在高度的期望中。这样做的结果，一是掩盖了人生的真实，二是抹煞了人性的真实。人生的真实在于，爱情固然重要，但对丰富的人生它不是唯一，是之一；人性的真实在于，爱固然需要真诚，同时它也需要游戏和幽默。

你的感情里充满了对人对事的真诚是你的可爱，如果能在游戏和幽默里有所修为，不但你能在过程里修为智慧，还能体会真实的生活和真实的快乐。

这里所说的游戏不是要你游戏人生。但对不同于我们的男人，如果能潇洒一点，幽默一点，不但你自己不紧张，别人和你相处时也能放下不必要的负重。毕竟人是会选择的动物，而真实选择无不在心的自由中。

为此多给别人一点自由，你自己也悠闲；多给对方一点自主，你自己也轻松。具体说就是，下次不管怎样开始，都要告诫自己，少一点拘谨，多一点游戏；少一点认真，多一点幽默。这样你才能游刃有余，真的快乐。

为此不要一上来就认真，不要一开始就痴情，更不要八字没一撇就认定自己找到了爱情归属。要知道，不管爱情还是事业，结果都包含在过程中：没有相处中的了解，不会有牵手的踏实；没有一颗平常心，也不可能有真的幸福。

所以不要害怕男人，也用不着对他太紧张。正确的规则是，既不回避男人，也要懂得潇洒自我。而真的感情往往生成在真假参半的戏剧中。

一句电影台词说，"人生幸福在你手中"。雨琼，把这句话给你，就算是非子对你的祝福。

让我们共同进步。

也谢你给非子一直以来的信任和帮助。

非子

经过七封信的传递，三个月后的一天，雨琼给心理医生来信，汇报了自己的进步：

亲爱的非子，你好！

你每封信我都会阅读好几遍，每一个字都印在我心里，幻化成一种前所未有的力量，我无法用准确的文字来表达这种力量，而在以往，我一直以为只有爱情才有这种焕然一新的感觉；但现在，面对那种痛彻心扉的伤害，我能够坚强地对自己说，你站起来了，靠自己的力量和双腿。

感谢你如此厚爱我，疼惜我，你的真诚给了我自信，你推己及人的爱让我感动，你布置的作业我反复演练，反复思考，直到有一天从他那里走出时我不再委屈了我才懂，其实你说的观照和游戏就是放下的一种出口，感谢你的提点，让我找到出口。尽管读你的信每回我都泪流满面，但心底里有充溢的甘泉，有海一样的澎湃，现在我敢说，我可以对自己的失败有个交代了，我也可以坦然面对今后的日子和即将发生的所有。

相信我吗？亲爱的非子，亲爱的老师。

我爱你，就像老鼠爱大米。

雨琼

八、非子给江茹的信：事后感觉好，才是真的好

女人也有两个自我，一个好女人，一个坏女人：好女人愿做淑女，坏女人渴望激情；好女人想做妻子，坏女人想当情人。

1. 江茹的困惑：一次欢情过后，旧爱新欢都没了感觉

一个女孩，正要跟男友结婚时，碰到了自己的初恋情人。初恋的感觉是那样地好，以至于当两人再度相遇时，久违的激情让彼此都忘了各自的身份：一个是即将结婚的女人，一个是早有孩子的父亲。然激情过后，一方面，女孩非但没有继续缠绵，反生出对初恋情人的反感；另一方面，对自己的准老公也生出一股莫名的埋怨。是因为准老公好到"愚痴"吗，还是女孩为自己的随便对自己有所痛恨呢？

这就是江茹的困惑，对曾经的恋人和要结婚的男友，她不明白自己出了什么问题，自己的感情到底是怎么一回事？为什么明知自己不爱男友，还要答应跟他结婚？为什么一次欢情过后，旧爱新欢都没了感觉？

如果你也有同样的困惑，这封信也算是给你的答复……

2. 非子给江茹的回信

江茹，你好！

今天忙，看完你的信已近午夜，可我没有回信的急切。不是不想写，

205

而是，你信中的感悟深深地触动了我，让我回到和你一样的，可以称之为青春萌动的岁月：那异性相吸的躁动，郎才女貌的快感，偷情幽会的刺激，憧憬未来的浪漫。直到拥挤的住房窒息了呼吸，年轻的心开始渴望"围城"外的自由；直到琐碎的磨难碾碎了理想，青春的恋人终于体味到孤独的黯然。

而你所说"一年后，他走了。一觉醒来，已是楼去人空"的感觉也是我曾经的伤感：记忆中是秋天，雨夜，两人在赤裸的热烈中拥抱着睡去，醒来时不但热烈不再，回过头去才知，眼下，背对着的陌生人，竟是你朝思暮想的爱人！

于是你不禁凄然泪下，于是你急于逃出屋外，于是你渴望在冷风中镇定自若，竭力忘掉从前的自己和自己的从前。而心理学家所说"伤痕是成熟的庆典"也许就在我们若有所失，又不想回到从前的那一刻：理想的破碎固然苍凉，它对你诉说了自己的不要；现实的冲突固然无奈，它让你懂得了生活的平淡。于是你成了一个不再浪漫的乖乖女，自以为做了一个好女人，开始了一个"正统女人"的婚姻大业。

然而，当昔日的恋人再度出现时，你仍难以克制以往的冲动；又或者，在你百无聊赖之际，任何一种异性诱惑都有可能对你"窥测方向，以求一逞"，以唤醒你内心的另一种企盼。

这种时候，如果"呼叫者"是你曾经的厌弃者，你会在再度激情后走向彻底的冷漠；相反，只有当呼叫者点燃了激情，又能给你精神愉悦时，你才能在性、爱共存的爱情中体味到精神满足，也能在精神满足的踏实中享受灵肉合一的快感。

女人的**暧昧**也精彩

事实是，对人这种不完整不足以称为人的动物，灵肉合一的理想也许是我们一生的旅程；又或者，对人这种无论在哪种形式下都不可能没有缺憾的动物，心智的搏斗注定成为我们一生的苦难。然而，从乐观角度看，正是人性的矛盾让我们的人生充满了多彩的戏剧；也正是永无止境的自我搏斗让每一个活着的生命焕发出人性的光彩。

　　江茹，读了你的信，把我心里的感悟写给你，其中的道理虽不乏"惨烈"，如果能像尼采所说，一个热爱生命的人，就要敢于直面惨烈，拥抱惨烈的话，那样一来，任凭怎样的惨烈都不再惨烈了，惨烈的现实将会变成一道道彩虹，让你在雨后的晴空下尽享阳光的灿烂。

　　下面为使问题更具操作性，让我们跟随人性的指引，来一个透彻的自我分析，好不好？

非子告诉你一：江茹怎么了

1. 青春萌动的爱让我们迷失

　　青春萌动的爱之所以让人激动，因为那是我们初始的爱恋；青春萌动的爱之所以让人迷失，因为那爱起始于原始冲动，带有更多的本能色彩。由于人的思想成熟晚于身体的成熟，加上肉体的冲动就是偏爱体貌的吸引，结果是，一对金童玉女容易在一见钟情的刺激下缔结恋情，也容易在激情过后走向分裂。

　　具体到你，江茹，你和阿伟的恋情也许就是这种青春萌动的爱：在那情窦初开的年月，大四的校园，齐腰的长发，宿舍窗前的歌声，啃着半个苹果的浪漫，这一切看上去是那样地纯洁，正是在这脱离生活的梦幻中，"人去楼空"的惆怅是你必然的结局；"依然伤感"的落寞成了你走向成熟的体验。

2. 女人也有两个自我：一个好女人，一个坏女人

　　婚恋专家告诉我们，男人有两个自我，一个好男人，一个坏男人：好男人需要妻子，坏男人需要情妇；好男人需要归属，坏男人需要游戏；当男人孑然一身时，家的归属是他的渴望；一旦男人有了归属，他又开始向往情妇的热烈。

　　其实不光男人，女人也有两个自我，一个好女人，一个坏女人：好女人愿做淑女，坏女人渴望激情；好女人想做妻子，坏女人想当情人。当女人在和男人的游戏中受伤时，好男人的忠厚是她的渴望；一旦女人有了家的稳定，她也很难抵御外面的诱惑。

就像你，江茹，你对齐桓和阿伟的爱正好满足了一个女人的双重渴望：齐桓是好男人，他满足了你家的渴望；阿伟是坏男人，他满足了你情人的奢侈。

3. 男女之间最本质的吸引不是好，是活力

男女之间最本质的吸引不是好，是活力。这正是坏男人的魅力之所在：坏男人之所以坏，就在他和女人若即若离的关系；坏男人之所以迷人，也在他亦真亦幻的色彩：让你永远摸不着头脑，你对他的爱才能痴迷；让你永远痛苦，他终于成了你的崇拜；让你觉得他是唯一，你不可能再爱上别人；让你对他无法释怀，他就成了你永远的期待。而所有这一切无不来自于坏男人的活力，正是他坚持自我的活力让他的爱显示出别样的精彩。

江茹，对照坏男人的魅力想想你爱过的两个男人：也许齐桓的失落就在于，他的爱多了好男人的规矩，少了坏男人的活力；而在阿伟一方呢，他对你的诱惑与其说是爱，不如说是他的活力唤醒了你的情缘。

4. 最过瘾的爱不是得到婚姻，是受到重视

婚姻过来人有同感，爱的最大敌人不是恨，是冷漠。恨的极致毕竟包含着切肤的爱；但如果对方对你表现出冷漠，那种无关痛痒的漫不经心才会构成致命的伤害。

在你的故事里，江茹，当你从旧情人的怀抱回到男友的身边时，如果齐桓表现出猜疑或嫉妒，也许你会和他吵上一架，那到底说明了他对你的重视；眼下他对你的变化一无察觉，这种粗心的"大度"不但反应了他的愚蠢，也表现出他在情感上的迟钝。

这是因为，两性关系中，最过瘾的爱不是得到婚姻，是受到重视。特别是对一个女人，只有受到爱人的重视，她才能感到自身的价值；也只有不断地被重视，她才甘愿在爱的王国里肝脑涂地。

5. 真实的感情往往在另一份感情中得到检验

情感世界开放后，大家对外遇有了新认识：不管是女人"出墙"还

女人的**暧昧**也精彩

208

是男人外遇，节外生枝对对方固然是伤害，但也从另一个角度检验了彼此的情感。这种情况下，节外生枝的感情不一定是你想要的爱情，但至少，它的发生能折射出你对现男友的真实情感。

就像你，江茹，也许你和阿伟的一夜情让你对他旧情复发，也有可能这种单纯的肉体冲动让你加深了对他的反感。但不管怎么说，它的发生至少让你看到了真实的自己，那就是：很久以来，尽管你和齐桓已经准备结婚，尽管在理智上你把他看做了你未来的丈夫；但在心理上，你并没有真正接受他，甚至可以说，你对他的爱还缺少感情基础。

当然，在你和阿伟的一夜情过后，齐桓对你的"迟钝"固然可以成为你指责他的理由，但扪心自问，如果你真的爱他，你不但不会反感他，还会庆幸他的"愚蠢"，同时心里也会对他有更多的内疚和不安。

这样看来，江茹，你在感情上的"出墙"并不是坏事：尽管你眼下还没能找到自己，甚至你暂时陷入了对感情麻木的状态，没关系。就像人的身体受伤后需要修养和调理一样，人在心理上的伤害也需要反省和修整。

6. 对于人，最大的痛苦不是找不到爱，而是丢失了自己

一个心理学的小故事讲到了做自己的重要性：一位母亲带着自己的双胞胎女儿去逛街，发现小女儿在逛街过程中一直闷闷不乐。母亲问小女儿为什么不开心，小女儿说："妈妈，我不想穿和姐姐一样的衣服，我想穿自己的衣服，我想做自己。"

这个故事一再说明，对于人，最大的痛苦不是找不到爱，而是丢失了自己。这种做自己的渴望从人的自我意识萌生的那一天就不断对人诉说着自己的重要性，正是"渴望伟大"的重要性，就和人的性冲动一样，成为人在生活中的基本冲动；甚至可以说，比起性冲动，"渴望伟大"的冲动对人的想法和做法有着更深远的影响。

这就是做自己的核心，人必须做自己才能感受到自我的价值，并从自我价值中体会到活着的感觉；而在人实现自我价值的过程中，感情的

归属无疑是一个重要旅程，这对以感情为己任的女人来说更要紧。

所以，江茹，现在你明白，为什么自己在经历了一次激情后，旧爱新欢都没有感觉了。因为你丢了自己，没有找到自己，也感受不到自己的律动，这对一个活生生的人来说当然是痛苦的了。不过不要紧，下面我们看看，怎么才能重新复苏感情，让自己从暂时的麻木状态中走出来。

非子告诉你二：江茹应该怎么做

1. 事后感觉好，才是真的好

情感世界的开放后，人意识到自己的重要性，随着禁区的打开，女人也开始追求自己的快乐，这当然不是坏事。但经过了"多恋"和"出墙"的体验，很多女人也认识到，其实真正的快乐并不在肉体享乐，在那件事过后给你留下的好感觉。事后的好感觉是那样地重要，以至于一旦没有了事后的好感觉，不但开始的快乐烟消云散，连自己的感情也会陷入"不知所云"的麻木。所以，江茹，为了事后的好感觉，从现在开始，你是不是应该对自己的感情有所戒律呢？

2. 适度的清静能帮你找回自我

孤独是人的过滤器，也是情感的过滤器，经过孤独的过滤，人才能找到真实的自我，人的感情也能找到准确的喜好。孤独虽然听上去可怕，但自觉过一段清静的生活，人就容易听到自己心里的声音，找到你真实的自我。

而对一个女人来说，如果她总是害怕孤独，耐不住寂寞，她总是想通过婚姻来打发寂寞，她对恋人的选择就不容易准确，她的感情也难有好的基础。因为健康的婚姻应该是联合，而不是撤退。在感情联合中，每个人都需要付出；如果一个女人想要具备不断付出的能力，她在两性关系中的独立实在是太重要了。

江茹，看了这两点意见，你觉得对自己有帮助吗？

不急，慢慢想，相信你会通过自己的反省，给自己的感情找到一个新的出口。

女人的**暧昧**也精彩

等你的好消息。

非子

九、非子给小岱的长信：爱情的秘密规则

你有你的爱法，我有我的规则；你有你的游戏，我有我的度数；你设置欲望圈套，我给你爱的底线；你"单刀直入"，我给你处变不惊的坚守。

1. 小岱的困惑：跟"死亡婚姻"里的有妇之夫能好吗？

正在读研的小岱爱上了自己的导师，某大学附属医院的汪教授。事情的发起当然是这位经验男人，但因为小岱一直以来就崇拜汪教授，教授自然也不想错过小女生的投怀送抱。很快，22岁的女学子和34岁的男教授开始了火热的"地下情"。在教授一方，那不过是他男人的秉性操练和"野食"补充；但在小女生心里，却因她女人的幻想特质，演绎出一段美好的爱情故事。

正在小岱痴迷的当口，教授直言相告要斩断情丝，理由是，他"怕他的妻子受不了"。

教授的自私让年轻学子登时晕菜，残忍的"通牒"也让这位梦幻女生立马懊恼。美丽的爱情终以一杯水的泼洒宣告结束，教授抱头痛哭后落荒而逃；小岱从此疑窦丛生，不大明白男人到底是哪种动物。

痛苦的小岱只好给心理医生写信，信中倾诉了自己的困惑后，小岱说：

"我不是想从你这里讨说法，也没有想为自己辩护；我只是很想知道，在名利和爱情的选择上，男人为什么清一色地倒向前者？作为一个成熟男人，他不会想不到这件事的后果吧，可为什么他明知后果，还要让事情发生？明知他愚弄的是一个未婚少女，还要这样无情地伤

211

害我？

他会想到一个女人将永远地鄙视他，鄙视他一辈子吗？他会在乎吗？

还有，男人到底是怎么一回事，我隐约感觉到的爱情的秘密规则在哪里，未婚女人在和男人的关系中应该注意什么？如果一个男人有的是一桩"死亡婚姻"，而他又不能离婚，某个女人和他真心相爱，她能跟他好吗？会有好结果吗？

因为和有妇之夫谈过恋爱，让我再找小男生，我没这个心气，怕也没这个机会了，所以上面的问题对我很实际，也很困惑。太需要老师的指导了。"

2. 非子回信

小岱，你好！

读着你的信，心里有种隐隐的疼痛。不是因为在两性关系中，男人习惯设置圈套，女人容易落入圈套。相反，正因为我了解男人也了解女人，我明白男女关系的症结，且那症结从整体上说不在个人好恶而在上帝的制造，我才有了无奈的疼痛。此种疼痛，在我接受了太多的心理咨询后终于变成了一个决心，决心将男人剖析开来，将一个真男人完整、如实地展现在女人面前，是对男人的正名，也是对女人的帮助。

也是多少个倾诉者在做完心理治疗后的感慨，听完我对男人的剖析后说：非子，早明白这个道理就好了，早知道男人是这么一回事就好了，早知道这件事没结果就好了，早一点了解游戏规则就好了，就不至于苦苦地陷入其中而不能自拔了。

原来他从一开始就不是爱，原来他压根儿就没打算离婚，原来他从没想过要娶我，原来他就是想从我这儿得到在他老婆那儿得不到的，原来他不过是想尝尝新鲜的味道……要是一切平安无事倒也无关宏旨，可一旦隐情暴露，他立刻显出自私，一旦你触及了他的利益，他无论如何都要保住他的婚姻和家庭。

那是因为，妻子对他不仅是妻子，她是他的亲人。

婚姻对他也不仅是婚姻，那是他落脚的巢穴和立足的支柱。

但对于女人，那件事有了本质的不同。同样是"完事"，女人心目中的婚姻随身体的交付有了特别的厚重：那是她爱到深处的渴望，也是她实现自我最好的途径。此情结不光对未婚少女，对有过婚姻经历的女人也一样。可以说，女人对婚姻的渴望，并不因她有过的失败而有所减少。

所以不光你，小岱，很多经历过婚姻失败的女人，也在和已婚男人的偷情中梦想着婚姻的降临，遭受着游戏的困扰。也是你说的，即使你没想嫁给他，也不想看他没打算娶你；否则，男人对女人的亲近就是对女人最大的不敬了。

按照女人的逻辑走下去，你还得受伤，即使你有了相当的女性经验，如果你不了解男性性别，你还会误入歧途。那不是女人的愚蠢，是女人自带的忠诚；也不是女人的轻浮，是女人天性的归属。

所以女人才有必要了解男人，了解男人的花心，也了解他背后的无奈；了解男人的自私，也了解他背后的缘由。对即将步入30岁的你，小岱，一次感情失败并不重要，重要的是你能从中了解男人，了解自己，而后清醒。

这是因为，世界上只有男人和女人，女人要永远不了解男人，就无法平衡内心；女人要总是按照自己的想法去想男人，男人注定会成为女人无法释怀的痛苦。

也是你和很多女人迷惑的，为什么在名利和爱情的选择上，男人总是清一色地倒向前者？为什么明知那样做的后果，他还要让事情发生，让女人受伤害？

下面看看，男人到底是怎么一回事。

非子支招一：男人的欲望让男人落入了女人的圈套

男女相交，一旦两人发生了关系，女人多会指责男人；但要问男人，男人会说，是女人的勾引让我落入了女人的圈套。

男人何以轻易落入女人的圈套？这得从男人的生理结构谈起。

性学大师弗洛伊德发现了性对人的影响和作用，除生殖功能外，性是两性关系的基本动机和主导。然而由于生理结构的不同，对于性，男人和女人仍有着不同的理解和反应。

对女人，性是爱的表达，即使她不明白自己的感觉，性的吸引对她依然是感情的表述。

进一步说就是，由于女性性欲和激发她生理欲望的睾丸素没有必然联系，女人成了天生的性的无知者。如果没有男人的引入和外人的教授，女人永远不知道性是什么，尽管她也能体验到性的感觉，但感觉的萌发总是伴随着她对爱的幻想和憧憬。

和女人不同，男性性欲和激发他生理欲望的睾丸素（也即睾丸酮）有着密切的联系，加上男性睾丸酮水平高于女人10～20倍。这就决定了男人强于女人的性欲望和性冲动。

结果，生理上想尽快和更多地占有女人，心理上也想尽快和更多地占有女人，正是男人的"双重奢侈"决定了男人对女人的"侵略"，导致了两性关系的矛盾与冲突。就像你的情人，你说你"一无所有"；对他来说，你的年轻就是你对他的勾引，你的靓丽就是你对他的诱惑，又在他的性生活处于"非常"时，年轻的你对他的吸引到了一触即发的地步。

这种时候，他结没结婚，都不重要了；或者可以说，正因为他结过婚，他对未婚少女才更加迷恋；他深知性的甘美，他对未婚少女的胴体才充满了性的幻想。

当然，囿于种种戒律，不是每个男人都能实现他的性幻想，但只要他有机会，或者他有实现幻想的口实，一个正常男人恐怕很难不"陷落"。俗话说，英雄难过美人关，指的就是男性性欲在女人面前天生的弱点和缺口。

非子支招二：男人有两个自我，一个好男人，一个坏男人

几乎每个男人都有两个自我，一如每个男人都有两种需要，他需要事业，也需要家庭；他需要妻子，也需要情妇。而且，他的两种需要处

女人的**暧昧**也精彩

在相辅相成、相互依存的状态中。他孤身一人时，他向往家庭；他家庭稳定后，他转向对事业的关注。同样，结婚以前，他一心想要妻子；有了妻子，他的心思就转向了情妇。

实际上，正是男人心里的两个自我分裂了女人也迷惑了女人。男人有两个自我，一个好男人，一个坏男人；好男人需要淑女，坏男人需要情妇。他需要淑女以满足家庭的归属和传宗的需求，他想要情妇以满足新鲜的刺激和性欲的享乐。

而男人的无奈还不在他本身的分裂，而在于，他的分裂刚好符合了他男人的使命和角色：社会使命要求男人一生进取，不断创新；男人的角色要求男人自强不息，独立自主；而且，男人的进取又与他的性驱力达成了一致性。于是，正是社会角色和生理角色的一致造就了男人的"帝国主义"，让"分裂成性"的男人在男性中心社会找到了伦理的支持，也找到了实际的出口。

已有实践证明，睾丸酮高的男人，他的成功系数大，他的性驱力也强。发展得好，他能成为女人心里的大英雄；发展得不好，他也会成为女人唾弃的坏蛋和暴徒。反之，也许某人是女人眼里的好男人，但由于他的睾丸酮水平低于强势男人，无论在事业和功能上，他只能保持中庸水平。

这也是女人在生活中常有的矛盾，她迷恋成功男人，但受不了他的花心；她渴望好男人，也受不了他的窝囊。

然而，这就是男人的基本现状，而且这个现状也不是男人的分派，是上帝的打造。说上帝不公平也好，说上帝捉弄人也好，总之，上帝在每个男人的制造中都实行了"打包制"，优点配缺点，好处加坏处。爱不爱由你，但只要你爱上了，你就不能分裂男人，你对他的好坏只能客观理解，全盘接受。

非子支招三：女人信仰爱情，男人信仰事业

现在回到你的问题，小岱，这也是很多女人的困惑，信里你问，在

215

名利和爱情的选择上，男人为什么清一色地倒向前者？这个问题，如果我反问你，在名利和爱情面前，女人为什么会倒向后者？你怎么回答呢？你一定会说，因为女人是感情动物呀，女人重感情，男人重利益。

然而，世界上没有无缘无故的感情，也没有无缘无故的利益。我们看问题，一定要从整体出发，才无愧于人性，又不失偏颇。

前面说过，同样是"完事"，女人心目中的婚姻随身体的交付有了特别的厚重：那是她爱到深处的渴望，也是她实现自我最好的途径。

上述说法，如果你认同，那么同样是信仰，女人信仰爱情，男人信仰事业，这个结论就顺理成章了。

接下来，既然事业是男人的信仰，那么，男人通过事业实现自己的价值，就和女人通过爱情实现自我有同样的分量了。

也因此，名誉对男人不光是名誉，那是他男人的价值和尊严；利益对男人也不仅是利益，那里有他的事业和追求。

小岱，这也是你在此次恋情中遭遇的戏剧，他的家庭相安无事时，他需要你；他的妻子跟他较劲时，他只有放弃你。表面看他是薄情，从他的利益看，那是他统观全局的控制；表面看他是冷酷，站在他家庭的角度，那是他对妻子的仁义和保护。

这就是男人：他无法摆脱女人的困扰，也无法放弃他的自我中心；他本意并不想伤害女人，又无法满足女人的要求；他希望在妻子和情人间运筹帷幄，以便双方各得其所。可天道偏偏是智者千虑必有一失，他想证明他对你的爱，但他的底线仍然是保住他的婚姻和家庭。

这就是男人，男人就是这样一个想要求全又无法两全其美的动物：他没有真的想伤害你，只不过，他的游戏天性使他不可能对第三者女人太认真；他并非对你没感情，只是，他的家庭使命只能让他对第二者女人负责任；他对你也许有愧疚，但是，他男人的面子使他不可能对这种愧疚做牺牲；他在乎一个女人对他的鄙视，但只要你的鄙视不牵涉利害，他就很难为这种鄙视做让步。

女人的**暧昧**也精彩

当然，男人中也有信仰爱情的痴情者，但这种人绝对是个例，不代表男人的大多数。

非子支招四：是你，让他把你变成了一个受害者

现在该谈谈你了，小岱，信里你对这个男人一味地怪罪，直到信的结尾，你也没想过自己的问题，而是沉陷在对他的谴责中。

还记得你对他的质问吗？

▲作为一个成熟男人，他不会想不到这件事的后果吧，可为什么他明知后果，还要让事情发生？明知他愚弄的是一个未婚少女，还要这样无情地伤害我？

▲他会想到一个女人永远鄙视他，将鄙视他一辈子吗？他会在乎吗？

然而，即使读这封信的人不是男人是女人，即使这个女人不是一名心理工作者而只是一个普通女人，如果她秉有客观，她也会和我一样，对你所说"也许我的追问很苍白"，给以肯定的答复。

是的，你的追问是很苍白；不仅苍白，如果你是我的姐妹或朋友，如果你对一桩"愿打愿挨"的情缘完全抱着谴责他人的态度来找我，让我评理，我也会坦率地对你说，那是你咎由自取，自作自受。

鉴于生活中如你这样的女人不在少数，我以为有必要将你的心路剖析开来，以便给女人更受用的帮助。

以下都是你信里的话，如实摘录，希望你能看清自己在此事中的心路和态度。

▲渐渐地，平息了被侵犯的愤怒，我无常的内心竟然升起一种偷喜的快乐。

▲对中年男人的警惕我不是没有，但在荷尔蒙的攻势下，我无心咀嚼别人的痛苦。那时的我，可能已经昏了头，放弃了理智的审问，松开了自律的戒尺，我知道生活和我想的不一样，可我还是死死地认定，这样一个男人爱我，就是上天给我的恩宠。

▲于是，面对他的再次哀求，我松口了。

▲于是，尽管他告诉我说他有妻子有家室不能离婚，我也不在乎，宁愿沉浸在虚幻的浪漫里戏耍，遐想，也不肯回头。

▲按理说，话说到这份儿上我该给他一记耳光的。这么一个视我为草芥的男人，赤裸裸地表白心迹，还有什么值得我去爱、去付出的？

▲可我没法对他下手。

▲我知道那个称为爱的种子，已经悄悄地埋进了我的心土。

小岱，你信里说过的话，你不会忘记吧？只不过，你从女人的自我感受出发，不认为你的想法有错误。试想，如果说这些话的人不是你，是另外一个女人，或者她就是你的姐妹或女友，你作何感想呢？

很清楚，你信里的这些话分明表现了你"爱上他"的心路：你从"被侵犯的愤怒"到"偷喜的快乐"，从"可能已经昏了头"到"不肯回头"，再到你"没法对他下手"，因为"爱的种子"，已经"埋进了"你的"心土"。

以上，看不出那个男人对你的胁迫与强求；相反，即使在与你的偷情中他是主动，他也并没有欺骗你，而关于他不能离婚的底线，他"从一开始"就你跟"摊牌了"。

不是吗？

如果你的自我描述没有偏差，那么你后来所说，"虽然被他一次次地捕获，但我并没有想拆散他的家庭。但话说回来，即使我没有想嫁给他，也不想看他这么理智，根本没打算娶我。男人对女人的亲近，至少应该以婚姻为目的的，否则就是对女人最大的不敬"。这段话，就与你自己的行为矛盾到不能自圆其说了。

你说："男人对女人的亲近，至少应该以婚姻为目的。"如果你承认这个标准，那么我问你，女人亲近男人，应该以什么为目的，是婚姻，还是爱情呢？

女人的**暧昧**也精彩

这里，作为一个正直的女人，你不会"只许州官放火，不许百姓点灯"吧？你不会要求男人亲近女人以婚姻为目的，女人亲近男人就可以以爱情为目的吧？又或者，男人亲近女人不以婚姻为目的，就是男人的卑鄙；女人亲近男人以爱情为目的，就是女人的高尚，如此在一桩非法恋情中，第三者女人就可以堂而皇之地在"爱"的冠冕下去伤害另一个女人、破坏别人的家庭了。

这个逻辑，你不认为也很霸道吗？

对此，你也许觉得委屈，你会自我辩解地说，非子，这件事毕竟是他主动，是他先亲近我的呀。

但是你迎合他了，小岱，是你，给了他进一步亲近你的机会；是你对他的"松口"，让他对你的亲近有了合理的理由。况且你不是一个小孩子，你是一个成年人，你比法律规定的成人年龄还要大 4 岁；同时你还是一个大学生，受过良好的教育，有自己的头脑。对这件事，仅只说那个男人"捕获"了你，且"无数次地"把你"带进死胡同"，就文过饰非了，也是你对自己的逃避和推脱。

说到底，此事伤害你的不是那个男人，是你自己；或者说，是你，让他把你变成了一个受害者；是你，"放弃了理智的审问，松开了自律的戒尺"；是你，给了他"捕获"你的机会和理由；而应该对你负责的也不是那个男人，而是你自己。

中国有句话叫，一个巴掌拍不响，是说，凡牵涉到双方的纠葛，应该是各负其责；还有一句话叫，物必先腐，而后虫生，讲的就是外因通过内因起作用。

套用这两个道理，你"理智的审问"就不好指向别人了。反之，有一天，你把"理智的审问"指向了自己，你就警戒了自己。因为你握住了"自律的戒尺"，那戒尺告诉你说，你要不想鄙视自己，就不能做鄙视自己的事。

非子支招五：爱情的秘密规则在哪里？

你说得对，爱情是有它的秘密规则的，否则，男人有男人的需要，女人有女人的任性，那岂不天下大乱了？

可天下没有乱。为什么？

因为爱情有它的秘密规则。

现在来看看，爱情的秘密规则，在哪里？

爱情的秘密规则，也叫爱情的游戏规则或潜规则。相对于婚姻，这个规则才是安定社会且让多数人受用的心理戒尺。

婚姻是法律，潜规则是自觉性。只有法律没有自觉，法律最终是一纸空文；有法律也有人的自觉性，人就有了道德指南和法律的依靠。

人不能没有道德，也不能没有遵守道德的自觉性。从道理上讲，人的道德底线应该是良知，但因为良知在日常生活中不易被警觉，所以人就有了违背良知的理由和机会。

而这里所说的良知和道德，是以整体为准绳的绝对戒尺，它和天道一样，不可变更，也不可违背。什么是整体？整体不但有个人需要，还要有他人需要；不但有眼前利益，还要有长远利益。具体到男人和女人的关系，你只想个人需要，不管他人需要，就是缺少良知；你只想眼前利益，不想长远利益，你也会为自己的道德遗失而痛苦和后悔。

反过来，你考虑个人需要也兼顾他人需要，你就是有良知；你凡事从长远着眼，从实际入手，即使你眼下有痛苦，你心里的道德也会帮你渡过难关，走向超越。

比如一桩婚外情，无论对出轨男人或第三者女人，你都不能断然说，他或她已经没有了良知；只不过，激情或冲动一上来，人就松开了自律的戒尺。这种时候，个人需要绝对是第一位的，但因为两个人互相喜欢，各自的需要也会在激情中找到共同点。然而激情一褪色，个人需要又占上风，这时两人的关系势必因不同的需要而产生裂痕。

实际上，多数出轨男人以家庭为底线的控制，正是因为他想守住道德；同样，不少女人和你小岱一样，在开始的婚外情中并没有想破坏对方的家庭，也是你们对良知的捍卫。但遗憾的是，感情自有感情的路数，一旦感情陷入沉迷，它往往会自行其是，脱离理智的支配。结果，开始

女人的**暖昧**也精彩

的计划和好心总会在事情发展的过程中节外生枝，甚至事与愿违。

这是因为，人有贪欲，人也有逆反。一旦贪欲和逆反携起手来，贪欲多会压倒良知，理智也会屈服于任性。况且，如果你起点就错了，过程就更容易失控，结局也更惨烈。

也因此，爱情规则是何等重要了，要有正规则，还要有潜规则；要有公开的规则，也要有秘密规则。不管规则叫什么都不重要，重要的是，人要时时握住内心的戒尺，让心理戒尺守住良知和美善。

为此，自省和自律应该成为人的两大警戒，自省帮你监督自律，自律让你守住正轨。

非子支招六：规则的较量——你爱你的，我爱我的

毛泽东有一个至今为中外军事家津津乐道的战法叫，你打你的，我打我的。

男人和女人当然不是敌人，但因为两个性别的基本需求南辕北辙，当误解把两个不同的人纠结在一起时，彼此的争斗也有了战争意味。

况且，按照上帝的旨意，男人原本就是一个争斗的性别，此特性除了帮他发展生存技能外，对女人的猎捕，仍然是男人与生俱来的兴趣。

罗素在解释基督教的婚姻观时说，基督教主张婚姻不是为生儿育女，而是为防止私通。就像一些人认为的那样，我们所以要烤面包，是为防止人们去偷蛋糕。

然而，即使有了面包，男人还想去偷蛋糕。

这就是男人，这就应该是男人，男人就应该保留上帝赋予他的原始生命力的律动，此律动，坦言之，的确远非婚姻所能满足；只不过，由于婚姻的拯救，男人在天伦之乐中找到了新的平衡。但无论如何，男人的律动——只要他是一个男人——就是不可剔除的，且律动之表现，从整体上说，因着文化的管理时松时紧；但要论个案，自打有了婚姻，性的偷盗就未曾停止，男人对女人更是时时"窥测方向，以求一逞"。

由于男人天生就这副德行，女人要指望男人率先变好，怕是会落空。

况且作为女人，你又要男人潇洒，又要男人厮守，如此的奢望，也有辱你女人的使命。

这是因为，上帝打造女人，就是为让女人帮助男人：男人游戏时，你做他的老师；男人有难时，你做他的支柱。其实一个好母亲所扮演的，正是集老师与支柱为一体的角色，儿子淘气时，她循循善诱；儿子奋斗时，她给他力量。

只可惜，生活中多数女人还是缺少对自己的认同，也许正是出于内在的自卑，她总想和男人一比高低，决一雌雄。结果，女人倒是不亏损了，她也几乎变成了男人；男人倒是不骚扰她了，她也没有了女人的诱惑。

在男人面前又要有吸引，又要有距离；又要不失风情，又要不失自重。这对女人，实在是一门难修的功课。

男人都明晰，在男人对女人的"猎捕"中，除少数"单刀直入"者外，多数人都会以试探起步，试探你的类型，试探你的喜好。不管他用的是哪一招，欲擒先纵欲也好，投其所好也好，他的目的只有一个，就是探秘你的情怀，揭秘你的私处。

这种时候，你要每每迎合他，你多会轻易上钩，又轻易被弃；但如果你对他的试探杯弓蛇影，来不来就骂他流氓，你也不会因为自己的贞洁而感到快乐。

怎么办，面对侵略成性的男人，女人就没有活路了吗？

当然有！

实际上，毛泽东用以制胜的战法"你打你的，我打我的"，并不是一味地自我欣赏和自我盲动。反之，正因为他知己知彼，他才能扬我之长，攻敌之短，用"我打我的"自信先声夺人，在气势上先扰乱对方，让对方不得不跟随他的带领。

事实是，有品位的女人，都想找到一个精神领袖，以便跟随他的带领。正因为很多女人都有英雄梦，女人才有必要自我把持，以便你的英雄梦得以实现，以防你的英雄梦在现实里落空。

如前所述，再伟大的英雄，他也离不开男人的欲望，由此英雄在美人面前一路跌份，就成了常有的故事和说笑。如此一来，你心目中的英雄就不英雄了，连同英雄心里的美人也落得上当受骗的下场。

既然上帝让女人做好人，女人不如把好人做到底；既然上帝给女人安放了美善机制，女人不如索性开启美善大餐，让男人在你的美德里束手就擒，在你的大爱里把他的人性发挥到最佳地步。正如劳伦斯所说，"大脑才是男人的性器官"，但男人能否用大脑统帅他的性器官，他能否在不失活力的情况下仍然做一个好男人，这的确需要女人的帮助。

这就叫你爱你的，我爱我的：你有你的爱法，我有我的规则；你有你的游戏，我有我的度数；你设置欲望圈套，我给你爱的底线；你"单刀直入"，我给你处变不惊的坚守。

如此才能看出男人对你的真感情：他原本是游戏，他爱的说辞经不起你的拒绝；他对你是真爱，他自会尊重你的选择，在顺其自然的过程中把他对你的爱化为行动。

总之，一份好感情一定是顺其自然的结果，不管过程多难多长，因为有基础，女人不易委屈，男人也不易放弃；因为有了解，女人有自信，男人也有力量。

如此的较量就不是争斗了，那是我爱你，你爱我的真诚；更是你帮我，我帮你的互助。

非子支招七：实际操作中女人应该怎么做

小岱，你信里提的并不是你一个人的问题，在多年的心理治疗中，这些问题也是其他女人提及最多的，一来因为观念的开放，二来由于婚姻的动荡，未婚族和已婚族出现了前所未有的瓜葛，"打开门户"的女人也陷入了前所未有的困惑。现将未婚女人应该注意的问题归纳为三点，讲解如下。

1. 性的交付一定要有爱的基础

对女人来说，性的交付一定要有爱的基础，因为女性性欲的特点是

223

有爱才有性；如果你在没有爱的情况下交付了性，不但你自己容易失落，男人也不会在意你的付出。

反过来，男性性欲可以是独立的游戏，男人可以在没有爱的情况下进行交媾，而且此事在某种程度上并不影响他爱的感受。这就是为什么，在婚外情中，男人常以"那件事没有影响我的家庭"来为自己辩护了。但同样的事发生在女人身上，男人会非常在意女人的投怀送抱。因为男人很清楚，同是出轨，他是游戏，你是真格；同是出墙，他是随意，你是预谋。

这也是为什么，在多数的欲望圈套中，男人多以爱作为性的说辞了；又因为女人多半相信男人爱的说辞，那件事往往由于男人的坚持和女人的妥协屡屡奏效。完事后，他逃之夭夭，你万般悔恨。你质问他时，他说，那不是他的强迫，是你的自愿；你再纠缠他，他要么对你不理不睬，要么就继续使用你，还把他对你的使用归结为你的需要。

除非你也抱着游戏心态，只要是一份真感情，女人都有必要明晰自己的规则，那就是，对女人来说，只有基于爱的交付才会给你好结果：他不爱你，你也不后悔；他爱你，你俩会更幸福。

2. 分寸有妇之夫

让你分寸有妇之夫，你可能会不在乎。但我要告诉你，很多与有妇之夫有染的女人，过后都会发出同样的感叹说，今生今世，再不和有妇之夫打交道。你会感到问题的严重性。

让你分寸有妇之夫，不是让你不理他；而是说，即使在公共关系中你不能不跟他打交道，你也最好明白他的身份，给他应有的分寸和度数。因为你了解了男人的弱点，你才更该自爱自重，以免你的言行误导他人，以防他人从你身上打开缺口。

事实是，有妇之夫中确有一帮跃跃欲试的出墙族，先是对婚姻的厌倦让他们对外面的精彩格外钟情，再是女人对成熟男人的膜拜，也容易让自己成为男性婚姻族的"猎物"。

女人的**暧昧**也精彩

224

这也是过来人的经验和忠告，一来这帮出墙族，多半都是吃着碗里的，还想着锅里的"野心家"；二来你原本只想和这个男人谈恋爱，殊不知，他的言行其实受到另一个女人的限制和干扰。这时你才恍然大悟，他从没有想过要离婚，说要离，那也不过是他牵制你的口实；他也没有想过要娶你，说要娶你，那也是他给你的安抚和误导。

如此一来，他得到了妻子加情妇的双重满足；你失去的不仅是光阴，还有你对人的信任和你对生活的正确感受。正好应了那句话，"好人吸引好人，坏人吸引坏人"，再加上一句，错人吸引错人，就成了你的命运和回报。

因为，人与人之间的吸引首先有赖于大的磁场，你身处好磁场，就容易遇见好人；你身处坏磁场，坏人就容易成为你的牵手。你虽然不是坏人，但因为你起点错误，待私情暴露的那一天，"愿打愿挨"就成了他对你的交代，也成了你有苦难言的失落。

3. 改掉喜听好话的毛病

很可能，多数猎艳男人都知道女人喜听好话的毛病，所以男人在猎取女人时，大都会给你无限的赞美和夸奖。说爱你也好，说喜欢你也好，那倒不一定是他的违心之词，但无论如何，那种欲望之上的甜言，没法和爱的表达相提并论。

但遗憾的是，多数女人还真有喜听好话的毛病，不但喜听男人的好话，她还从自恋心态出发，把男人对她的喜欢上升到爱的高度。就像你，小岱，人家不过是一句"为什么我那么喜欢你，你一点儿也不知道"，你就能把人家的喜欢理解为"狂爱"，进而，你一味夸大自己的想象，竟把他当成了你"明知有家室也不在乎还想跟他白头偕老的爱人"！

其实他一句随口的喜欢，不过是他的欲望之言，但在女人看来，它足以让你自我陶醉，自我晕菜。因为女人生就坐落在梦幻里，而女人最美最好的梦就是男人。也因此，与其说那是女人的美梦，不如说那是她心底的渴望；与其说她渴望男人的爱，不如说她渴望自己永远吸引男人。

当然，渴望自己永远吸引男人也没有不对；只不过，受用的吸引要靠自己的实力，而不是你一相情愿的梦幻。这也是女人常有的致命伤，你睡在梦里，才容易对男人"雾里看花"；你站在天上，才会对男人"全面期待"。

反过来，丢掉自恋，你就容易"拨开云雾"了；让自己从天上落到地上，也降下了你对男人的"高望值"，让彼此在客观里相互接受，互敬互爱。

也因此，走出自恋就不单是改正缺点了，那是你恋爱的修为，也是你成熟的功课。

非子支招八：如果你爱的他处于一桩"死亡婚姻"，你怎么办？

现在回答你最后一个问题，小岱，信里你问："如果一个男人有的是一桩'死亡婚姻'，而他又不能离婚，某个女人和他真心相爱，她能跟他好吗？会有好结果吗？"

讲解如下：

什么是"死亡婚姻"？顾名思义，就是没有了感情的婚姻。然而在现实生活中，这样的婚姻也多有两种：一是性格不合，导致了双方的裂痕；一是性事不和，造成了彼此的分裂。但不管是哪种原因，各有各的问题是显而易见的。对性格不合的责任，你不能仅只归咎于某一方；对性事不和的原因，你也不能简单地归结为男人的花心或女人的挑剔。

还有一种结合，从一开始就是利益交换，因为两人都是实用主义，在开始的好感中，彼此的欣赏多少都有利益色彩：比如，男人看上了女人的家庭，女人看上了男人的权位。激情尚存时，各自的背景都是炫耀的虚荣；激情一过，利益带来的变化势必引起争斗与分裂。

加上，两人要原本就性格不合也性事不和，争斗就会更频繁，冲突也会更激烈。但因为有利益的牵制，其感情终于出现了"死亡"的局面：为不让自己吃亏，就是再对立，我也不离婚；为不让你得逞，就是在仇恨，我也不分手。于是就有了"死亡夫妻"，可谓"死亡婚姻"的副产品。

实际上，没有一对夫妻是没有问题的，也没有一对夫妻可以不经磨合就达到默契。对每一对新人，爱的感觉都不足以支撑婚姻旅途，开始的好感也不足以应对现实磕绊。这种时候，能让两人走下去的，就只有态度了，而积极的态度，又多有赖于彼此对对方的基本认同和基本信任。有这两个基本点，就容易走好；没有这两个基本点，就难免分裂。

前面讲过，婚姻对男人不仅是婚姻，那是他落脚的巢穴和立足的支柱。据说在美国和日本，很多专业公司在聘用高职时，首先考察的就是他的婚姻和家庭。因为私人关系最能看出一个人的深层品质，因为婚姻关系最能检验一个男人的统筹本领，于是就有了某些品牌公司的逻辑：如果一个男人连他的家庭和女人都管不好，他怕是也不好胜任关系复杂的高层领导。

也因此，男人对离婚是何等惧怕了。尽管国内尚未实施"从家庭看其人"的聘用制，但男人对事业的信仰足以让他对离婚望而止步，一来舆论的谴责让他男人的面子不胜尴尬；二来麻烦的纠缠让他男人的精力不堪负重。普通男人尚且如此，利益在身的男人，对离婚更是退避三舍。

这和女人说离就离的"气魄"刚好相反。但也不尽然，眼下，因为家庭有了更多的利益，加上女人对"剩女"的恐惧，也有越来越多的女人加入到"保卫婚姻"的队伍，其中，"死亡妻子"们身先士卒。尽管她明白，她的男人早已不爱他；哪怕她猜测，他在外面已金屋藏娇，她仍是顽强地守住了她的底线，那就是，只要你敢跟我提离婚，我就跟你鱼死网破。

也因此，诸多不能离异的"死亡婚姻"应运而生：很可能，他和她早就分居两地，他在这边工作，她在那边工作，两人早已是死亡婚姻，又在利益上各得其所；也可能，他早就借工作之便与外方签下合同，合同期内，他终于有了几年的空间和自由。

这也许就是"死亡婚姻"族退而求其次的幸福方式了：管他离不离

呢，反正我眼下"有锅也有碗"，吃不吃全在我的兴致和心情；你不是要抓我的现行吗，对不起，我现在是"将在外，君命有所不受！"

即使两人只能待在一个屋檐下，"死亡夫妻"也基本上是既无性，也没话。所谓的"冷暴力"，指的就是这种关系，不管是男人"暴力"女人，还是女人"暴力"男人，一个冷字，已分明显示了两人的敌意。

以上就是"死亡婚姻"的概况，从中看出，"死亡夫妻"的感情已经破裂是事实，但他们宁要利益不顾真情，宁要对抗不要包容的态度，正是他们"死亡"的根本原因，也是他们争斗的症结与各自的护守。

在男人一方，他深知他的婚姻与事业相得益彰，所以他宁要婚姻利益，也不肯离婚；在女人一方，她很清楚她是她丈夫的靠山，她不可能将她的利益拱手让给别的女人，所以她宁要婚姻名分，也不要幸福。

小岱，如果你遇到的是这样的男人，你敢爱他吗？就算心理医生不给你泼冷水，和这样的男人在一起，你觉得会有好结果，会幸福吗？

当然，生活中不是没有这样的女人，在当今的开放潮流下，有太多的女人，为利益也好，为需要也好，她们陷入到与"死亡丈夫"的纠葛中。

也许他是跟你说过，你是他今生的最爱和最后的归宿，但只要你离开他，他马上会有别的女人；他也跟你一再表白，如果有一天隐情暴露，他绝对会为你挺身而出，但话音刚落他就背起行囊，说是他老婆让他这个长假务必回家，否则他就得后果自负。表面上他也给了你小恩小惠，但在总体利益上，你无法与他老婆一争高低；表面看他也给了你一定的温存，但他的底线，仍然是你得服从他的时间表。

如此的争斗周而复始，如此的纠葛让你一再寒心，一再失落。可每回你拒绝见他，他就在你面前痛哭流涕地说，这辈子他要是没有了你，他就得死；你再要质问他跟他老婆的关系，他就告诉你，他跟她早就没有了那种事，她对他来说就是个男人，他所以不离婚，完全是为了事业的需要。进而，他还会为你描绘你俩的美好前景，他会为你买车、买房，

女人的**暧昧**也精彩

给你一生的爱与厮守，且房车都是他与你的共同财产，一生的厮守也是他给你的最甜的引诱。

就这样，你每回想跑时，他都给你同样的甜言；你一百次横眉立目，他一千次低头谢罪，旨在对你的迷惑与挽留。

而对这些女人来说，她们也有她们的逻辑：女人的力量是男人给的，他不给我走的力量，我没法离开；现在的剩女这么多，对一个单身女人，有男人总比没有的好。

只是，每晚躺在床上，她觉得在这张床上躺着的，总是三个人；每当花好月圆时，她倚在窗下，望着成双的情侣，总也禁不住凄然泪下。

当然，在这样的关系中，也不能说他对你一点爱也没有，但即使你经济独立又善解人意，他所谓的爱，依然多是性的需要。他爱的是你的性，而不是你这个人。在这个前提下，你的独立就成了他我行我素的条件，你的仁义也成了他以自我为中心的理由。

总之，他就是一个自私又霸道的男人，而且他的霸道到了"只许州官放火，不许百姓点灯"的地步：你自私，他不要你；你不自私，他欺负你；你跟他较量，他冷落你；你理解他，他享受你。你以为你用你的女性美德可以感动他，其实你做了他享乐的温床；你以为你对他来说是唯一，在他眼里，你和别的女人一样，只有使用价值。

试想，对他的原配夫人，他都能利益至上，不顾亲情，你又怎敢指望他去爱一个外人？

小岱，如果你和上述女人一样，也爱上了这样的男人；如果你在屡屡受伤后依然抱着侥幸心理和态度，同时你又一再为心理失衡而痛骂那个男人，希望我给你做心理治疗，现在我就告诉你，如果真有那么一天，你不要再来找我，即使你找到我，我知道这个情况后，我什么也不会说。

实际上，几乎没有一个成熟女人不懂道理，也没有一个受伤女人不明白她不幸的原因和问题的出处，然而，当她一根筋地爱上了那样一个男人时，你说她什么也没用了。你说她没自我，她说自我也不当饭吃；

你说她没自尊，她说和失尊比，孤独对女人更可怕。

这就叫性格即命运：你非要往死胡同里走，就怪不得别人对你的牵引；你非要在"攻守同盟"里愿打愿挨，也怪不得别人对你的引诱。

如果你坚持问我这件事的结果，小岱，我会告诉你，我希望你幸福，更希望你能成为一个例外；但同时我也要告诉你，不管结局是苦是甜，你都要认命，学会接受。

因为——那是你自己的选择。

那么，对这件事，你应该怎么做，才算正确呢？

如果你真的爱上了这样的男人，即使他对你说他有的是一桩"死亡婚姻"，你也别只听他怎么说，还要看他怎么做。首先你要坚持让他先离婚，他不离，你就斩断与他的瓜葛。如果你俩确实相爱，他更有必要先结束前史，期间你俩从朋友起步，过程将给你厚重的情缘，等待将给你踏实的幸福。

如果他真的爱你，他应该怎么做呢？

他会排除万难，争取离婚，在一对一的敬重关系里给你平等；同时爱你的性，更爱你的人，与你牵手！

小岱，以上就是非子给你的答复。这篇发自肺腑的心言，希望你受用。

非子

第六章　女人的恋爱痛

在和男人的关系中，每个女人都有痛。尽管由于性格和因缘，每人的痛楚不一样，但正是这些痛楚造就了女人，成就了我们和男人的故事。把女人的痛楚总结出来，不是为让女人难堪；相反，认识自己的痛，接受自己的痛，一如认识自己的真诚，接受自己的真诚，作为女人，有这等坦率，我们不跌份。

一、交付归属痛

自打他走进她的身体，她就认定，她就是他的人，从今往后，她将永远是他的爱伴，她将与他爱到天荒地老。

有人说，现如今，中国女人的开放已经越过了北半球；这是说，现如今，中国女人的开放已经超过了美国。虽然这种说法有点夸大，但在一些标榜开放的圈子，仍有相当多的白领没有走出传统女人的狭隘，患有严重的交付归属痛。

什么是交付归属痛？

就是头回和男人做爱后，那种挥之不去的、自以为是"他"的人的感受。此种感受是如此强烈，以至于，打从床上爬起的那一刻她就认定，今生今世，她的爱情宝座，将非他莫属。

于是她开始编织她的白日梦，她在自恋的想象里把她的白日梦编织到影视剧的地步。她想象着他如何给她打电话，自己如何在电话里发嗲撒娇；她想象着他如何带她走进奢华酒店，让浪漫的琴声陪伴她的佳肴；她想象他如何陪她挑选钻戒，午夜时分，他为她亲手戴上钻戒的当儿，把她拥入怀抱；他又如何陪她挑选婚纱，在圣洁的婚纱屋，他为她的准新娘数次晕倒。总之，自打他走进她的身体，她就认定，她就是他的人，从今往后，她将永远是他的爱伴，她将与他爱到天荒地老。

然而，直到夕阳西下，她还没有接到他的电话；直到月上树梢，他也没有听到他的问候。她清楚地记得他临走前的耳语："等我的电话，过不了今夜噢。"但直到黎明她还是独守空床，委屈的泪水洒满枕边，打湿了她的梦想，也打碎了她的希望和依靠。

转眼间她突然变成了一个陌生人，她受伤的心仿佛在向那个失信的男人讨回公道。她在心里反复念着她给他的反抗辞："你这个大骗子，怎么着，吃饱了就走人啦！"然而，一旦拨通他的电话，一旦听到他"亲爱的"呼唤，她的心又像被施了魔法似的柔弱万分，她的反抗也像泄了气的皮球一样无法起跳。

想必多数女人都熟悉这个场景，待恢复理智后，她也会痛恨自己的痴迷与可笑。仔细想想也确实没道理：不就是一夜情吗，那之前你和他也不过是一般的同事或朋友，只因彼此有好感，特定的环境下意外生情；只因各自有伤痛，同情的火花点燃了彼此的需要；当然还有更邪乎的，你和他原本就不认识，外表的靓丽也会让你俩一见钟情，身体的吸引也会让你俩一醉方休；在你那有可能是你爱情梦的最高体现，在他不过是他旺盛的性欲找到了发泄的对手；即使你心里清楚，你和他原本就不是一种人，你还是对他一往情深，待交付后，在想象里把他的魅力夸大到晕倒。

也有女人对这种说法不以为然，认为自己对性的游戏已经和男人齐头并进，所谓的交付归属对女人也早已是历史的病灶。然而只要女人不承认自己和男人有差别，她对自己的感受就永远得掩耳盗铃；只要女人总想和男人一比高低，她在哪次交手中也跑不出强颜欢笑。

就像《欲望都市》里的凯丽，尽管她在少年情人的床上得心应手，遇到喜欢的大男人，她还是没能走出小女人的纠缠，她潜在的归属情结还是随交付的门槛一路陷落，直到最后的失手。

女人，只有在百分百的理性里才能扶正自己的倾斜：对游戏者，她潇洒游戏，又不动真情；对真情者，她以真换真，又不失去自我。

二、急于求成痛

只要你有实力，男人舍不得对你的青睐；只要你真的可爱，男人也放不下对你的"骚扰"。

急于谈爱

恋爱中，女人总想急于求成：急于谈爱，急于交付，急于见面，急于分手。以至于，她急切的心态总让她在关键时刻欲速不达；她急茬的感觉总让她在男人离开后茫然失落。

当然，从找对象的角度看，急于谈爱也没有不对；特别对大龄女人，急于谈爱也是合理的要求。只不过，恋爱总归是两个人的事，你一人的急切总要与另一人的急切搭调才能吻合；你一人的愿望只能在另一人的愿望里才能生效。但往往是，一个陌生男人，他很难对一个陌生女人一见钟情；即使那个男人也是找妻心切，女人的急切也容易让他误解，倒他的胃口。于是男人想，既然她这么急，我何不成全她呢？结果，在女人一方，她想找的归宿变成了梦魇；在男人一方，他没费吹灰之力，就完成了对女人的占有。

也许，一个成熟女人才明白为什么不能急于求成。不光谈恋爱，就是做生意，您也得后生意，先朋友。了解前，是没人会把生意轻易给你的；同样，了解前，也没有哪个男人会与你真心交流。

说到底，人际关系的奥秘就是顺其自然。自然的明镜下，任何取悦他人的想法和做法都难以奏效。所以，对于恋爱中的女人，恋爱时把握好自尊就不光是技巧了，那是你自我的城门，也是你言行的边哨。不妨这么想，反正我光脚的不怕他穿鞋的，既然都等到今天了，不如索性潇洒一把，和他走个过程，做个朋友。

这么一来，你的骄傲倒有可能被他认同；你的自嘲也有可能成为他的诱惑，起动他的心跳。到那时，你是什么感觉呢？因为付出的是辛苦，他对你只有加倍珍惜；因为你俩走的是过程，种下的恩爱才是理想的幸福。

急于交付

因为在恋爱中急于求成，急于交付也是恋爱女人常有的失误。特别在社会开放的今天，女人把交付男人当成爱的证明；男人把女人的交付看做爱的写照。只可惜，完事后，男人怎么也找不回爱的感觉，女人也被男人的突然冷淡搞得一头雾水，莫名其妙。她会想，我都是他的人了，他怎么还对我如此陌生？也会想，我这么做原本是他的要求，我都依了他了，他反倒得了便宜还想逃跑？

殊不知，男人也有男人的"苦衷"：一来他这么做原本就不是出于爱，那不过是欲望的使然；二来就算是他得了便宜，一个人人可得的便宜，他也不认为有多好。结果，女人一心奉献自己，得到的是男人的漠然；男人一心使用女人，女人成了他欲望的玩笑。

女人只有接受性爱的享乐，才能面对性、爱分离的现实；女人只有接受男人的欲望，才能在交付后的快乐里保持低调。其实从男人的角度看，没到火候的性爱不过是一场生理握手，虽说握手的双方不乏好感，要论真格，还不能把它当成爱的写照。因为，爱——只有在渐入佳境的了解中才能生成。为了水乳交融的感觉，恋爱的过程不能少。

所以在和男人的关系中，女人的急于交付就难免失策了。女人应该这么想，以过程为宗旨，身体的交付要顺其自然：未发生，不刻意压制；发生了，当尽情享受。

急于见面

对急于交付的女人，急于见面往往是她们急切的目标。看那个男人

女人的**暧昧**也精彩

234

是不是跟她一样一往情深；看那个男人能否在拥有她的身体后待她更好；更重要的，看他是否在达到目的后仍表里如一，看他是不是在欲望满足后又去拈花惹草。总之一句话，打从做完"那件事"，她就开始感觉亏损；打从床上爬起的那一刻，她心里就开始了满腹牢骚。

说不上为什么，是怪她自己太软弱，还是怪男人太"多情"；是怪她自己太下贱，还是怪男人太霸道？总之一件事，这时她一心要找到他，就是想听听他的声音；她一心想见到他，就是想问问他的感受。

只可惜，从床上下来的女人多对男人一往情深；从床上下来的男人多对女人逃之夭夭。因为，男人和女人对爱的理解从一开始就不一样，女人把爱当信仰，男人把爱当大餐；女人把爱当事业，男人把爱当享受。

于是，你要真想拿住男人，只有耐心等待，打造自己的充实；你要真的爱那个男人，只有修为"正常"，以适应男人的步调。这点女人也该明白，只要你有实力，男人舍不得对你的青睐；只要你真的可爱，男人也放不下对你的"骚扰"。

所以，急于见面对一个品位女人就不是上策了。因为她懂得了这个理：小火蒸煮，营养才不会流失；小火慢炖，才有够味的佳肴。

急于分手

通常，急于见面的女人，她也容易急于分手。因为，自打爱上他的那天起，她就一路迷失；自打"解开衬衣"的那一刻，她就把她的自我丢在了脑后。她一天到晚就像被施了魔法，满脑子全是她的爱情；她每时每刻都如坐针毡，心里就琢磨一件事：怎么跟他见面，怎么厮守。

开始时，她纠缠的愿望还能满足，那时她不但骄傲万分，还对追她的男人指手画脚。可自打她"做了他的人"，他对她的态度就南辕北辙，他对她的兴趣也一路下调。

这时她开始对他急起直追，又在追他的同时开始了对他的审问和外调。她要么托人打听他的前史和过去；要么索性公开审问，要他交代他以前的关系和相好。

在他一方，他要么对她的审问哭笑不得；要么对她的纠缠恼羞成怒，索性对她不理不睬，逃之夭夭。这时她会以断然分手来挽回自尊，也有可能把分手当做要胁，以换取更多的物质回报。

还有一种可能，开始他跟她是有过柔情，可自打分手后他就没了音信，也无处寻找。这时她会气不打一处来，干脆以通牒的方式断绝往来，而且还得通篇谩骂，把他骂到流氓骗子，狗血喷头。她这么做，旨在让他知道她的厉害；还得让他知道，不管到哪里，她都会找他算账，跟他没完没了。

然而突然有一天，她从别处听到了他的不幸：要么是他的家人意外遇难；或者是他本人一时疏忽，生意潦倒。直到他有所转机后才跟她联系，只是不想让自己成为她的负担，也不想让自己的不幸倒她的胃口。

这时她才从愤怒中猛然惊醒，更有可能声泪俱下，向这个稀有的好男人道歉讨好。只可惜，分手的通牒已寒了人家的心，恶毒的谩骂也已"撕了自己的票"。此时此刻，面对那个不再转身的背影，她只有自哀自怨，以惩罚自己的自私；只有泪水滂沱，以洗刷自己的急切。

三、等待猜疑痛

不是男人当不了好男人，但女人得先好，男人才会学乖；不是男人成心和女人作对，但女人得先大度，男人才肯自省和愧疚。

有人说，等待是女人的天职，等待是男人的耻辱。这话不过分。想想也是这么个理：男人是战士，战士不可能在等待中冲杀；男人是猎人，猎人不可能在等待中猎物。

而女人不同，尽管今天的女人独立有加，但在骨子里，她仍然守着女人的命定：爱对男人是游戏，对女人是心房；女人对男人是游人，男人对女人是命运。世界上，九成以上的女人都会为结婚痴狂；世界上，九成以上的男人结婚前都会有酸楚。这也是为什么，等待会让女人如此喜悦了。等待里有她的梦想，更有她梦中的爱人；等待是她的天职，也是她自愿的守候。

也许，最美丽的守候要算是窗前顾盼了。几乎每个女人都熟悉这样的画面，一如九成女人都有过相同的感受。不管是春冬秋夏，还是午夜清晨；不管是寒霜雨雪，还是雷电冰雹，她就是那么爱他没商量地站在窗前，盼着爱人的回归，念着平安的祈祷。

只可惜，随着社会的发展，女人的独立越发坚定，女人的贤惠也开始变调。加上平等的呼声把女人变得愈加斗士，虽说等待依然在，对今天的女人，它多了人格的侮慢，少了性别的骄傲。再加上如今的世界越发精彩，对男人更是处处山花，遍地野草。如此一来，女人的神经越发紧张。她等待的心态里也多了烦躁的猜疑，少了平静的温柔。

今天，等待猜疑痛在恋爱女人中是如此普遍，以至于，只要她等待的男人迟迟不归，她的神经登时错乱；只要她发现他不忠的迹象，她也会杯弓蛇影，暗自咆哮。她要么四处打探他的行踪；要么就在家翻箱倒柜，旨在搜寻他不忠的"记号"。

这种时候，他的每样东西都是她的天敌，他的每件物品都是他的嘲笑。这也是为什么，在等待猜疑痛中磨难的女人，会以摔打和撕毁为出口了，她摔的不是他的东西，是他的人；他撕的也不是他的物件，是他的承诺和信守。

然而，人际关系的微妙也在于此；对婚恋中的男女更是神奇又神奇，糟糕又糟糕。神奇在于，你给他宽容，再花的男人也有归期；糟糕在于，你一再疑神疑鬼，再好的男人也想外逃。这方面，由于男人在人际关系中的"迟钝"，女人要一味以自己的想法要求男人，男人多半没法让你满意；女人要发狠地追究所以然，恐怕你和男人的关系只会越发疏远，越发没好。

不是男人当不了好男人，但女人得先好，男人才会学乖；不是男人成心和女人作对，但女人得先大度，男人才肯自省和愧疚。这方面，一个成熟女人绝不会和男人斤斤计较。因为她知道，男人是孩子，他需要母亲的爱心；男人是浪子，他需要老师的指导。

只要女人是女人，她还得顾盼和等待；只要男人是男人，他还得出征和外逃。作为一个给予的性别，包容有什么不好呢？要知道，你包容的是爱人，他是你的心房；你包容的是幸福，他是你的归宿。

四、失恋绝情痛

爱，是一道让自己顺利开解的方程式：走得好，不能有自我的迷失；走出来，靠的是对他人的眷顾。

众所周知，女人要的是绝对的爱：绝对交付，绝对了解，绝对忠诚，绝对拥有。绝对的爱没有缝隙，爱的对象才容易窒息；绝对的爱缺少变通，爱的出路才异常狭窄。这么一来，恋爱女人就把自己逼上了死路；而失恋女人患上失恋绝望痛，也就不足为怪了。

对失恋女人，最痛的绝望不是一对一的恋情；往往，婚外情带给她的绝望如同死罪。虽说从爱的感受上讲，她与前者并无不同；但因为她的情敌是她的"同行"，她的妒火才容易中烧；她的对手是合法妻子，她的绝望才容易破碎。为此，她常不顾一切地诋毁男人，甚至把他的幸福彻底摧毁；但当那个男人奋起反抗时，你也会听到她的呐喊：我就是爱你啊！我已经成了你的一部分！

美国电影《致命的诱惑》就描写了这样一个女人。她没有天生丽质，男人觉得她气质非凡；她不是纯情少女，男人认为她颇有韵味；她勾引男人时单刀直入，你不觉得她品位流失；她交付男人时激情万丈，你仍觉得她是淑女之最。更有甚者，"事发"后你想躲避她，却拒绝不了她的风情；出轨后你一万次愧对爱妻，却抗拒不了她的诱惑。直到你发现她自残自伤，你终于领略到她爱的癫狂；直到你发现她伤及你的家人，你这才悬崖勒马，却为时已晚。

像极了故事中的爱丽克斯。像所有的"陷落"女人一样，她交付后只想见到情人；又像所有的绝情女人一样，她见面的思念受挫后，便从哀求走向纠缠，从纠缠走向破坏；而且，她每回破坏的升级都以"我爱你"的说辞作为理由，让男人的抗拒欲罢不能，让她的任性愈演愈烈。

影片中，爱丽克斯的怀孕是她威胁的信号；接下来，她要给情人的爱妻打电话，又把威胁的水平升至敌对；后来，她将自己的录音带放到情人车内，告诉他："你想摆脱我的愿望是不可能的，我的身体里正生长着你的一部分……"再往后，她径自闯入情人家中，生煮了情人女儿的小白兔，让情人闻到了爱的血味；进一步，她又带走了情人的女儿，险些把女孩从摩天轮车上推下，让她粉身碎骨；直到她发现情人对爱妻关怀备至，情人的"背叛"让她恩断义绝，她决心与情人决一死战。

影片结尾处，正义战胜了邪恶，好人得救，坏人归天。但在现实生活中，如此的报复多为悲剧，如此的绝望也并不鲜见。这也是为什么，不少在失恋绝望痛中丧失理智的女人，恢复理智后是何等地悔恨了。这时她才发现，她的破坏行为固然痛快，她自己也成了牺牲品；她从此断送了一生的幸福，连同她追求幸福的机会和心态。

这个意义上，也许女人最好的修为就是理智的复苏了。让你在迷情之际，接受现实；让你在快乐过后，学会超越；让你在痛苦时分，找回自我；让你在冲动之前，想到后患。毕竟人只有一生，与其让爱毁了你，不如你学会爱的拯救；与其让爱毁了别人，不如你在别人的幸福里学会超越。

爱，是一道让自己顺利开解的方程式：走得好，不能有自我的迷失；走出来，靠的是对他人的眷顾。

五、失恋自闭痛

一旦她的梦幻加进仇恨，她的幻想不再生成；一旦她的封闭深入骨髓，她终于成了自己的牢笼和镣铐。

与失恋女人相反，失恋后紧锁心门，以防男人的入侵，可谓失恋自闭痛。

有失恋自闭痛的女孩多为传统女孩。这里，她出生的年代尚在其次；她的生活环境与家庭教育尤为重要。如常识所示：一个90年代出生的女孩，她有可能极为封闭；一个60年代出生的女孩，她倒有可能极为开放。而且，她的封闭与开放并不仅仅取决于社会大环境，她家庭的小环境给她的烙印反难以消除。这就是为什么，有失恋自闭痛的女孩，她的轴性难以化解了。反倒是，社会越开放，她越故步自封；观念越宽容，她越不屑一顾。

听过一个真实的故事。

某女出生在20世纪70年代末，是个有头有脸的大家闺秀，身材上乘，品貌一流，刚进大学校门，就成了雄性动物们垂涎的"猎物"。然而，接近过某女的男生，几乎没有敢上手的，一来某女的严肃让大家紧张，二来某女早有警言，她绝不在学校谈恋爱，也让雄性动物们退避三舍。

其实某女并非没有自己的钟爱，只是碍于女性羞涩，她把爱藏在心底深处。"他"是某女的中学同学，初三下学期转来的一名插班生，他走进教室时，所有的女生都惊叹他的帅气，某女也是其中一个。不同的是，别人说完也就完了，某女从那天起就开始了她的执著。

他一点儿也不用功，感兴趣的无非是对女生的欺负和男生的打斗。她从此当上了他的"保姆"和"老师"，为他抄作业，为他拿书包。只是，不管她多喜欢他，她还是守住了女人的边界，不让他越雷池一步。很多时候，他对别的女生的好感让她醋酸；或者，他对其他女孩的亲密让她嫉妒，但她仍是一如既往地痛并爱着他，直到中学毕业她认定，他就是她今生的归宿和牵手。

其实，她根本就没有弄懂什么是爱；也不明白为什么她爱的男生总

女人的**暧昧**也精彩

是对她若即若离，没头没脑。只是，从懂事的那天起，母亲就对她讲了男人的邪念和女人的贞洁，母亲的警言一遍又一遍，以至于，它终于成了她的警钟，让她就是再爱，也不投身，就是再想，也不投靠。

而某女的失恋刚好发生在她升入高中的日子。一天，他约她去郊游，她以为，他要对她表达他的爱。她跟他去了，却没想到，他径直把她带到公园的僻静处，一上来就要对她动手。她急了，突然想大喊，他却捂住她的嘴，一边抓紧她的手臂，一边把她骂到狗血喷头："你以为你是什么人啊，淑女啊，打从我一进校门你就勾引我，我一想要你你就跑，你装什么呀，今天我就让你尝尝男人的味道！"

她想不起来她是怎么跑的了，也不知自己哪儿来的那么大力气，没让自己就范，也没有让他得手。她回家后整整哭了三天三夜，不吃不喝，就连母亲问她，她也不开口。她对自己说，就让这段耻辱随我关闭的心门一起死掉吧。从此她换了一个人，她不再染指爱情，对男人她更是加倍防范，再不屈就。

她39岁那年查出了癌症，住进院时已经扩散了。但她似乎并不害怕，似乎她一直盼着对生命的撒手。最后的日子，母亲整日守在她的床前，向她忏悔着自己的愧疚："女儿啊，是妈妈害了你，妈对不起你啊！"她却平静地拉着母亲的手说："妈，您没有害我，您让我保住了那份贞洁，相信就是到了天堂，我还会坚守节操。"

某女走了，母亲号啕大哭。她怎么也没想到，自己遭男人抛弃的仇恨竟那么坚决地关闭了女儿，让女儿一生无亲，死无依靠。

这就是一个因为失恋而自闭的故事。如您所见，虽说生活里的真人并非故事里的某女那样极端，但只要她有失恋自闭痛，她就等于封闭了幸福的通道。这里，尽管这些女人的恋爱不过是自我的梦幻，她的自闭也不过是她观念的守旧；然而，一旦她的梦幻加进仇恨，她的幻想不再生成；一旦她的封闭深入骨髓，她终于成了自己的牢笼和镣铐。

失恋不是不能自闭，但不能拒绝阳光；

失恋不是不能痛恨，但不能仇恨人性。

六、打破沙锅痛

生活就像五线谱，你盯着五线谱上的黑点，你的生活一片漆黑；你用宽容连接那些黑点，生活就奏出了美妙的音乐。

九成女人有这样的体会：恋爱中，一旦发现男人有不忠的迹象，她一定要连续审问，急起直追，以至于，她终于患上了心理病痛，可谓打破沙锅问到底。

其实，从关系的纯洁度看，女人问到底的想法也没有不对；只不过，你为问到底非要打破沙锅，如此的极端就有嫌破坏。再说啦，什么是纯洁，不同的人也有不同的标准。有人认为，爱她的男人在爱她前从未染指过女人，这就是纯洁；也有人以为，纯洁不在他接触女人的多少，在他对你的真诚和坦率。明理的女人都明白，较之前种看法，后种有更多的合理性。但即使是明理的女人，现实生活中，她也难免不做下打破沙锅问到底的傻事。

据说，钻死胡同的女人都有一种神经质；打破沙锅的女人，她的神经质更甚。一张照片就能让她天翻地覆，一封邮件就能让她肝肠寸断，一句问候也能让她百转千回，一段绯闻更能让她噩梦缠身。总之，自打认识了这个男人，她总觉得外面有女人在冲他招手；自打爱上了这个男人，她心里就布满了阴沟和暗箭。于是她决定一不做，二不休，在和他的斗争中，她终于捷足先登，一鼓作气先发制人。

生活中，打破沙锅病痛者多是外向女人。因为藏不住事，她非要与他对证公堂；因为受不了委屈，她非得跟他当面对质。这么做的结果，她有幸碰上好男人，好男人当如实交待，再悔过自新；她不幸遇着坏男人，坏男人要么装聋作哑，要么就跟她两面三刀，编造谎言。

女人的**暧昧**也精彩

242

　　如此一来，她不管在哪种情况下都难以胜算：跟坏男人，她要么被抛弃，要么被愚弄；跟好男人，虽说她表面拿住了他，一旦他摸准了她的脾气，也会跟她玩两把老鼠逗猫的游戏也说不定。

　　其实你想了解爱人，没什么不好；你追求关系的透明度，也是合理的意愿。问题是，人是复杂的动物，合理的了解只能顺其自然；人又是有前史的动物，你追求的透明也不能不尊重历史的来源；再者说，对相爱的夫妻，长长的婚姻路，足以让你对爱人的了解深入骨髓；对牵手的伴侣，有个把问号，兴许更能增加他的吸引。

　　这么一想，想问的问题就不用打破沙锅了。用幽默的调侃和随意的玩笑，也许更能让他愧疚，主动交代。人毕竟是人，都有自己的自觉和良知；夫妻就是夫妻，岁月的恩爱也不会让他对你成心使坏。况且，对男人这种不以爱情为主业的动物，女人的基本贤惠，就能让他在婚姻里安身立命；家庭的基本稳定，也能让他对你的不足睁一只眼闭一只眼。

　　如此的中庸有什么不好呢？除非你是绝代佳人，可以在相当的美貌期对男人呼风唤雨；或者你是大款富婆，在他对你的需要里尽情自恋。这种时候，没准男人可以让你打破沙锅；但也别忘了，一旦他过了激情，即使你再打破"钢锅"，他还会沉默；一旦他完成对你的使用，就算你再有钱，他还会我行我素，对你不理不睬。

　　所以，对过日子的女人，保持中庸就是你的智慧了；且在中庸的美德下，不妨来点小幽默和小调侃。比如你也可以拍张美人照，然后逗他说，你看，爱妻的玉照是不是比"那人"更年轻？或者他出差回来你逗他谈谈想你的感受，问他，你的邮件是不是比那个女人更酸甜？对他跟"她"的拥抱，你最好拿出品位女人的大度说，没事，留着那点美好的回忆吧，我已经拥有；对他有过的出墙，你只需对他说，"她"教会你我想做的，我对她感激不尽。

　　生活就像五线谱，你盯着五线谱上的黑点，你的生活一片漆黑；你用宽容连接那些黑点，生活就奏出了美妙的音乐。

七、爱情纠缠痛

恋爱是两情并一情，婚姻是两好并一好。无论如何，一人的醋酸迟早坏事；只有两人共同醋酸，才有你俩的幸福。

在女人所有的恋爱痛中，纠缠最普遍，也是男人最讨厌的一种。这里，不是非要以男人的感觉为准绳；退一步说，即使男人喜欢你的纠缠，如果你心里没自信，对你俩的关系还是没把握。这么一来，你费尽心机的纠缠就是徒劳了。那样你还能快乐吗？而不快乐，才是纠缠女人的痛因。

所谓一哭二闹三上吊，就是此类女人的写照：先是泪水洗面，以感动他的怜香之情；二是撒泼打诨，以警告他的拈花惹草；第三更厉害，虽说女人寻死多是威慑少是真格，但往往，发狠的决心总在实操中酿成苦果；一念的轻生也会让她真的自残，停止心跳。

其实问女人，她并非不知道后果的可怕；只不过火气一上来，她立马滑向失控的轨道。对一个仇恨女人，报仇的"憧憬"也格外迷人，自残的"壮烈"，同归的"自豪"，他杀的快感，蔑视的"骄傲"。此种"浓情大爱"在她发狠的想象里尚可安生，一旦她面对真的情敌，又在她不如"她"优秀时，她复仇的激情会愈演愈烈；她赴死的决心也会和她的爱情一样，到达幻想的高度。

这种时候，女人似乎都成了"弱智"，无论怎样规劝也没有用了。然而，一旦你真的撒手不管，她的"壮烈"多半都会"梦想成真"；她的"豪迈"也会让你毛骨悚然，惊恐到发抖。

女人的**暧昧**也精彩

想起当初的恩爱，没发现她有如此"潜能"呀。虽说事后多数男人都会无可奈何，但在心里，他也难免没有自责和愧疚。要知道她这么刚烈，就是落个半残，我也不能对她不理呀；至少，我也该听听她的心言，问问她的感受。

　　这恐怕就是两性冲突的来由，也是两性不解的死角：女人纠缠男人，在女人那儿是爱的落实，在男人那儿是无事生非；女人质问男人，在女人那是爱的纯洁，在男人那儿是无理取闹；更有甚者，女人哭着要沟通，男人硬是不解释；女人闹着要"谈"爱，男人硬是不松口。这么一来，女人就把男人逼上了"梁山"；男人也把女人逼上了绝路：男人以逃跑"验名证身"，女人以寻死"圆满"情仇。

　　这种事情，事后想来都觉得可笑。普通朋友还能谅解呢，何况共枕的夫妻？即使到了破裂的边缘，也不是没有回转的机会；就算到了决一死战，也不是没有妥协的出口。这种时候，女人退一步，就是海阔天空；男人退一步，也会鸟语花香，"情"烟缭绕。只可惜，火气一上来，两人就是你争我夺；冲突到顶点，彼此就是你攻我守。

　　由此说句公道话，纠缠的女人是可恨，但引发她纠缠的男人也不算有能耐；撒泼的女人是"弱智"，"弱智"女人的男人也算不上优秀。一如简单的道理，两位一体的关系就像齿轮，轮的生锈会影响齿的润滑；齿的尖刻也会影响轮的起跑。

　　而某些大男人所言，在跟女人的关系中他从来不找事，这就是强词夺理了。这是因为，除非你的女人是个机器或东西，只要她还是一个人，且有着人的律动，她的喜怒就与你的作为休戚相关，她的苦乐也与你的言行相互依靠。

　　从这个角度看，女人该对自己的纠缠有所反省，男人也该对自己的态度有所修正。总之一句话，恋爱是两情并一情，婚姻是两好并一好。无论如何，一人的醋酸迟早坏事；只有两人共同醋酸，才有你俩的幸福。

八、委屈求全痛

　　如果你真的爱他，暂时的忍辱不过是你的表达；即使你饱尝委屈，那也是你爱的需要。

委屈不能求全。这是弗洛伊德的忠告。

这位心理学大师告诉我们，人的情绪中，每个压抑的委屈都能存活，每个"消失"的委屈都有它的去处：它要么"窥测方向，一求一逞"；要么乔装打扮，以病毒或细菌的方式向身体报复。

乍一听这结论似有恐怖，可别小看这忠告哟。生活中确有女人因委屈得了抑郁症的，也有女人在长久的委屈后一触即发，犯下"千古恨"的错误。在这些女人看来，委屈可以委屈，但不能忍辱；委屈可以负重，但不能屈服。

而女人对男人的恨，往往在他举棋不定时越加撕裂；女人的委屈，更在男人"背叛"她时越发火暴。原本她委屈是为了求全，谁想却落得纠缠的罪名；原本她忍辱是为了幸福，如今却落得分手的下场。于是她积淤的委屈一触即发，她心里的怨恨也接踵而至。转眼间，她和他的关系从情人变成敌人，她对他的态度也从屈从转向报复。

这里，男人的"博爱"是女人的愤恨，男人的犹豫更是女人的懊恼。但如果上帝对你说，我造的男人就这样，你该怎么办呢？你逃避了这个男人，那个男人也许更花心；你报复了这个男人，那个男人没准更难搞。

女人要总以为自己委屈，她的生存质量会大打折扣。至少在跟男人的关系中，她要么封闭一世，要么争斗无休。更有甚者，一个不能忍辱的女人，她不会有博大的情怀；一个不能委屈的女人，她的爱原本就不可靠。况且，如果你真的爱他，暂时的忍辱不过是你的表达；即使你饱尝委屈，那也是你爱的需要。虽说因为现实阻力，他还不能与你有圆满婚姻，但作为女人，只要你有航标，他就不会离弃；你握住舵盘，你就成了他的依靠。

特别在面对他的"死亡"婚姻时，你不小忍，会坏了你俩的"大谋"；你在忍辱中超越，不但你幸福在即，也给了他勇气和力量。

为此记住劳伦斯的话吧：女人，不要总跟男人说爱，爱，爱；要知道，男人需要的是力量！力量！力量！

　　而对一个力量女人，忍辱就不是委屈了，那是你幽默的水准；负重也不是被欺，那是你幸福的过程。

九、疑神疑鬼痛

　　这时他越发体会到过来人对婚姻的见地：婚姻是坟墓，不假；还得"更上一层楼"：婚姻里，女人都是法官，男人全是死罪。

　　疑神疑鬼，是女人最苦的恋情，也是男人最累的磨难。

　　也许恋爱之初她还深明大义，转眼到了婚姻的日子，她心里的紧张突然发作，她的神经也近似崩溃。一个电话没打，她就怀疑男人外面有人；一顿饭没吃，她就怀疑他出轨；他要连续几天回来晚，她就会倚在床上发傻发呆；直到他回来告诉她没事，她还是一脸迷惑，要么检查他的异常，或者强迫他如实交代。

　　每到这时，男人都会哭笑不得；他也会暗自摇头，感叹自己的失落和失败。原本说好了要加班的，这会儿他得交代加班的细节；原本说好要陪客户吃饭，眼下他必须解释饭后的去处。这种时候，他陪的要是男性公民还好说，怕就怕在对方是女性，又在"那人"比她靓丽时，她的兴趣顿时提升，她的醋酸也会越发奇怪。

　　而男人的受挫感在这种时候也越发强烈：原本他结婚是为了找安定，现如今老婆成了"婚姻警察"，自己成了"婚姻小偷"；原本他娶你就是看上了你的贤良，眼下你一改贤良的美德，给他的全是王熙凤的作派。这时他越发体会到过来人对婚姻的见地：婚姻是坟墓，不假；还得"更上一层楼"：婚姻里，女人都是法官，男人全是死罪。

　　其实在这个褃节上，男人只要说句软话，她立马就会既往不咎；再多说几遍"我爱你"，她更会乐到心里，受用到开怀。但事情就是这么有戏剧性，为不失自尊，男人宁肯自己受苦，也不跟女人检讨；为不丢面子，男人宁肯打掉牙咽肚，在逃跑中释怀。这么一来，女人心里的鬼怪越发横行，她的情绪也从醋酸转化为敌对。

总之，自打她有了疑心痛，她的侦破技能无师自通，她的事业除爱情外，又有了新的"充实"和"作为"。她会乔装打扮，以利对他的跟踪追击；她会买通私家侦探，以搞清他情人的历史和由来；她还会故意以假乱真，拟在她设计的圈套里将他俩擒拿；她更会以攻为守，不动声色，在处变不惊的"温柔"里麻醉他的警惕，揭密他的情怀。

当然，她这么做要是为了快乐，也情有可原。坏就坏在，他那边还莫名其妙，她这边已经痛苦到发疯；他那边还晴空万里，她这边已经黑暗到阴霾。

此情此景，男人看了无可奈何，女人看了撕心裂肺。男人不否认，很多时候，外面的精彩对他是有吸引，但吸引归吸引，为了家庭的稳定和自己的立足，他仍会在理智中选择，把诱惑留在心里，让自律管住馋嘴。

这种时候，女人的态度至关重要，你相信夫君，他就是花心也不会移情；你不信他，他索性开放自由，连同他的理智也会出轨。

然而，对一个独立的人，你能怎么办呢？况且要让自己活得从容，谁都没法要求别人，人只能先对自己负责，一如你必须对自己有所交代。

对女人的疑心痛，其实并没有根治的药方，唯一的办法就是提升理性，不管对人对事，让自己在等待中从容，在冷静中把握真伪。

连大文豪莎士比亚都说："真正的危险不在眼下的危情，在未来的想象。"可见人一旦钻进牛角尖，你的想象力再无别用，长此以往，它就成了你的坟墓和别人的苦海。

女人，你愿意这样生活吗？

如果有人问你，你怎么回答呢？

相信你的回答一定是否定，一如你明白，一直以来那个鬼怪并非别人的强加，而是你自己的嘀咕和讨债。

那么好，走出这狭隘的偏执吧，让自己在心理上洗心革面，重新做人。

十、幸福综合痛

这也是男女间不可言说的游戏规则，你剥夺了一个男人的重要性，他自然会对你敬而远之；你太过高调，他不但不娶你，还会让你永久地等待。

幸福综合痛多发生在外向女人，又多是风头强健的张扬一族身上。

因为从小就出类拔萃，她格外钟爱骄傲的光环；因为一路众星捧月，她特别在意风头的指数；加上她天生丽质，又聪明过人，还在情窦初开的年纪，她已显示出超人的素质和不凡的气派：对别的女生，吸引男人是功课，对她是本能；对一般"同行"，施展魅力是技艺，在她是魔术。

其实在某些人眼里，她远不是无可挑剔的绝代佳人，可事情就是这么怪，似乎每个男人偏就迷恋她的青睐；好像全世界的男人都没出息，非要在她的石榴裙下顶礼膜拜。

直到她在情场上挥洒自如，她没有拿不住的人；直到她在男人间来去穿行，她没有摆不平的事。对"同行"的问题，她总是给予傲慢的宽慰说，你们没经验；对同行的迷惑，她更是嗤之以鼻，认定，恩宠是上帝给我的厚爱。然而突然某日，情场"齐天大圣"从天而降，不但不再对她恩宠有加，还把恩宠的宝座赠一平凡女子，让她的自尊大大受挫，让她的自信也顿时崩溃。

这也是不少女人有过的不平，要是"她"在哪方面都强于你，败给一个强者，你也甘心；坏就坏在，她不但在长相上低你几等，连聪明才智也不能跟你同日而语；更有甚者，问及前男友为何不娶你，他的理由还振振有词："我是个普通人，和你在一起，我觉得不般配。"末了，为安慰你也为给自己留后路，也有男人会给你如下调侃说："有两种女人，一种生来做妻子，一种生来是做情人。男人娶妻，那无非是男人的职责；男人娶情人，那无异于犯下滔天大罪。"

其实她也知道，他这么说无非是想安抚她，给她一个好心情；可她就是一个喜听好话的女人，不但迷恋男人的追求，还特别迷恋男人的赞美。把男人的这些话用在她眼下的境遇上，她转眼间就会"起死回生"，从失败中感悟到胜利的陶醉。

况且，她最大的优点就是不吃"独食"，对所有的胜利和陶醉她都要与人分享，方才显示她的"品位"。加上，前男友对她的赞美更是让她神魂颠倒，于是她就想，要不让外人知道我的幸福，那就等于枉费了我的青春，一如浪费了我的存在。

接下来，她所到之处，都会成为她"幸福"的讲演所；她参加的每个派对，都是她幸福的发布会。她就是要让全世界都知道，幸福对别的女人是婚姻，对她是爱情；幸福对别的女人是有限，对她是无限。她喋喋不休地跟别人晒着她的幸福，给人的印象，她嘴上的幸福不是幸福，是不幸；她脸上的陶醉也不是陶醉，那是她佯装的快乐夹杂着失落的苦味。

对于她真实的自我，她只有在夜深人静时方才体会，特别在秋风落叶时，她一人倚在窗下，感悟的全是不幸的鞭打和孤独的无奈。这时她也许会放声痛哭，以泪水洗刷她的悲苦；她也会奋力摔打，以愤怒发泄她的不快。

女人的**暧昧**也精彩

其实她只要收敛一点，男友不会不要她；她只要低调一点，也不会遭到别人的替代。这也是男女间不可言说的游戏规则，你剥夺了一个男人的重要性，他自然会对你敬而远之；你太过高调，他不但不娶你，还会让你永久地等待。而这一切他都不会跟你说，直到你大梦初醒，到手的日子已经成了别人的幸福，过往的温馨也成了你梦中的色彩。

这也许就是幸福综合痛者的下场了：她得到过幸福，却不以为然；她再呼唤幸福，幸福已失之交臂。

十一、青春讨伐痛

相信时间是最公正的法官，时间能帮你释怀痛苦，也能让冲突在平安中化解。

对女人，青春讨伐是无力的挣扎，也是绝望的呐喊。

按理说，像女人这么一个柔顺的性别，她是不该让"撒泼"诋毁形象的，她的名字也不该与"讨伐"相提并论。可事情的辩证法就是这么"毒"，它偏要让破碎的人格生出扭曲，还非得让狭隘的心胸发出叫喊，好像如此才能填补她心里的虚空，如此才能挽救她失落的局面。

但事实是，对一个已经放弃的男人，你越讨伐他，他越疏离；你越想占有他，幸福越遥远。正好印证了罗洛梅的话：一个女人越短视，她越容易冲动；越狭隘，也越容易破坏。而在恋爱女人的破坏行为中，青春讨伐是最激烈也是最无力的一种。

电视剧《牵手》曾经热播，其中夏晓雪对钟瑞的讨伐，仍历历在目。

通常，女人对男人的讨伐从央求做"那件事"开始：对做过夫妻的男人，她一心想从床上打开缺口，以便拿住男人的"软肋"。但往往，当男人决心已定时，他常会以分居的方式与你决裂。这时你再去找他，他不会屈从你的用心；你跟他求情，他也不会在意你的跌份。

就像《牵手》里的夏晓雪，她先是摸索到钟瑞的床边，想和钟瑞睡觉；看老公不从，她又极尽检讨之能事，一再表示"我哪儿做错了，你跟我说，我可以改"。接下来，她又跟老公提起当初，想用当年的温馨唤醒记忆。只可惜，对一个心寒的男人，再动情的表达也无法改变他的决心，再多的眼泪也难以修复心的破碎。而女人对男人的讨伐，也恰好发生在她心理绝望时，面对那个"绝情"男人，她的委屈顿时发作，连同她曾经的检讨也变成愤怒，开始向那个男人讨还血债。

再看夏晓雪。她先是"气喘吁吁头发散乱却依然死死地堵在门口"不让丈夫走，一边向他发出质问说："……六七年了，我把我最好的时光都给了你，我给你做饭给洗衣服带孩子，我为了什么？……"听到丈夫"为你自己"的回答，她更是火上浇油，愤怒到晕菜。

接下来，她的讨伐开始撕破脸皮，破罐破摔："告诉你钟瑞，我不是苦刑僧也不是受虐狂，你别指望我在自己的根本利益受到威胁时还会逆来顺受保持沉默！"

再往后就不是讨伐了，随着丈夫的强硬，她的讨伐层层逼近，终于上升到宣战的级别："你以为我跟你一样没有廉耻没有节操吗？跟你说钟瑞，这次我要是迁就了你，那就是助纣为虐，是对社会的犯罪！"

讨伐过后，她要么望着夫君的背影失声痛哭，待在某处，用默默的流泪洗刷她内心的悲切；还有可能像夏晓雪，在儿子的突然走丢中，如呆如痴，对着响起的电话，她每回都像饿虎扑食，抓起话筒，一如握住她失衡的心扉。

上面的场景，女人看了都不陌生，一如很多女人都有过青春讨伐的痛苦和不快。这种事站在女人的立场想，似乎女人怎么讨伐都不过分；但要从客观角度看，女人的做法就有过偏执和狭隘。

首先，长长的婚姻路，没人能保有不变的激情；其次，从男人的角度看，再好的男人，他也不可能永远厮守女人；再其次，每个男人心里都有一个多恋的种子，出轨对男人不在他品质不好；只不过，多恋的种性让他成了一个眼望明天的性别。这么一想，你就不至于非要占有夫君了，放手让他自己走，远远好过你的管理和教诲。

这件事说白了就是，适当地收敛你的爱，你没了委屈，他也乐得轻松；多找点寄托，你多了充实，他也少了压力。即使他做过对不起你的事，你也用不着讨伐他，不如把他交给时间，让自己在宽容里多一份等

女人的**暧昧**也精彩

待；相信时间是最公正的法官，时间能帮你释怀痛苦，也能让冲突在平安中化解。

待他找你的那一天，你是什么劲头呢？那才是你受用的感觉和期待。

十二、爱情完美痛

可见对完美而言，有价值的完美不是事物，是态度。修为一个接受的态度，你的世界会完美起来。

有爱情完美痛的人多是完美一族，喜欢在完美中品味完美。因着她的文化，她总想在完美中渴求创新；因着她的教育，她也想在完美中打造进步。她的上进心用在工作上，她成了白领精英和工作楷模；可在感情世界，她很难找到自己的真爱。

精英男人倒是可心，他的完美她无法企及；成功男人确实优秀，他的"好色"她十分反感；有的企业家虽说有钱，他的粗俗她不屑一顾；有的男生固然有情调，他的清贫她不能容忍。

当然，对她这么优秀的白领族，让她随便凑合也实在不公；让她只为婚姻下嫁，那更是大逆不道，让她受罪。其实，她要接受自己的完美，又在完美中自处，也不失为一种活法；坏就坏在，她一边在完美中自恋，又在完美中抱怨，把自己的不幸归咎于命运。

而且她的完美在大是大非上倒不失"气节"，比如，她不大会跟中庸男人你侬我侬，也不可能与有的企业家勾肩搭背；但就在别人看来旗鼓相当的爱情中，她总也改不了吹毛求疵，对爱的要求更是处处精心，事事完美。

她会为领带的颜色跟他争吵，也会为插话的种类跟他理论，她会为地毯的污渍跟他较真，也会为拖鞋的摆放与他分裂。还有，她最不能容忍的就是他的吃相，想当初，她看上的就是他的斯文，眼下他咀嚼的样

253

子让她恶心。

这会儿虽说他已经一片累心，她那边更是苦上眉梢，心如止水。这时她才懂，原来场面上的繁华全是假货，革履下的真人才是他的嘴脸。

待再次独身后，她也会感伤过往的付出；有时她也会脆弱至极，在哭泣中寻找心灵的安慰。但无论如何，一想到日子的烦琐，她完美的欲求就会受伤；一想到婚姻的低俗，她完美的理想顿时破碎。于是她立马从感伤中清醒，对自己说，我追求完美，那是我的格调；他们不接受完美，那是他们不懂生活，缺少品位。

就这样她从此拒绝与真人的来往，宁愿把自己关在"伪爱"中，让自己在影视剧的爱情里实现完美：孙红雷的男子气让她动心，高曙光的帅气让她目眩，段奕宏的魅力让她向往，郑少秋的儒雅令她陶醉。她也会突然爱上略显稚嫩的小男生佟大为和陆毅，想象自己退回去 10 年，她也会是影视剧的女主角，与这些男人一比高低，共同派对。直到剧情结束，她还在她的爱里迟迟不归；直到躺在床上，她还在高潮中细细品味。

其实作为一种生活方式，伪爱说到底也没什么不妥，且从艺术角度看，每份伪爱都有着感人的真实，倒是真实的生活里充满了虚伪。

这么一想，即使爱情完美痛者也没有不对了。只是，你不要把自己的完美强加于人，更不能无视生活的原貌，用你的完美苛求生活，强求品位。

要知道，你的完美只是你的理想，你可以通过艺术去实现你的理想；但要把你的理想强加于人，那就等于剥夺了别人的生活，也是对你自己的苛求和残忍。

因为生活并不完美，还充满了丑恶和荒唐；人也并不完美，每人都有自己的问题和"软肋"。而对一份不完美的生活，最好的态度就是接受不完美。你接受不完美，不完美会变成完美；你拒绝不完美，不完美将越发破碎。

可见对完美而言，有价值的完美不是事物，是态度。修为一个接受的态度，你的世界会完美起来。

女人的**暧昧**也精彩

十三、报复移情痛

这时只要你忍一忍，夫妻船就能绕过暗礁；只要你冷静一个晚上，你的婚床也不至于倾斜或破裂。

提起女人的报复，波伏娃在她的《第二性》里颇有见解。波伏娃说，女人投怀送抱多为报复少为情感。这点，女人自己也不否认。

没办法，谁让女人是感情动物呢！而且女人的感情不苏醒则已，一苏醒，它就高过山川，又深过大海。这么一来，大千世界就没有女人可害怕的了。除非她不爱，只要她爱上了，且连人带情一起交付，你就是齐天大圣，也挡不住她的执著；你就是梁山好汉，也抗不住她的热烈。特别在你心灵空虚时，她的妩媚让你动心；又在你久遇干渴后，她的甘露让你陶醉。

这种事情上，男人永远也猜不透女人，一如女人从一开始就埋下了心计和地雷：她并不想真的和他好，不过是想通过他，来检验自己的魅力和风情；她从没想过跟老公离婚，不过是想在他的怀抱里，平衡老公对她的伤害；她也许对他有好感，但她也不会对他动真格；又或者，她从一开始就对他说，她想跟他做情人，那也不过是借口，以便她得到更多的好处和实惠。

然而，她这么做，也得冒着相当的危险；她如此设计，也容易鸡飞蛋打，功亏一篑。有时是老公发现她红杏出墙，给她一纸休书；或者是情人识破她的诡计，不再和她往来；也有可能，对老公的背叛引发了她的愧疚，她从此背上了不贞的罪责；还有可能，她在与情人的苟且里爱上了情人，但情人那边却无动于衷，给她突然的冷淡和厉害。

有句话叫拆了东墙补西墙，形容这种女人的境遇，不过分；还有句话叫，机关算尽太聪明，反误了卿卿性命，形容这种女人的心态，很贴切。这就应了你怎么待人，人家怎么待你；也应了"种瓜得瓜，种豆得豆"；你种下的仇恨，你自己遭罪。

其实作为女人，每个人都理解不忠的痛苦；只要付出的是真情，谁都不想没有回报，也不想自己的位置被别人取代。但事情的变化往往发生在进退两难时，这时只要你忍一忍，夫妻船就能绕过暗礁；只要你冷静一个晚上，你的婚床也不至于倾斜或破裂。而所谓的人格考验，就是在需要付出的时候，这时只要你多想一下对方，你就不至于丧失理智；只要你多看一眼全局，你也不至于因小失大，落得一生的懊悔。

爱默生说，在人类所有痛苦的词语中，最苦莫过于"悔不当初"了。也许这就是智者和愚者的差别吧：智者高瞻远瞩，愚者鼠目寸光；智者要永久的和谐，愚者要眼前的快乐。

十四、平等失衡痛

多少年又多少代，男人是强者，女人是弱者；男人娶妻得劳其筋骨，女人嫁夫可以游手好闲；男人吃女人是天理不容，女人吃男人是爱的体现。

在女人对男人的怨气中，不平等是女人的集体失衡，也是她们普遍的无奈；但在男人看来，两性的不平等是整体的分派。虽说生活中并非每个男人对女人都不平等，但至少八成男人以为，不平等不是我的愿意，那是两性游戏规则；霸道也不是我的天性，那是我身为男人的使命。

回顾历史，除母权制那点骄傲外，女人似乎再无骄傲可言。自打父权制代替了母权制，男人的地位一路攀升，女人的地位一路下跌。指腹为婚拿女人当劳力，在男人那是命定的享受；买卖婚姻拿女人当商品，在男人那是合理的买卖。

即使到了封建社会，父母之命，男人仍是女人的主宰：丈夫是妻子

女人的**暧昧**也精彩

的纲；自然法律中，男人是女人的天。女人触天犯法是大逆不道，男人靠天依法有安全的底线；只要他财大气粗，他不但可以嫖娼宿妓，他还可以三妻四妾。

这也是女人愤不平的命运，如此的不平在女人看来是苟且偷生，在男人是来去自由；在女人是恨到窒息，在男人是乐到开怀。

这更是女人气不过的"孽缘"，如此的霸道在男人看来是自然法则，在女人是无法无天；在男人是天经地义，在女人是欺人太甚。

然而，就像所有的坏事都有好因素一样，即使是痛苦的法则，一旦它形成了习惯，也会有新的希望和依赖。

这也是女人无法否认的特权，多少年又多少代，男人是强者，女人是弱者；男人娶妻得劳其筋骨，女人嫁夫可以游手好闲；男人吃女人是天理不容，女人吃男人是爱的体现。这么一来，女人的不平总算有了补偿，不平等的委屈也似乎有了"合理"的发泄。

关系要一直这样走下去，想必男女关系也不会有太大的失衡；男人要始终以物质填补女人，女人也不会有太多的不满。可是，世间的事情总是十年河东，十年河西；一如风光和背弃也总是相互交替，风水轮流转。

曾几何时，开放打破了久违的"禁区"，似乎也拿掉了男人的"特权"。这在女人是扬眉吐气，男人的平衡器一派紊乱，于是男女之对垒就有了"外场"和"内场"的差别。

场面上，男人也学会了对女人的礼貌；私底下，男人依然守着男人的底线。就算你在外是高层领导，只要你一进家门，你女人的地位还是不好改变。

尊严上，你仍是奴仆，他是大爷；分工上，你还是主内，他多为主外；床笫上，你仍在下面，他永远在上；决策上，你还是随从，他是主宰。加上，曾几何时，男人又收起了对女人的呵护，连同他的腰包也没有了往日的慷慨。

总之，自打女人一解放，男人便不再给女人当"饭票"；两性一平

257

等，男人也不再对女人负责任。这也是长久以来男人的抱怨，凭什么呀，都是人，干嘛就非得你吃我不许我吃你；挺体面一大活人，干嘛老得让男人为你负责任！

而平等失衡者的愤怒，刚好爆发在男人如此"猖獗"的时刻；因不平等而失衡的女人，也开始了她们对男人的反抗和挑战。

你不是不给钱吗？那好，你也别想得到我；你不是不打算为我负责吗？得，从今往后，你也别想再给我当主宰；你以为你的花心病无伤大雅吗？告诉你，今天的女人也需要新鲜感的补充；你不娶我是吗？行！打今儿起我就投怀送抱，让你也尝尝女人的潜能和厉害。

当下人常说，这是个累人的时代。对这话其实大家都明晓，累身的感觉尚在其次，累心的感觉才是痛苦之最。这么一想，再没有比简单更轻松的释放了，但要想走进简单，你先得开启心里的真诚，加上淡泊的欲望和知足的心态。

具体到两性关系，好好想想，男人就是跟女人不一样，但相异性并不非得导致战争。男人不是不想当饭票了吗，也好，有了经济独立，你才好跟人家谈平等；男人不是不想为你负责吗？也对，好容易到世界上走一遭，首先得学会为自己负责任。

实际上，男女关系和宇宙间的日月有着诸多的一致性，日月是白昼相隔，也能日月同辉；日月是天地之差，也能天地和谐。说到底，两性关系的运转最终也离不开自然法则，就算作为自然的一份子，女人也该接受男人，以宽容降伏霸道，以柔情化解对垒。

总之，接受差别就是朝向平等，不接受差别就是朝向分裂。于是，学会接受吧，女人，当你敞开胸怀拥抱男人的那一天你会发现，所有的不平等都不在了，它成了你生活的情趣和调味。

女人的**暧昧**也精彩

258